Heilkraft aus dem Klostergarten

Sr. M. Josefa Bölinger OP **Kloster Arenberg**
Unter Mitarbeit von Sr. Dr. M. Ursula Hertewich OP

Heilkraft aus dem Klostergarten

KOSMOS

KLOSTERHEILKUNDE 9

DIE 100 WICHTIGSTEN HEILPFLANZEN DES KLOSTERS 41

Heilkraft aus dem Klostergarten

Das klingt in meinen Ohren nach alten Schätzen, nach Tradition und nach Gesundheit an Leib und Seele. Ist dem so? Ich liebe sie, diese vielen kräftig duftenden und farbenfrohen Heilkräuter. Sie wachsen auf unseren Klosterwiesen, auf dem Feld und in unserem Schau- und Duftgarten.

Sr. M. Ursula und Sr. M. Josefa

So wie Sebastian Kneipp im vergangenen Jahrhundert die Heilpflanzen wiederentdeckt hat, so ist er auch für mich persönlich zum „Entdecker" geworden. Ihm verdanke ich die Entdeckung meiner tiefen Zuneigung zu den Heilpflanzen. Insgeheim haben unsere klösterlichen Kräuter bereits mit ihrer heilenden Wirkung an mir begonnen. Beim Anlegen des Gartens durfte ich schon spüren, wie heilsam der Umgang mit der Erde und ihren Sprösslingen ist.
Ja, ich habe das Glück, ganzheitlich mit den Heilpflanzen umzugehen. Ich bearbeite den Boden, pflanze, pflege, ernte, trockne, verarbeite und genieße die Kräuter auf die unterschiedlichste Weise. Selbst vor der theoretischen „Verarbeitung" meines Wissens in einem Kräuterbuch bin ich nicht zurückgeschreckt. So halten Sie heute ein Buch in der Hand, das aus der Praxis für die Praxis geschrieben wurde. Ich stelle den Lesern mein Wissen zur Verfügung, in dem Bewusstsein, dass es für mich auch weiterhin noch viel zu lernen gibt.
Die pharmazeutischen Angaben zu den Inhaltsstoffen und in den Pflanzenporträts wurden von meiner Mitschwester, Sr. Dr. M Ursula Hertewich, geschrieben. Sie ist als fachlich versierte Apothekerin eine wunderbare Ergänzung zu meiner eher praktischen Veranlagung.

Wir wünschen allen Leserinnen und Lesern heilsame Erfahrungen im Umgang mit den Kräften der Natur, insbesondere mit den heilenden Pflanzen.

Sr. M. Josefa Bölinger

Sr. M. Ursula Hertewich

Kloster Arenberg

Klostergärten und ihre Heilpflanzen haben eine jahrhundertealte Tradition. Diese haben wir in Kloster Arenberg 2002 für unser Kloster neu entdeckt (www.kloster-arenberg.de). Ein halbes Jahrhundert lang sammelten meine Mitschwestern bereits in der freien Natur Heilpflanzen und bauten einige bekannte Kräuter im eigenen Garten an. Sie kamen den Kurgästen des klösterlichen Kneipp-Sanatoriums zugute. Die Umgestaltung des Sanatoriums in ein modernes Gästehaus basiert auf den fünf Prinzipien von Sebastian Kneipp: Lebensordnung, Pflanzen, Wasser, Bewegung und Ernährung. So entstand auf einer Fläche von insgesamt 4 000 m² ein umfangreicher Kräutergarten.

Im Vordergrund unseres Konzeptes steht der spirituell suchende, erholungsbedürftige Gast. Unsere Angebote sind umfassend und ganzheitlich ausgerichtet. Mit dem Leitwort *Erholen – Begegnen – Heilen* wollen wir Körper, Geist und Seele der Menschen ansprechen.

Der Kräutergarten von Kloster Arenberg

Nicht das fertige Programm ist unser Anliegen, sondern die Möglichkeit, jene Angebote aus dem Tagesprogramm auszuwählen, die der einzelne Gast für sich geeignet findet. Dass die spirituellen Impulse sehr gefragt sind, zeigt uns, wie sehr Menschen auf der Suche sind. Eine Bestätigung unseres ganzheitlichen Angebotes finden wir, wenn Gäste das Zusammenwirken von ungezwungenen Begegnungen und stillem Alleinsein, von Erfahrungen im Kräutergarten, Anwendungen für den Körper und Impulsen für die Seele schätzen lernen.

Wir Dominikanerinnen im Kloster Arenberg sehen genau darin unsere Aufgabe. Wir möchten den ganzen Menschen im Blick haben: Seinen Ursprung in Gott, der uns alle mit seiner Liebe beschenken will und darum ein Wohlgefallen daran hat, wenn es uns gut geht.

Produkte aus dem Kräutergarten: klostereigener Tee, Essig und Öl

Klosterheilkunde

Die Geschichte der Klostergärten

Klostergärten haben eine sehr lange Tradition. Entstanden sind sie im 6. Jahrhundert mit den Gärten der Benediktiner, jener Mönche, die ihre eigenen Speisekammern und Apotheken mit den Erträgen aus Gottes paradiesischem Garten füllten. Ihrem Ordensgründer, dem hl. Benedikt, war es ein Anliegen, dass die Mönche ihren Lebensunterhalt selbst erwirtschafteten.

Die Gärten der Benediktiner
Als die ersten Benediktinermönche aus dem sonnigen und kultivierten südlichen Italien in das waldreiche Germanien kamen, lernten sie das karge, unbebaute Land des Nordens kennen. Sie machten sich daran, Wälder zu roden und einfache Klöster aufzubauen. Nach der Regel ihres Ordensgründers legten sie jeweils einen Garten an, in dem sie Gemüse, Obst und heilsame Kräuter anbauten, um sich von den Erträgen zu ernähren. Die Pflanzen, Stecklinge und Samen hatten sie zu diesem Zweck bereits mitgebracht. So kamen auch viele Heilkräuter, wie etwa Thymian, Rosmarin oder Majoran, erstmals im 8. und 9. Jahrhundert nach Mitteleuropa. Klug waren die Benediktiner und unumstritten naturverbunden. Darüber hinaus gelang es ihnen, ihre Erfahrungen so zu vervielfältigen, dass die Bevölkerung den Nutzen hatte und sie den Gewinn. Alkoholische Getränke, wie Bier, Wein und Kräuterliköre, gehen auf die Tradition der Klöster zurück, aber auch Salben, Tinkturen und andere kostbare Arzneien haben sie uns überliefert.
Die Gärten der Benediktiner hatten eine einfache geometrische Form. Die Mönche wählten das christliche Zeichen des Kreuzes, damit es als Wegekreuz den Garten einteile. In der Mitte befand sich in der Regel der Brunnen mit dem lebensspendenden Wasser. Eine Mauer umgab dieses Anwesen, damit es vor wilden Tieren geschützt war und den Brüdern ermöglichte, ungestört im Gebet zu verweilen. Durch die Jahrhunderte hat sich diese Form der Klostergärten nicht verändert.

Romanischer Kreuzgang

Albertus Magnus Weniger bekannt ist uns, dass sich auch der Dominikaner

Albertus Magnus eignete sich durch genaue Beobachtung der Natur ein erstaunliches Wissen an.

Albertus Magnus mit den Gärten beschäftigte. Er bekam den Namen Albert der Große, weil sein Wissen für die damalige Zeit als universell bezeichnet werden kann. Ihm ging es weniger um den Nutzgarten, sondern vor allem um den Ziergarten, der allein zum Vergnügen seiner Benutzer angelegt wurde. Nicht die Erträge waren ihm wichtig, sondern die wunderschönen Farben und der herrliche Duft der Blumen. Sein Anliegen war es, eine wohltuende Beziehung zwischen dem Garten und seinem Besucher herzustellen. Seine Beschreibung des Ziergartens ist einzigartig in der Literatur des 13. Jahrhunderts. Für Albert war der Ziergarten ein Ort des Vergnügens und der Freude, der Erholung und Gesundheit. Dieser Qualität gab er den Vorrang und sah die Arbeit, die Bepflanzung und den Ertrag als untergeordnet an.

Die Entwicklung der Klostermedizin

Die ältesten, uns bekannten Aufzeichnungen über die Heilkräfte der Pflanzen finden sich in einem altägyptischen Papyrus, das etwa 1600 Jahre v. Chr. geschrieben und nach dem deutschen Ägyptologen Georg Moritz Ebers benannt wurde.

Berühmte Ärzte der Antike: Hippokrates, Dioskurides und Galen Im 5. Jahrhundert v. Chr. lebte der wohl berühmteste Arzt aller Zeiten: Hippokrates. Nach ihm wurde der Hippokratische Eid benannt, in dem Grundsätze ärztlicher Ethik formuliert sind und den die Ärzte noch heute ablegen. Hippokrates ging davon aus, dass Gesundheit und Krankheit von den vier Säften Blut, Schleim, schwarze und gelbe Galle abhängen.
Das erste ausführliche europäische Heilpflanzenbuch „De materia medica“ schrieb der Arzt Dioskurides im ersten Jahrhundert n. Chr. In diesem fünfbändigen Werk fasste er erstmals die Grundzüge der pflanzlichen Arzneimittellehre zusammen. Die Beschreibung von 600 Kräutern entwickelte sich zu einem Standardwerk, das großen Einfluss auf die europäische Medizin haben sollte. Sein Zeitgenosse Plinus verfasste das achtbändige Werk „Naturalis historia“, in das Schriften von mehreren hundert antiken Autoren eingeflossen sind.
Mehr als alle hat jedoch Claudius Galenus von Pergamon die Geschichte der Medizin geprägt. Der griechische Arzt Galen lebte von 131 bis 201 n. Chr. und war Leibarzt des

römischen Kaisers Marc Aurel. Von ihm stammen die ersten exakten Regeln für die Zubereitung von Arzneimitteln. Ihm zu Ehren heißt die Lehre über die Herstellung der verschiedenen Arten von Arzneimitteln (Tabletten, Tees, Salben usw.) auch heute noch „Galenik“ (Arzneiformenlehre).

DER BEGINN: BENEDIKT VON NURSIA Die griechisch-römische Kultur des Mittelmeerraumes verlor durch die Wirren der Völkerwanderungen im 5. und 6. Jahrhundert und durch die Pestwellen von 543 bis ungefähr 700 n. Chr. an Bedeutung. Somit war auch die bis dahin gut funktionierende medizinische Versorgung zusammengebrochen. Wer überlebte, floh aus der Stadt und zog aufs Land. Die antike Buchkultur in Südeuropa wurde fast gänzlich vernichtet und das Analphabetentum breitete sich aus.

Jetzt erwies es sich als Segen, dass Benedikt von Nursia um das Jahr 530 n. Chr. eine klösterliche Gemeinschaft gegründet hatte. Sein Leitspruch „ora et labora“ fand Ergänzung in der Sorge für die Seele und den Körper und wurde zum zentralen Anliegen des klösterlichen Lebens. „Die Sorge für die Kranken muss vor und über allen Pflichten stehen“, so formulierte Benedikt sein Anliegen. Er meinte damit nicht nur die Brüder des Ordens, sondern alle Menschen, die gesundheitlich Hilfe brauchten. Das mag für uns heute selbstverständlich klingen,

Alte Illustration der Berg-Arnika *(Arnica montana)*

Schon 1500 v. Chr. wird Anis empfohlen.

für die damalige Zeit war es revolutionär. Der Nächstenliebe und Barmherzigkeit wurde in der griechisch-römischen Kultur keine Bedeutung beigemessen. Die Kranken waren sich selbst überlassen und ihre Krankheit galt als selbstverschuldet. Die Christen, insbesondere die Benediktinermönche, nahmen sich – nach dem Vorbild Jesu – der Kranken an. Sie sahen darin nicht nur den Dienst an den Leidenden, sondern an Christus selbst. In seiner Ordensregel schreibt Benedikt: „Vor allem bei der Aufnahme von Armen und Fremden zeige man Eifer und Sorge, denn besonders in ihnen wird Christus aufgenommen."
Benedikt beließ es nicht bei der Pflege der Kranken, sondern sorgte dafür, dass Brüder in der Krankenpflege ausgebildet wurden. Damit hat er den Grundstein für die Entstehung der Klosterheilkunde gelegt. Benedikts Ordensbruder Cassiodor (490 bis ca. 580 n. Chr.) hat entscheidend dazu beigetragen, dass die klösterliche Arzneimittellehre Gestalt annahm. Er gründete eine Art Mönchsakademie, in der neben den Künsten auch Medizin gelehrt wurde. Die studierenden Brüder lernten die Werke der griechischen Ärzte Hippokrates, Dioskurides und Galenus kennen. Sie studierten die Eigenschaften der Heilkräuter und die Mischung der Arzneien. Das Werk des Plinius „Naturalis historia" diente ihnen als Grundlage für ein Kompendium, dass als medizinisches Standardwerk seiner Zeit galt. Sowohl der geistliche Aspekt der Krankenpflege als auch die praktische Ausbildung haben die Klostermedizin über viele Jahrhunderte entscheidend geprägt. Dabei

Der Kräutergarten auf der Bodenseeinsel Reichenau gehörte zum Benediktinerkloster und wurde auf Anregung des dortigen Abtes Walahfrid Strabo (808–849) angelegt.

standen vor allem die Gabe von Heilpflanzen und Mineralien sowie die Ernährung und die Prophylaxe im Vordergrund. Auch Bäder kannte Benedikt als Mittel zur Erhaltung der Gesundheit und zur Behandlung von Erkrankungen. Operationen waren nicht so sehr Sache der Mönche, dafür gab es die Wundärzte.

Weiterentwicklung der Klostermedizin Beschreibt der St. Gallener Klosterplan 16 Heilpflanzen, so sind es im „Hortulus" von Walahfrid Strabo bereits 24 und im „Macer floridus" werden immerhin schon 77 Pflanzen beschrieben. Das Wissen über die Heilpflanzen erfuhr im Laufe der Jahrhunderte eine kontinuierliche Erweiterung und Aktualisierung. Diesen Umstand verdanken wir nicht zuletzt den Klöstern, die immer mehr importierte

Pflanzen anbauten, kultivierten und vermehrten. Ihr Erfahrungswissen ergänzten sie durch das Studium alter Quellen und wurden nicht müde, ihr umfangreiches Wissen zu erweitern. Vor allem als im 12. Jahrhundert der Handel mit anderen Kontinenten wieder aufblühte, scheuten sich die Mönche nicht, ihr Wissen zu erweitern und sich Kenntnisse über die asiatischen und afrikanischen Heilpflanzen anzueignen. Zu dieser Zeit kamen beispielsweise Ingwer, Kardamom, Muskat und Zimt nach Europa.

Die medizinischen Werke „Physica" und „Causae et curae", die Hildegard von Bingen (ca. 1098 bis 1179) verfasste, enthalten erstmals die volkstümlichen Pflanzennamen. In ihren Werken wurde zum ersten Mal die traditionelle Klostermedizin mit dem volkstümlichen Heilwissen verbunden. Das brachte allerdings mit sich, dass Hildegards Beschreibungen mitunter an Magie und Aberglauben grenzen, wenn sie zum Beispiel dem Heil-Ziest die Eigenschaft zuschreibt, Liebeszauber abwehren zu können.

Beim Konzil von Clermont, im Jahr 1130, wurde ein Beschluss gefasst, der den Mönchen verbot, ärztlich tätig zu sein. Die Reformbewegungen in den Benediktinerklöstern legten ihren Schwerpunkt auf die Liturgie und die Kontemplation. Zeitgleich wuchs das medizinische Interesse an den staatlichen Universitäten. Berühmt wurde die Medizinschule von Salerno. Ihre Schriften wurden zuvor schon in den Benediktinerklöstern aufgenommen, weil die Mönche bestrebt waren, auch die akademische Medizin zu übernehmen. In dieser Zeit verlor die Klostermedizin allmählich ihre Monopolstellung.

Eingriffeliger Weißdorn *(Crataegus monogyna)* aus E. Blackwell, Vermehrtes und verbessertes Blackwellisches Kräuterbuch (1754–1773).

NEUER AUFSCHWUNG UND VORLÄUFIGES ENDE DER KLOSTERMEDIZIN Als im 17. Jahrhundert Mönche und Nonnen als Missionare tätig wurden, brachten sie ihre medizinischen Kenntnisse in die neu entdeckten Länder. Gleichzeitig führten sie bisher unbekannte Arzneipflanzen in Europa ein. Die Klostermedizin erlebte einen neuen Aufschwung, der dann mit der Säkularisierung zu Beginn des 19. Jahrhunderts aber zum Erliegen kam. Mit der Weiterentwicklung der chemischen Pharmazeutika verschwanden im 20. Jahrhundert allmählich auch die Heilpflanzen aus dem Bewusstsein.

Altes Wissen der Klöster – immer aktuell In der Mitte des 19. Jahrhunderts wurde Sebastian Kneipp bekannt. Er verstand sich nicht nur auf die heilsame Anwendung von Wasser, sondern heilte viele Menschen mit Pflanzen. Er gilt als der Wiederentdecker der Arzneipflanzen. Von ihm stammen die Sätze: „Mit jedem Schritt und Tritt, welchen wir in der Natur machen, begegnen wir immer wieder neuen Pflanzen, die für uns höchst nützlich und heilbringend sind." „Gegen das, was man im Überfluss hat, wird man gleichgültig; daher kommt es, dass viele hundert Pflanzen und Kräuter für wertlose Unkräuter gehalten werden, anstatt dass man sie beachtet, bewundert und gebraucht."
1976 wurde die Phytotherapie (Pflanzenheilkunde) durch das Arzneimittelgesetz anerkannt. Sie vereint Erfahrungen aus der Volksmedizin mit der Genauigkeit der Naturwissenschaft. Das Fach „Naturheilkunde" wurde erst 1992 in den Ausbildungskatalog der Medizinstudenten aufgenommen. 1978 wurde ein Expertengremium gebildet, die sogenannte Kommission E, deren Aufgabe es war, Heilpflanzen im Hinblick auf die Zulassung als Arzneimittel zu beurteilen. Durch die Untersuchungen der Heilpflanzen auf Wirksamkeit, Anwendung und Darreichung gewinnen wir wissenschaftliche Kenntnisse über die Bedeutung sowohl alter als auch neu entdeckter Heilpflanzen. In den letzten Jahren ist das Interesse an den Heilpflanzen ständig gewachsen. Neben der Schulmedizin ist die Naturmedizin als Alternative und Ergänzung heute sehr gefragt.
Auch viele Klöster besinnen sich derzeit auf ihre Ursprünge und alten Traditionen und versuchen, diese zu aktualisieren. So werden vielerorts wieder Produkte aus Heilkräutern hergestellt, besonders in den sogenannten beschaulichen Klöstern. Aus der Geschichte der Klostermedizin ersehen wir, dass die Klöster es verstanden, jahrhundertealtes Wissen zu nutzen. Zugleich öffneten sie sich für die jeweils aktuellen Erkenntnisse und Erfahrungen. So auch in unserer Zeit. Wir nehmen Johanniskraut und Kamille ebenso in unsere Pflanzenbeschreibungen auf wie Umckaloabo und Uzara. Denn Klostermedizin war und ist jederzeit auch aktuelle Medizin.

Der Bauerngarten aus Sebastian Kneipps Hausapotheke befindet sich in Bad Wörishofen.

Kräuter in der Natur sammeln

Wenn wir von Kräutern sprechen, die in der Natur gesammelt werden, dann handelt es sich in der Regel um wilde Gemüsepflanzen (Bärlauch, Brennnessel), um Wildbeeren (Heidelbeeren, Holunderbeeren) oder um wild wachsende Heilpflanzen (Johanniskraut, Schafgarbe).

Die Natur hält all diese Pflanzen für uns bereit, sie wachsen ohne unser menschliches Zutun. Unsere Vorfahren, die als Sammler und Jäger lebten, wussten sie zu schätzen. Intuitiv nutzten sie ihren Wert zur Ernährung und als Medizin.

Auf blühenden Bergwiesen ist die Artenvielfalt besonders groß. Die gute Lage garantiert auch, dass die Pflanzen keine Schadstoffe enthalten.

Es gibt keine Unkräuter

Allzu schnell sprechen wir in unseren Gärten und auch in der Natur von Unkraut und haben keine Vorstellung davon, dass viele wild wachsende Pflanzen essbar und sogar heilend sind. Einen schön angelegten Garten, in dem plötzlich Brennnesseln und Löwenzahn auftauchen, halten wir eher für ungepflegt. Wer käme schon auf die Idee, Giersch, Spitz-Wegerich oder Gänseblümchen in der Küche zu verarbeiten?

Wo finden sich essbare Wildkräuter? Ebenso wie kultivierte Pflanzen bevorzugen Wildkräuter bestimmte Böden (Bodenarten) und Standorte.
Wir finden sie:

- auf Wiesen, Weiden, Almen und Lichtungen
- an Wegrändern, Schuttplätzen, Böschungen und Bahndämmen
- in Wasser- und Feuchtgebieten, an Tümpeln, See- und Bachufern
- auf den nährstoffreichen Böden der Felder und Äcker
- auf den sandig-trockenen Böden der Heide oder in den Moorlandschaften.

Eine Alternative für das Sammeln in der nicht ganz unbelasteten Natur bietet eine selbst angelegte Wildkräuterwiese.

In lichten Wäldern oder an Waldrändern gedeiht Waldmeister am besten.

Johanniskraut ist an der roten Farbe zu erkennen, die entsteht, wenn eine Blüte zerrieben wird.

Wichtige Regeln für das Sammeln von Wildkräutern

- Man muss die gesuchte Pflanze ganz genau kennen und mit 100%iger Sicherheit bestimmen können. Dabei ist es wichtig, dass alle Pflanzenmerkmale deutlich erkennbar sind: Farbe und Form der Blüte, der Blätter, der Stängel, die passende Blütezeit und eventuell auch der Geruch, damit keine Verwechslungen vorkommen (z. B. Bärlauch und Maiglöckchen).
- An stark befahrenen Straßen, frisch gedüngten oder mit Pestiziden gespritzten Feldern, faulig riechenden und trüben Gewässern und Müllhalden sollte nicht gesammelt werden.
- Sammeln Sie nur Pflanzen, die frisch und sauber sind. Die Blätter sollten sich voll entfaltet haben, die Blüten noch jung und frisch sein. Wenn das ganze Kraut gesammelt wird, sollte man es zu Beginn der Blütezeit sammeln, Früchte erst bei voller Reife.
- Pflanzen, die alt, oder fleckig sind, haben ihr volles Aroma bereits verloren. Es ist besser, sie stehen zu lassen.
- Wenn die Kräuter getrocknet und aufbewahrt werden sollen, ist es wichtig, dass sie auch in einem trockenen Zustand eingesammelt werden. Sie dürfen auch nicht taufeucht sein.
- Das Sammeln setzt die Liebe zur Natur voraus. An Standorten mit geringem Pflanzenbestand sollten immer einige Kräuter stehen bleiben, damit sie hier nicht aussterben.
- Das Sammeln setzt auch Kenntnisse über artgeschützte Pflanzen (Rote Liste) und Naturschutzgebiete voraus.
- Gesammelt werden sollte in einem luftigen Korb und auf keinen Fall in Plastiktüten, denn dort werden die Kräuter wieder feucht. Der Korb ermöglicht es auch kleinen Tieren, sich rechtzeitig „abzusetzen“.

Der eigene „Klostergarten“

Die Faszination von Gärten ist wohl unumstritten. In der Bibel lesen wir vom Garten Eden, diesem Paradies, einem Ort des Glücks und der Seligkeit. Wen wundert da, wenn Rabindranath Tagore schreibt: „Narren hasten, Kluge warten, Weise gehen in den Garten.“

Ein eigener kleiner „Klostergarten“ mit Kräutern – das hört sich nach einem Traum an. Die Verwirklichung ist nicht allzu schwierig. Wenn Sie in Ihrem Garten an einem sonnigen Standort in Hausnähe ein freies Stückchen Land haben und auch schon wissen, welche Kräuter Sie gerne selbst anbauen möchten, dann kann es losgehen. Planen Sie anfangs lieber nur ein kleineres Beet ein, denn auch der Arbeits- und Zeitaufwand für die gewünschte Fläche darf nicht unterschätzt werden. Die Auswahl an Beetformen und -arten ist groß.

TRADITIONELLES KRÄUTERBEET Teilen Sie dazu das vorhandene Beet in mehrere kleine Beete ein. Dazwischen sollten Sie ausreichend Platz für kleine Pfade lassen, damit Sie ungehindert alle Pflanzen erreichen können. Auch die Kräuter lieben es, wenn sie nicht von unmittelbaren „Nachbarn“ gestört werden. Den mediterranen Pflanzen, wie Lavendel, Rosmarin, Thymian, Salbei, sollten Sie die sonnigsten Plätzchen reservieren. Als Randbepflanzung eignen sich mehrjährige, strauchige Kräuter, wie Ysop, Heiligenkraut, Lavendel oder Thymian. Auch eine Buchshecke bietet sich als Beeteinfassung an.

Das Gießen mit Regenwasser kann in den heißen Monaten unerlässlich werden.

TOPFPFLANZEN Pflanzen in Töpfen und Kübeln sind vor allem dann sinnvoll, wenn Sie noch wenig Erfahrung mit Kräutern haben. So können sie erst einmal experimentieren. Töpfe eignen sich insbesondere für Minzearten, weil diese dazu neigen, sich stärker auszubreiten, als uns in der Regel lieb ist. In Töpfen kann ihre Ausbreitung natürlich begrenzt werden.

TROCKENSTEINMAUER UND KRÄUTERSPIRALE Diese Form des Kräuteranbaus ermöglicht es, auf geringem Raum sehr viele Kräuter mit unterschiedlichen Bedürfnissen zu vereinen. Im unteren Bereich können Sie außerdem eine Wasserstelle anlegen und beispielsweise Bachminze und Brunnenkresse anpflanzen. Darüber finden heimische Kräuter, wie

Eine Kräuterspirale ermöglicht es, viele Pflanzen auf kleinem Raum anzubauen.

Das Kräuterhaus in unserem Klostergarten ist ein idealer Ort, um Kräuter zeitnah zu verarbeiten.

Melisse, Schnittlauch, Petersilie, Kerbel, Pimpinelle, Liebstöckel, Borretsch und Wermut, ihren Platz. Je höher es hinaufgeht, desto mediterraner sollten die Pflanzen werden: Ganz oben fühlen sich Ysop, Rosmarin, Thymian und Lavendel wohl.

Hoch- und Hügelbeete Diese erhöhten Beete haben den Vorteil, dass das mühsame Bücken entfällt und Sie im Stehen pflanzen, jäten und ernten können. Sie eignen sich auch, wenn die Bodenqualität zu wünschen übrig lässt. Die Erde wird von Steinen befreit und mit Kompost und organischem Dünger aufgeschichtet. Die Lebensdauer ist über Jahre hin garantiert.

Der Anbau von Kräutern und Heilpflanzen

Bei der Bepflanzung des Gartens gibt es die Möglichkeit, den Samen direkt im Freiland auszusäen, Jungpflanzen in Vorkulturen aus Saatgut zu ziehen oder junge Pflanzen direkt einzukaufen und auszupflanzen.

Einkauf und Qualität Sie sollten auf alle Fälle darauf achten, nur gesunde Samen bzw. gesund und gut gewachsene Jungpflanzen mit festen Wurzeln zu kaufen. Es gibt im Fachhandel viele Kultursorten, die sich nicht als Heilkräuter eignen oder weniger Ertrag bringen, z. B. ist Französischer oder Deutscher Estragon wertvoller als der Russische. Beim Salbei gibt es viele Züchtungen interessanter Sorten (z. B. duftender Frucht-Salbei), die aber nicht die Heilwirkung des *Salvia officinalis* haben. Es kommt immer darauf an, für welchen Zweck Sie Ihren Garten bepflanzen. Möchten Sie die Kräuter in der Küche oder zur Selbstmedikation verwenden, dann brauchen Sie die entsprechenden Sorten und eine geeignete Qualität. Legen Sie sich einen Duftgarten an, werden Sie andere Kriterien beim Einkauf der Pflanzen berücksichtigen.

Die Bepflanzung des Beetes Beim Anbau ist zu beachten, ob es sich um ein- oder mehrjährige Pflanzen handelt und wie groß die Pflanzen werden. Hoch-

Melisse, Minzen, Schafgarbe und Königskerzen halten die Erntehelfer für einige Monate auf Trab.

wachsende sollten nicht so stehen, dass sie den niedriger wachsenden die Sonne wegnehmen oder sie durch ihr eigenes Wachstum erdrücken. Werden Einjährige neu ausgesät, sollte ein anderer Standort gewählt werden als im Vorjahr, um den Boden nicht einseitig zu beanspruchen. Die Mischkultur von Küchen- und Heilkräutern mit Gemüsepflanzen hat einen positiven Einfluss auf Geschmack und Qualität der Pflanzen. Bei der Auswahl für den eignen Garten ist es gut, mit bekannten Küchenkräutern (Petersilie, Schnittlauch, Dill, Majoran, Pimpinelle) und Teepflanzen (Minze, Melisse, Thymian, Königskerze) erste Erfahrungen zu sammeln. Im Laufe der Jahre kann der Garten durch andere Pflanzen erweitert und bereichert werden.

BODEN Bevor Sie nun Hand anlegen und lospflanzen, sollten Sie sich die Beschaffenheit des Bodens ansehen, auf dem die Kräuter wachsen sollen. Die meisten heimischen Pflanzen bevorzugen nährstoffreiche, gut durchlässige Erde. Sandige Lehmböden können Sie mit Komposterde und Rindenmulch anreichern. Schwerer, verdichteter Boden braucht zur Auflockerung Humus und Sand. Da kann eine Gründüngung mit tief wurzelnden Pflanzen (z. B. Senf, Kleearten) hilfreich sein. Mit reifem Kompost können Sie den Boden sowohl düngen als auch die Pflanzen gegen Krankheiten widerstandsfähiger machen.
Manche Kräuter, zum Beispiel Rosmarin, Thymian und Salbei, brauchen kalkhaltige Böden. Mit Gesteinsmehl kann der pH-Wert des Bodens (ideal: 6 bis 7) angepasst werden. Die mediterranen Heilpflanzen lieben sonnige und trockene, wasserdurchlässige Böden.

PFLEGEHINWEISE

Wie alle Lebewesen, die wachsen und gedeihen wollen, brauchen auch die Pflanzen ein gutes Maß an Pflege und Zuwendung.

BEWÄSSERUNG Beim Gießen der Pflanzen sollten Sie sich mäßigen und dafür mehr auf Regelmäßigkeit setzen. Bei lang anhaltenden Hitzeperioden kann es durchaus nötig sein, zweimal täglich (morgens und abends, wenn das Wasser nicht so rasch verdunstet) zu gießen. Bei Topfpflanzen sollten sie darauf achten, dass keine Staunässe entsteht.
Eine Regenwassertonne (mit Abdeckung) erleichtert die Bewässerung und reduziert die Kosten.

Düngung und Pflanzenstärkung Das Düngen und Stärken sollten Sie nicht übertreiben, denn Kräuter- und Heilpflanzen brauchen in der Regel weniger Nährstoffe als Zierpflanzen und Gemüse. Kompostdüngungen reichen in der Regel aus. Vor der Wachstumsphase können Sie einen Acker-Schachtelhalmsud auf die Beete ausgießen. Dadurch werden die Pflanzen gestärkt und besser vor Pilzerkrankungen geschützt.
Tiere, die die Pflanzen schädigen, wie Schnecken und verschiedene Käfer, sollten beizeiten durch Absammeln entfernt werden. Gegen Blattläuse hilft der Einsatz von Marienkäfern und Kräutertee bzw. -jauchen. Ebenso lassen sich Pilzerkrankungen, wie Mehltau und Rost, mit Kräuterbrühen und -tee eindämmen. Eine große Pflanzenvielfalt blühender Kräuter, insbesondere von Doldengewächsen, zieht Nützlinge, wie Marienkäfer, Schlupfwespen und Florfliegen, an.

In unserem Klostergarten sind auch nützliche Kleinsttiere herzlich willkommen.

Das Sauberhalten der Wege ist genauso wichtig wie die Pflege der Beete selbst.

Rückschnitt Den Rückschnitt der heimischen Pflanzen, beispielsweise Johanniskraut, Minzen und Melisse, können Sie im Herbst vornehmen, indem Sie die Kräuter bis kurz über dem Boden zurückschneiden. Mediterrane Pflanzen und solche, die leicht verholzen, sollten Sie erst im Frühjahr und nicht zu tief, innerhalb des Laubes, zurückschneiden.

Winterschutz Der Schutz der Pflanzen im Winter gelingt Ihnen am besten, wenn Sie den Boden mit Rindenmulch oder Tannenreisig abdecken. Mediterrane Pflanzen, vor allem Rosmarin, sollten Sie mit einem leichtem Vlies schützen. Ideal ist es, wenn Sie die Möglichkeit haben, nicht frostharte Pflanzen über Winter im Haus an einem möglichst hellen Standort unterzubringen (wenig gießen).

Kräuter ernten und haltbar machen

Bei der Verwendung von frischen Blattkräutern für Tee, Saft und Speisen können Sie gleich am Morgen in den Garten gehen und das ernten, was Sie brauchen. Möchten Sie die Blüten ernten, sollten Sie bis zur Mittagszeit warten. Bis dahin sind die Blüten vollständig aufgegangen.

Kräuter ernten – wann und wie?

Die Kräuterernte hängt von den Pflanzenteilen ab, die geerntet werden und von ihrer Verwendung. Benutzen Sie für die Ernte einen Korb und keine Plastiktüten, Eimer oder Taschen. So können die Kräuter nicht schwitzen, kleinere Tiere haben noch die Chance zu entkommen und die Kräuter werden schonend transportiert.

Blätter Kurz vor der Blüte haben Heilkräuter, deren Blätter genutzt werden, wie Minzen, Melissen, Salbei, Thymian oder Frauenmantel, den höchsten Wirkstoffgehalt. Ernten Sie das oberste Drittel der Pflanzen, so können die Pflanzen wieder nachwachsen.

Die Blätter und jungen Triebe von Wildkräutern, wie Löwenzahn, Brombeeren, Brennnessel, Birken und Acker-Schachtelhalm, sollten Sie sammeln, solange sie frisch sind.

Bei älteren Pflanzen werden nur die Triebspitzen geerntet. Sie besitzen ein besonders intensives Aroma und lassen sich gut verarbeiten.

Ernte des Lavendels

Die Ernte der Lavendelblüten im Sommer ist feinste Handarbeit.

Sorgfältig werden die Blütenstängel in kleinen Büscheln zusammengefasst.

Blüten und Stile werden in frischem Zustand geschnitten und getrennt getrocknet.

Die Blüten der Königskerzen leuchten weithin durch den Klostergarten und locken nicht nur Bienen, sondern auch die Gäste an.

Blüten Blüten, beispielsweise von Königskerzen, Holunder, Schafgarbe, Kamille, Mädesüß und Ringelblumen, sollten über Mittag geerntet werden, wenn diese ganz trocken sind und sich entfaltet haben. Kranke, verwelkte oder angefressene Blüten sollten Sie nicht nehmen.

Früchte und Samen Anis, Kümmel, Fenchel und andere Früchte werden erst in der Vollreife, im Spätsommer bzw. Herbst geerntet. Schneiden Sie die ganzen Fruchtstände ab und sammeln Sie sie in einem Stoffbeutel. Den Samen können Sie dann im Haus heraustrennen.

Wurzeln Unterirdische Pflanzenteile werden in der Ruhephase der Kräuter geerntet – im Frühjahr oder im Herbst: Einjährige Pflanzen können Sie ganz herausziehen, mehrjährige sollten mindestens zwei oder drei Jahre alt sein, damit die Wurzeln den nötigen Wirkstoffgehalt haben und verwendet werden können.

So werden Kräuter haltbar gemacht

Die beste Methode: trocknen und lagern Solange es frische Pflanzen gibt, sollten Sie diese verwenden. Das Trocknen ist eine Haltbarmachung für die Winterzeit, wenn keine frischen Kräuter vorhanden sind. Sie können sich damit sowohl einen Teevorrat als auch eine kleine Hausapotheke anlegen.
Voraussetzung für das Trocknen sind ganz trockene, saubere Kräuter. Wichtig: Sie dürfen die Kräuter nicht waschen! Feuchte

Um Frauenmantel zu ernten, muss er vollkommen trocken sein. Die vielen winzigen Tautropfen, die sich am Rand der Blätter ansammeln, trocknen an manchen Tagen erst am späten Nachmittag.

Blätter und Blüten werden nach dem Trocknen bräunlich und sehen unschön aus. Das Trockengut können Sie entweder in Bündeln kopfüber aufhängen oder, wenn Sie genügend Platz haben, in Horden auslegen. Wichtig ist ein luftiger und schattiger Ort – zugig warme Dachböden sind ideal. Für die meisten Kräuter ist eine Trockentemperatur um die 35 °C optimal. Eine Ausnahme stellen Kamillenblüten dar, sie sollten bei ca. 40°C getrocknet werden. Den höchsten Wirkstoffgehalt bei getrockneten Heilpflanzen erhalten Sie, wenn Sie das Erntegut im Ganzen trocknen und lagern und erst vor dem unmittelbaren Gebrauch zerkleinern. Je kleiner das Trockengut, desto mehr Wirkstoffe gehen verloren. Das gilt vor allem für die häufig vorkommenden ätherischen Öle.

Auf dem Dachboden des Klosters befindet sich eine große Trockenstellage. Schonend wird hier das Erntegut ausgebreitet und getrocknet.

Wenn Sie die Wurzeln vom Eibisch, Baldrian oder Engelwurz ausgraben möchten, warten Sie im November auf trockene Witterung. Die geernteten Wurzeln sollten Sie waschen und zerkleinern und dann im Backofen oder einem Dörrapparat bei 50 °C trocknen lassen.
Bevor Sie das getrocknete Erntegut einsammeln, sollten Sie sich vergewissern, dass die Pflanzen vollständig trocken sind: Knackende Stängel und raschelnde Blätter sind dafür ein Indiz.
Verwenden Sie für die Lagerung entweder gut schließbare Dosen, dunkle Gläser oder Porzellangefäße. Es darf keine Feuchtigkeit an die Pflanzen gelangen. Bewahren Sie alle Kräuter dunkel auf.
Große Mengen getrockneter Pflanzen können auch in braunen Papier-Biosäcken oder -tüten verwahrt werden. Achten Sie allerdings darauf, dass die Säcke und Tüten unbedingt ganz trocken stehen. Sie sollten es auch nicht versäumen, die Behälter zu etikettieren und sowohl Inhalt als auch Erntejahr festzuhalten.
Die Lagerung ist durchaus für zwei bis drei Jahre möglich. Es ist aber sinnvoll, die getrockneten Kräuter bis zur nächsten Erntezeit aufzubrauchen, da sich ihre Wirksamkeit trotz sorgfältigster Lagerung vermindert.

KRÄUTER EINFRIEREN Neben der Trocknung gibt es noch andere Möglichkeiten, Kräuter haltbar zu machen, zum Beispiel das Einfrieren: Nach der Ernte werden die frischen Kräuter gewaschen und mit einem Tuch abgetupft. Die zer-

Im Schatten des Kräuterhauses verarbeiten Sr. M. Josefa und Sr. M. Irmingard die getrockneten Heilpflanzen.

kleinerten Kräuter können Sie dann in einzelnen Sorten oder gemischt in Eiswürfelbehälter, in Folien oder in Gefrierbeutel einfüllen und im Tiefkühler einfrosten. Nach dem Auftauen sollten Sie die Kräuter rasch verwerten, weil sie durch den hohen Wassergehalt weich werden und an Würzkraft verlieren.

Kräuter in Öl und Essig Als Basis eignen sich kaltgepresste, geschmacksneutrale Öle. Verwenden Sie am besten getrocknete Kräuter, da die Verbindung von Öl und Wasser (in den Pflanzen) zur Schimmel- und Pilzbildung führen kann. Wichtig ist, dass alle Kräuter mit Öl bedeckt sind, luftdicht verschlossen und zunächst zwei Wochen an einem hellen Standort, aber nicht in direkter Sonne stehen. Das gefilterte, fertige Öl sollten Sie kühl aufbewahren, jedoch nicht im Kühlschrank.

Beim Herstellen von Kräuteressig verwenden Sie ebenfalls einen möglichst geschmacksneutralen Essig. Sie können sowohl frische als auch getrocknete Kräuter einlegen. Ansonsten gehen Sie genauso vor wie beim Kräuteröl.

Lecker erfrischend und hübsch zugleich – Kräuterblüten in Eiswürfeln

Die Inhaltsstoffe der Pflanzen

Im Folgenden werden die wichtigsten Inhaltsstoffgruppen, die für die Wirksamkeit der Pflanzenextrakte am Menschen verantwortlich sind, in alphabetischer Reihenfolge charakterisiert.

Man unterscheidet bei Pflanzen zwischen dem Primär- und dem Sekundärstoffwechsel. Die Endprodukte des Primärstoffwechsels sind im Wesentlichen Fette, Kohlenhydrate und Proteine, welche unter anderem als Energiequelle und Reservestoffe dienen und für das Überleben aller Pflanzenzellen notwendig sind. Pharmazeutisch wesentlich interessanter sind die Produkte des Sekundärstoffwechsels, zu denen beispielsweise Blütenfarbstoffe, Duftstoffe und Festigungselemente zählen. Sie werden nur in bestimmten Pflanzenzellen gebildet, sind für die Zelle selbst meist entbehrlich, kommen aber dem gesamten Organismus zugute.

Ätherische Öle

Bei den ätherischen Ölen handelt es sich um meist sehr komplex zusammengesetzte Gemische von fettlöslichen, flüssigen, flüchtigen, stark riechenden Verbindungen, welche industriell meist durch Wasserdampfdestillation oder Pressung (Zitrusfrüchte) aus der frischen Pflanze gewonnen werden. Chemisch gesehen handelt es sich bei diesen Verbindungen überwiegend um sogenannte Terpene, welche je nach Anzahl der Kohlenstoffatome (C-Atome) ihres Grundgerüstes in Monoterpene (10 C-Atome), Sesquiterpene (15 C-Atome), Diterpene

Echinacea purpurea enthält Heteropolysaccharide, Kaffeesäurederivate, Alkylamide, ätherisches Öl, Flavonoide und Polyine.

Ingwerwurzel lässt sich dank seiner ätherischen Öle als wohlschmeckendes Gewürz und auch als Heilmittel gegen Magenbeschwerden verwenden.

Extraktionsapparatur, wie man sie üblicherweise zur Herstellung von Drogenauszügen im kleineren Maßstab verwendet.

(20 C-Atome) u. a. eingeteilt werden; daneben sind häufig auch Phenylpropan-Verbindungen enthalten. Ätherische Öle dienen den Pflanzen zur Abwehr von Mikroorganismen (Bakterien, Pilze), als Fraßschutz, zur Anlockung von Insekten und Einschränkung der Wasserverdunstung. Sie besitzen zahlreiche interessante Wirkungen, die überwiegend in der Therapie von Erkrankungen der Atemwege und Verdauungsstörungen sowie als Beruhigungsmittel auch in der Aromatherapie eingesetzt werden.

Bitterstoffe

Als Bitterstoffdrogen bezeichnet man in der Pflanzenheilkunde jene Pflanzen, deren therapeutische Verwendung ausschließlich auf ihrem bitteren Geschmack beruht. Man unterscheidet zwischen sogenannten reinen Bittermitteln („Amara pura", z. B. Enzianwurzel) und aromatischen Bittermitteln („Amara aromatica", z. B. Wermut), die zusätzlich ätherisches Öl enthalten. Chemisch gehören die Bitterstoffe unterschiedlichen Substanzklassen an. Durch ihren bitteren Geschmack lösen sie reflektorisch eine Steigerung der Speichel- und Magensaftproduktion aus und regen die Magen- und Darmmotorik an, weshalb sich Bittermittel zur Behandlung von Appetitlosigkeit und Verdauungsstörungen eignen. Bei empfindlichen Personen können Bitterstoffe zu Kopfschmerzen führen, bei Magen- und Darmgeschwüren und übersäuertem Magen dürfen sie nicht verwendet werden.

Cumarine

Cumarin selbst liegt in der frischen Pflanze an Zucker gebunden vor und wird erst beim Trocknen gebildet. Es ist für den charakteristischen Duft von Waldmeisterkraut, Steinklee oder Heublumen verantwortlich. Bei zu reichlichem Genuss cumarinhaltiger Getränke (z. B. Maibowle) kann es zu Kopfschmerzen kommen. Ihre Bedeutung in der Kräuterheilkunde ist heute eher gering. Vor allem in manchen Arten der Doldenblütler sind sogenannte Furanocumarine enthalten, welche eine photosensibilisierende Wirkung besitzen. Ein Hautkontakt mit dem Saft der betreffenden Pflanzen führt infolge einer Erhöhung der Empfindlichkeit gegen UV-Strahlung zu – unter Umständen gravierenden – Hautrötungen und Entzündungen.

Flavonoide

Flavonoide werden von nahezu allen Blütenpflanzen gebildet. Sie bieten der Pflanze Schutz vor schädlichen äußeren Einflüssen, sodass sie sich vorwiegend in den äußeren

Eichenrinde eignet sich aufgrund ihres Gerbstoffgehaltes zur Behandlung von Durchfallerkrankungen.

Die im Weißdorn enthaltenen Proanthocyanidine (Flavonoide) haben eine herzstärkende Wirkung.

Pflanzenteilen finden. Ihren Namen, der sich vom lateinischen Wort *flavus* (= gelb) ableitet, verdanken sie den Inhaltsstoffen von gelben Färbepflanzen, wie Färber-Ginster, später wurden allerdings alle Verbindungen mit dem für sie charakteristischen, aus 15 Kohlenstoffatomen bestehenden Grundgerüst unabhängig von ihrer Farbe als Flavonoide bezeichnet. Aufgrund der großen Strukturvielfalt innerhalb der Gruppe besitzen Flavonoide zahlreiche unterschiedliche pharmakologische Wirkungen, die in den Pflanzenporträts genauer beschrieben werden.

Gerbstoffe

Der Name der Gerbstoffe leitet sich von ihrer Eigenschaft ab, tierische Haut in Leder umzuwandeln, d.h. zu gerben. Gerbstoffe reagieren mit den Kollagenfasern von Haut und Schleimhäuten zu unlöslichen Verbindungen und diese adstringierende (zusammenziehende) Wirkung nutzt man auch therapeutisch. Äußerlich verwendet setzen Gerbstoffe die Wundsekretion herab, verdichten das Gewebe an der Oberfläche und verhindern so das Eindringen von Bakterien in tiefere Wundschichten. Die Kombination entzündungshemmender, antimikrobieller und Juckreiz mildernder Wirkungen machen Zubereitungen gerbstoffhaltiger Pflanzen zu einem geeigneten Mittel bei der Behandlung von Wunden, kleineren Verbrennungen, entzündlichen Erkrankungen der Schleimhäute im Mund- und Rachenraum, aber auch im Anal- und Genitalbereich. Innerlich verwendet man sie als stopfendes Mittel (Antidiarrhoikum) bei leichten unspezifischen Durchfallerkrankungen.

Chemisch unterscheidet man zwei große Gruppen, die sogenannten Gallotannine und Catechingerbstoffe. Die vor allem in der Familie der Lippenblütler *(Lamiaceae)* weit verbreiteten Kaffeesäurederivate, wie Rosmarinsäure, besitzen ebenfalls eine Gerbstoffwirkung und werden daher auch als Lamiaceen-Gerbstoffe bezeichnet.

Bei empfindlichen Personen kann es nach der Einnahme von gerbstoffhaltigen Zubereitungen zu einer Reizung der Magenschleimhaut kommen, Überdosierungen können zu Leberschädigungen führen.

Saponine

Saponine erhielten ihren Namen aufgrund ihrer Eigenschaft, die Oberflächenspannung des Wassers ähnlich wie Seife herabzusetzen und so einen Schaum zu bilden (lat. *sapo* = Seife). Chemisch setzen sie sich aus einem Grundkörper, dem sogenannten Sapogenin, und einem Zuckerrest zusammen.
Dringen Saponine in die Blutbahn ein, sind sie äußerst giftig, da sie die roten Blutkörperchen zerstören. Über den gesunden Magen-Darm-Kanal werden sie jedoch nur in sehr geringem Maße vom Körper aufgenommen. Arzneilich werden hauptsächlich die Triterpensaponine verwendet, welche durch Reizung der Magenschleimhaut über einen Reflex die Bronchialsekretion anregen, aufgrund ihrer Oberflächenaktivität den Schleim zusätzlich verflüssigen und somit als auswurfförderndes Mittel bei Katarrhen der oberen Atemwege eingesetzt werden können. Einige Saponine wirken durch eine Reizwirkung auf die Nieren wassertreibend und können zur Durchspülungstherapie bei Erkrankungen der ableitenden Harnwege eingesetzt werden.
Aescin, ein aus der Rosskastanie gewonnenes Triterpensaponingemisch besitzt gefäßabdichtende und entzündungshemmende Eigenschaften und wird zur Behandlung von Venenleiden verwendet.

Schleimstoffe

Pflanzenschleime sind komplex zusammengesetzte Zusammenschlüsse zahlreicher Zuckerbausteine, die in Wasser stark aufquellen und zähflüssige Lösungen bilden. Sie binden im Darm Wasser und führen deshalb zu einer Volumenvergrößerung des Darminhaltes und infolgedessen zu einer Anregung der Darmtätigkeit. Aufgrund dieser Wirkung können schleimhaltige Drogen als mild wirkende Abführmittel eingesetzt werden. Darüber hinaus legen sie sich wie ein Film über entzündete Schleimhäute und wirken so reizlindernd bei entzündlichen Erkrankungen der Luftwege und im Magen-Darm-Bereich.
In heißen Umschlägen zur Behandlung von Geschwüren und Drüsenschwellungen macht man sich neben der entzündungshemmenden Wirkung auch das Wärmespeichervermögen der Schleime zunutze.

Malvenzubereitungen können dank ihres Gehaltes an Schleimstoffen als Mittel gegen Reizhusten verwendet werden.

Die Zubereitung

Die direkteste Form, Heilpflanzen zu verwenden, ist die Anwendung frischer Pflanzen. Daneben gibt es verschiedene Möglichkeiten der Konservierung. Eng damit verbunden sind die unterschiedlichen Formen der Zubereitung. Sie entsprechen dem jeweiligen Zusammenhang von optimaler Verwertung der Inhaltsstoffe und Anwendung.

Die folgenden Zubereitungsformen sind zur Selbstmedikation und als Vorbeugung bei leichten Befindlichkeitsstörungen sowie als Genussmittel (z. B. Bowle) gedacht und orientieren sich nicht am Arzneimittelgesetz.

WÄSSRIGE PFLANZENAUSZÜGE

Wasserlösliche Inhaltsstoffe eignen sich besonders zur Zubereitung von Tees (wässriger Extrakt). Dabei unterscheiden wir zwischen heißen Aufgüssen, Kaltauszügen und Abkochungen.

AUFGÜSSE Aufgüsse werden mit einer bestimmten Menge heißem Wasser und frischen Kräutern oder getrockneten Pflanzenteilen, sogenannten Drogen, hergestellt. **Droge ist die pharmazeutische Bezeichnung für die getrockneten Pflanzenteile – nicht zu verwechseln mit Rauschdrogen.** Bei Aufgüssen übergießt man die Heilpflanzen mit heißem Wasser und lässt sie zugedeckt einige Minuten ziehen. Nach dem Abseihen der Kräuter wird der Tee schluckweise getrunken.
Empfehlenswert sind normalerweise 2 TL Droge auf 150 ml Wasser und eine Ziehzeit von 7 bis 10 Minuten. Der Extraktgehalt ist von verschiedenen Faktoren abhängig: Temperatur (je heißer umso höher), Schnittgröße und -menge der Drogen, offener Tee oder Filterbeutel, der Ziehdauer und ob der Filterbeutel ausgedrückt wird oder nicht. Es lassen sich Unterschiede in der Intensität erzielen, wenn der Tee lose, offen in der Kanne überbrüht (stärker) oder im Filterbeutel (schwächer) aufgegossen wird.
Nicht zuletzt ist es wichtig, Pflanzen mit ätherischem Ölgehalt beim Ziehen zuzudecken, da die ätherischen Öle flüchtig sind und bei offener Kanne entweichen.

Getrocknete Blüten bewahrt man in luftdichten Behältern auf, die deutlich beschriftet werden. Noch besser als durchsichtige Gläser sind dunkle Gefäße.

ABKOCHUNG Für Abkochungen werden die Drogen mit kaltem Wasser angesetzt und zum Kochen gebracht. Je nach Rezeptur lässt man alles nur kurz aufkochen oder längere Zeit sieden, dann etwa 10 Minuten ziehen und seiht die Kräuter dann ab. Vor allem die Inhaltsstoffe der Wurzeldrogen, Samen und Früchte bedürfen eines Kochvorgangs, damit sie sich in der Flüssigkeit lösen und für die Anwendung zur Verfügung stehen.
Sowohl Aufgüsse als auch Abkochungen werden je nach Rezept entweder sofort heiß getrunken oder tassenweise über den Tag verteilt zu sich genommen.

KALTAUSZÜGE Diese Form des Auszuges ist dann sinnvoll, wenn die Inhaltsstoffe einer Pflanze hitzeempfindlich sind und sich besser durch kaltes Wasser lösen (z. B. die Schleimstoffe von Spitz-Wegerich und Eibisch). Auch Alkohol und Öl dienen als Kaltauszüge.
Für den Kaltauszug übergießt man die Pflanzen mit kaltem Wasser und lässt sie mehrere Stunden stehen. Danach werden die Kräuter abgeseiht und das Getränk kann entweder trinkwarm erhitzt oder kalt getrunken werden.

ZUBEREITUNGEN FÜR DIE ÄUSSERLICHE ANWENDUNG Neben der innerlichen Anwendung von Tee können wässrige Pflanzenauszüge auch äußerlich angewandt werden, zum Beispiel in Form von Voll- und Teilbädern, Inhalationen und Dampfbädern, Umschlägen, Mundspülungen und Gurgellösungen. Dazu verwendet man vor allem ungemischten und ungesüßten Tee.
Bäder werden bei Badetemperaturen von 35 bis 38 °C durchgeführt. Für ein Kräutervollbad übergießt man 100 g Kräuter – beispielsweise Heublumen – mit 1 l Wasser, bringt das Ganze zum Sieden und kocht es 15 Minuten. Nach dem Abseihen gibt man den heißen Kräuteraufguss dem Badewasser zu. Die Badedauer sollte 10 bis 15 Minuten nicht überschreiten. Die anschließende Bettruhe verstärkt die Wirkung des Kräuterbades. Vorteilhafter ist allerdings die Anwendung fertiger pflanzlicher Badeextrakte.
Für Teilbäder bei verletzten Gliedern kocht man einen Tee und badet darin die verletzten Körperteile (z. B. Hand, Fuß) etwa 10 Minuten bei Temperaturen zwischen

Holunderblütentee eignet sich sehr gut bei Erkältungen, weil er zum Schwitzen anregt. Tees, die ätherische Öle enthalten, sollten in geschlossenen Kannen serviert werden.

35 und 40 °C. Für 1 l Flüssigkeit verwendet man 1 EL Droge. Die Zubereitung geschieht wie beim Vollbad.
Bei einer Inhalation werden die Kräuterdämpfe langsam und tief durch Mund und Nase eingeatmet. Dazu übergießt man eine kleine Handvoll Kräuter mit 1 l kochendem Wasser und inhaliert die Dämpfe, indem Kopf und Gefäß mit einem Handtuch abgedeckt werden.
Für Umschläge taucht man ein Tuch, Wattebausch oder Mull in Tee, drückt es leicht aus und legt es auf die zu behandelnde Stelle. Die Umschläge können mehrmals wiederholt werden oder man legt einen Verband an.
Für Kompressen oder Wickel verwendet man Aufgüsse oder auch Tinkturen, mit denen ein sauberes Leinen- oder Baumwolltuch getränkt wird. Nach dem Auswringen wird das Tuch auf die betroffene Stelle aufgelegt und eventuell mit einem trockenen Tuch fixiert. Warme Wickel oder Kompressen bleiben nur so lange liegen, bis sie kühl sind.
Mundspülungen und Gurgellösungen lassen sich ebenfalls mit Teeextrakten durchführen. Die Anwendung sollte mindestens 1 Minute lang durchgeführt werden.

Weitere alkoholfreie Zubereitungen

Frischkräuterpress-Saft Für Frischkräuterpress-Säfte verwendet man nur drei bis fünf verschiedene Kräuterarten, die es gut aufeinander abzustimmen gilt. Beispielsweise lassen sich klassische Küchenkräuter, wie Petersilie, Schnittlauch und Basilikum, gut miteinander verbinden. Bei Liebstöckel ist wegen des durchdringenden Geschmacks Vorsicht geboten.
Eine süßlichere Kombination erreicht man mit verschiedenen wohlschmeckenden Minzen, Melisse und einem Apfel. Ebenso lassen sich Wildkräuter, wie Giersch, Spitz-Wegerich und Brennnesseln, zu Press-Saft verarbeiten.
Die gewaschenen und zerkleinerten Kräuter werden in einen Mixer gegeben und mit etwas Wasser aufgefüllt. Die Menge des Wassers hängt von der gewünschten Intensität des Press-Saftes ab (je weniger Wasser, umso intensiver).
Das Getränk wird direkt vor dem Essen in kleinen Likörgläsern serviert. Besonders attraktiv werden die Getränke, wenn sie mit einer frischen Blüte garniert werden. Frische Press-Säfte sollte man nicht länger als einen Tag aufbewahren.

Sr. M. Josefa bei der Zubereitung von Frischkräuterpress-Saft

Kräuterbowle Bei unserer Kräuterbowle handelt es sich ebenfalls um ein alkoholfreies Getränk. Sie ist besonders bei Kindern sehr beliebt. Am besten eignen sich für die Zubereitung Pflanzen mit einem hohen Gehalt an ätherischem Öl. Ähnlich wie bei den anderen Rezepturen ist auch hierbei die Zusammensetzung der Kräuter der eigenen Kreativität und dem persönlichen Geschmack überlassen. Eine Vielzahl von Aromen kann sich allerdings positiv auf den Geschmack auswirken. Für die Zubereitung erntet man wohlschmeckende Kräuter, zum Beispiel Minzen, verschiedene Salbeiarten, Lavendel, Thymian, Königskerzenblüten, Malven, nach Zitronen duftende Pflanzen (z. B. Melisse) und andere mehr. Die Kräuter werden gewaschen und zerkleinert. Man übergießt sie zu gleichen Teilen mit Wasser und ungesüßtem Apfelsaft. Die Flüssigkeit wird mindestens 12 Stunden kühl gestellt. Danach werden die Kräuter abgeseiht und die Bowle wird kalt serviert. Zur Verzierung können frische Blüten verwendet werden.
An heißen Tagen ist es empfehlenswert, Eiswürfel dazuzureichen.

Kräutersirup Zu Heilzwecken wird auch gerne ein Sirup hergestellt. Hierzu wird die Droge mit kaltem Wasser angesetzt und aufgekocht oder in kochendes Wasser gegeben. Das Ganze lässt man 10 Minuten durchkochen und seiht es dann ab. Dem so gewonnenen Tee wird je nach Rezeptur Zucker hinzugegeben. Die Masse wird so lange eingekocht, bis sie dickflüssig ist. Zur Herstellung von Sirup eignen sich zum

Löwenzahn-Sirup

- *2 Hände voll Löwenzahnblüten*
- *400 g Zucker*
- *ca. 0,5 l Wasser*
- *1 TL Zitronensaft*

Die gewaschenen Blüten werden in einen Topf gegeben und mit Wasser aufgefüllt (bis die Blüten bedeckt sind). Alles bleibt über Nacht stehen und wird am nächsten Tag 1 Stunde lang gekocht. Wiederum bleibt alles stehen. Am darauffolgenden Tag werden die Blüten abgeseiht. Der Flüssigkeit gibt man Zucker und Zitronensaft hinzu und köchelt alles einige Stunden bei offenem Topf. Wenn die Konsistenz von Sirup erreicht ist, wird er heiß in Gläser abgefüllt. Löwenzahn-Sirup hilft bei Husten. Man nimmt einige Teelöffel über den Tag verteilt ein.

Die Kräuterbowle wird angesetzt.

Kräuterölauszüge, Essenzen und Tinkturen lieben einen sonnigen Standort um heranzureifen.

Beispiel Eibisch, Löwenzahn, Spitz-Wegerich und Ysop.

KRÄUTERHONIG Kräuter lassen sich auch sehr gut mit Honig verbinden. So entsteht zum Beispiel ein wertvolles Hustenmittel, wenn Spitz-Wegerichblätter in Honig eingelegt werden. Dazu schneidet man gewaschene Spitz-Wegerichblätter klein und schichtet sie im Wechsel mit Honig in ein größeres Glas. Die letzte Schicht sollte Honig sein. Das Glas nicht in die Sonne stellen!
Nach ungefähr acht Wochen ist der Honig gebrauchsfertig und die Spitz-Wegerichblätter können abgeseiht werden. Die Anwendung ist ähnlich wie beim Sirup. Der Honig wird teelöffelweise über den Tag verteilt eingenommen oder in warmen Tee eingerührt. Löwenzahn, Spitz-Wegerich und Zwiebeln eignen sich gut zur Zubereitung von Honig.

KRÄUTERMILCH Kräutermilch lässt sich leicht herstellen, indem man frische Kräuter verwendet, sie vorsichtig wäscht und sehr fein schneidet oder mit einem Mixstab püriert. Man kann normale Milch, Buttermilch, Dickmilch oder Trinkjoghurt benutzen. Auf 1 l kalte Milch gibt man etwa 5 EL frische Kräuter.

Ein Honig aus Spitz-Wegerichblättern hilft gegen Husten.

Die Zusammensetzung der Kräutermischung ist eine Frage des Geschmacks und der persönlichen Kreativität. Es ist allerdings nicht ratsam, mehr als fünf verschiedene Kräuter in einem Milchdrink zu verwenden, da sonst die einzelnen Aromen nicht mehr herauszuschmecken sind.

Alkoholische Auszüge

Tinkturen Bei der Herstellung von Tinkturen (alkoholischer Extrakt) kommt meistens ein Alkohol-Wasser-Gemisch oder reiner Alkohol zum Einsatz. Für einige Tinkturen, beispielsweise Arnika- oder Baldrian-Tinktur, gibt es im Arzneibuch auch mengenmäßig genaue Vorschriften, in welchem Verhältnis Alkohol und Wasser eingesetzt werden sollen und wie groß der „Ansatz" für die Extraktion sein darf. Diese Vorschriften sind einzuhalten, wenn es sich um frei verkäufliche Arzneimittel handelt. Tinkturen können sowohl innerlich eingenommen als auch zur äußerlichen Behandlung eingesetzt werden.
Es lassen sich aber auch Tinkturen für den Hausgebrauch herstellen, zum Beispiel eine Lavendeltinktur. Dafür gibt man 100 g getrocknete Lavendelblüten in eine Flasche und übergießt sie mit 0,5 l 40%igem Branntwein. Die verschlossene Flasche bleibt etwa drei Wochen in der Sonne stehen. Danach wird der Inhalt abgeseiht und zusätzlich gefiltert.
Einreibungen mit Lavendeltinktur sind hilfreich bei Rheuma und Kopfschmerzen. Auch aus Anis, Baldrian, Kamille, Kapuzinerkresse, Königskerze, Kümmel, Johanniskraut, Löwenzahn, Melisse, Pfefferminze, Ringelblume, Rosmarin, Schafgarbe, Spitz-Wegerich und Tausendgüldenkraut lassen sich Tinkturen herstellen.

Medizinalwein Um Medizinalwein herzustellen, werden die frischen Kräuter oder die Droge mit trockenem Weißwein angesetzt, bei Zimmertemperatur einige Tage ausgezogen, die Kräuter ausgedrückt, gefiltert und likörglasweise getrunken.
Für einen herzstärkenden Rosmarinwein

Sr. M. Ursula beim Abfüllen von Kräuter-Tinkturen

braucht man 20 frische Rosmarinzweige, die mit 0,5 l trockenem Weißwein übergossen und zwei Tage gut verschlossen aufbewahrt werden. Nach gelegentlichem Schütteln wird der Inhalt abgeseiht und zusätzlich gefiltert.
Medizinalwein können Sie auch aus Engelwurz, Basilikum, Dill, Eibisch, Johanniskraut, Löwenzahn, Petersilie, Pfefferminze, Salbei und Tausendgüldenkraut zubereiten.

Liköre Liköre werden oft hergestellt, wenn es darum geht, Magenverstimmungen zu beheben oder die Verdauung anzuregen. Die vorgesehenen Kräuter werden mit 40%igem Branntwein zwei bis drei

Sr. M. Ursula beim Etikettieren von Likör-Flaschen

Wochen angesetzt, danach abgeseiht und mit Zucker vermischt. Der Likör schmeckt umso besser, je länger er ruhen kann.
Um einen Pfefferminzlikör herzustellen braucht man eine Handvoll frische Pfefferminzblätter, die mit 0,5 l Korn übergossen und verschlossen an einem dunklen Ort aufbewahrt werden. Nach 10 Tagen werden 250 g Zucker und 0,75 l Wasser zu einem Sirup verkocht und abgekühlt mit dem Pfefferminzansatz vermischt. Danach wird alles abgeseiht und kühl aufbewahrt.
Genauso werden auch Liköre aus Angelikawurzel, Anis, Melisse und Thymian angesetzt.

Essenzen Essenzen werden vor allem für den Küchenbereich hergestellt. Geschmackvolle Essige sind gleichzeitig gesundheitsfördernd. Für einen Kräuteressig werden die frischen Kräuter (z. B. Thymian, Rosmarin oder Ysop) in guten Wein- oder Apfelessig eingelegt. Zwei bis drei Wochen bleiben die Kräuter im Essig an einem warmen Ort stehen, bevor sie abgeseiht werden. Danach können sie in Flaschen abgefüllt werden.
Um beispielsweise einen Ysopessig zuzubereiten, werden sechs klein geschnittene blühende Ysopzweige in 1 l Apfel- der Weinessig eingelegt und gut verschlossen aufbewahrt. Nach zwei bis drei Wochen kann der Ysop abgeseiht werden und mit einem frischen Blütenzweig – zur Dekoration – in eine saubere Flasche umgefüllt werden. Ysopessig verfeinert den Geschmack vieler Speisen und ist zugleich verdauungsfördernd.

Frische Kräuter werden klein geschnitten, in Öl eingelegt und in geschlossenen Behältern aufbewahrt. Täglich umrühren!

Ölige Auszüge

Die Kräuter (z. B. Anis, Brennnessel, Dill, Johanniskraut, Kamille, Lavendel, Ringelblume, Rosmarin und Ysop) werden für einen Öl-Auszug (öliger Extrakt) mit einem hochwertigen Pflanzenöl (kaltgepresstes Olivenöl) angesetzt und an einen warmen Ort gestellt. Unter täglichem Schütteln werden sie über zwei bis drei Wochen ausgezogen. Dann wird der Ansatz abgeseiht und anschließend gefiltert. Der Ölauszug sollte dunkel und kühl aufbewahrt werden. Er kann sowohl äußerlich als auch innerlich verwendet werden.

Um einen Johanniskrautöl-Auszug herzustellen, werden 3 Handvoll frische Johanniskrautblüten mit 0,5 l Olivenöl übergossen, gut verschlossen und an einen warmen, sonnigen Ort gestellt. Die Flüssigkeit sollte jeden Tag vorsichtig geschüttelt werden. Nach sechs Wochen ist der rote Auszug fertig, wird abgeseiht und kühl und dunkel aufbewahrt. Einreibungen mit Johanniskrautöl mildern rheumatische Beschwerden und wirken wundheilend, besonders bei Verbrennungen.

Salben Salben werden aus frischen und getrockneten Kräutern und Kräuterölen hergestellt (z. B. aus Beinwell, Kamille,

Kräuteressig und -öl zum Würzen von Speisen werden erst nach ihrer Reife in Flaschen abgefüllt und mit getrockneten Kräutern dekoriert.

Königskerze, Lavendel, Ringelblume und Schafgarbe). Sie haben eine ölige bis fettige Konsistenz und werden vor allem bei Hautproblemen und zur Wundheilung verwendet. Sie können auf verschiedenen Grundlagen zubereitet werden – mit Vaseline, Schmalz oder Kosmetikölen. Das Fett wird zusammen mit den Kräutern erhitzt, bis alles flüssig ist. Anschließend wird die Flüssigkeit abgeseiht. Durch Beigabe von Bienenwachs wird die Festigkeit verbessert. Die Salbe wird in kleine Dosen abgefüllt und im Kühlschrank aufbewahrt. Da die Salben keine Konservierungsstoffe enthalten, sind sie maximal ein Jahr haltbar.
Wird für die Salbenzubereitung vorwiegend Bienenwachs verwendet, so wird dieses zusammen mit einem Öl-Auszug im Wasserbad 5 Minuten erhitzt. Die Flüssigkeit wird aus dem Wasserbad gehoben und gerührt, bis sie kühl ist. Dann kann sie in kleine Dosen abgefüllt werden und nach dem Erkalten verschlossen werden.
Für die Zubereitung von Ringelblumensalbe verwendet man 250 g reines Schweineschmalz und zwei Handvoll frische Ringelblumenköpfe. Beides erhitzt man zusammen wenige Minuten lang und lässt es über Nacht wieder abkühlen. Am nächsten Tag wird das Schmalz wiederum erhitzt und dann abgeseiht. Um den Schmalzgeruch zu verringern, gibt man einige Tropfen reines

Ringelblumensalbe

1 **Für die Zubereitung von Ringelblumensalbe verwenden wir vorzugsweise gutes Schweineschmalz und einen Schuss Ringelblumenöl. Für 250 g Fett braucht man zwei Handvoll frische Ringelblumenblüten.**

2 **Dem erhitzten Fett gibt man die Blüten zu und lässt alles einige Minuten bei hoher Temperatur auf dem Herd stehen (das Fett sollte nicht spritzen!) Der Topf wird an die Seite gestellt und bleibt über Nacht zugedeckt stehen. Am nächsten Tag wird das Fett wieder erhitzt und abgefiltert.**

3 **Das Filtern lässt sich erleichtern, wenn zunächst nur die Flüssigkeit abgeschöpft wird und die Blüten erst zum Schluss ins Sieb kommen. Der abgefilterten Salbe gibt man zwei Esslöffel Ringelblumenöl und einige Tropfen reines ätherisches Öl hinzu.**

Rotöl aus Johanniskraut ist ein kostbares Hausmittel zur Behandlung von kleineren Verletzungen und leichten Verbrennungen.

ätherisches Öl (z. B. Rosenöl, Lavendelöl, Pfefferminzöl) hinzu. Die Beigabe von zwei Esslöffeln Ringelblumenöl (Herstellung wie Johanniskrautöl) trägt zu einer besseren Konsistenz bei. Anschließend kann die Flüssigkeit in kleine Dosen abgefüllt und im Kühlschrank aufbewahrt werden.

ÄTHERISCHE ÖLE Ätherische Öle lassen sich nur durch Destillation herstellen. Beim Kauf von ätherischen Ölen sollte darauf geachtet werden, dass ein hoher Prozentsatz von Pflanzenstoffen vorhanden ist und möglichst wenig synthetische Bestandteile. Gute ätherische Öle sind in der Apotheke erhältlich.

Salbe, die keine Konservierungsstoffe enthält, sollte im Kühlschrank aufbewahrt werden.

Die 100 wichtigsten Heilpflanzen des Klosters

Wiesen-Schafgarbe

Achillea millefolium

WEITERE NAMEN Achilleskraut, Bauchwehkraut.

FAMILIE Asteraceae / Korbblütler.

VORKOMMEN Schafgarbe wächst an Wegrändern, an Böschungen und auf Wiesen in Europa, Nordasien, Nordamerika, Neuseeland und Südaustralien.

Schafgarbe ist seit der Antike als Heilpflanze bekannt und geschätzt.

AUSSEHEN Die Schafgarbe ist eine teppichbildende Rhizomstaude. Die sehr kleinen Blüten in Weiß, Grauweiß, Creme oder Blassrosa bis Lila sind in doldenartigen Körbchenblüten angeordnet. Ihre Blütezeit erstreckt sich von Juni bis Oktober. Die Blätter sind mehrfach fiederteilig, lineal-lanzettlich und dunkelgrün. Schafgarben werden 30 bis 80 cm hoch und 60 cm breit.

ZU VERWENDENDE PFLANZENTEILE Das ganze blühende Kraut.

ANBAU & ERNTE Die Schafgarbe kann im Mai direkt ins Beet ausgesät werden. Sie ist vollständig winterhart. Vorhandene Pflanzen lassen sich im Frühjahr oder Herbst durch Teilung vermehren. Sie bevorzugen nährstoffreichen, durchlässigen Boden in der Sonne, vertragen aber viele Böden und Standorte. Geerntet wird das blühende Kraut in der Vollblüte. Ab dem zweiten Kulturjahr kann man zweimal jährlich ernten – im Juli und im Oktober.

INHALTSSTOFFE 0,2 bis 1 % ätherisches Öl, dessen Zusammensetzung stark vom Erntezeitpunkt abhängig ist. Hauptbestandteile sind Monoterpene und Sesquiterpene. Daneben Sesquiterpenlactone, Flavonoide, Cumarine, Phenolcarbonsäuren, Polyacetylene und Betaine.

SCHAFGARBEN-SALBE

- *250 g Schweineschmalz*
- *1 Handvoll frische und zerkleinerte Schafgarbenblüten*
- *2 EL Olivenöl*

Das Fett erhitzen und die Schafgarbenblüten unter Rühren hinzugeben. Etwa 4 Minuten die Hitze halten, dann abschalten und 48 Stunden stehen lassen. Danach wieder erwärmen. Legen Sie ein Tuch in ein Sieb und gießen Sie die Flüssigkeit hindurch. Das Olivenöl dazugeben und die Salbe in kleine Döschen umfüllen. Wenn die Salbe fest ist, die Döschen verschließen und kühl aufbewahren.

Verwendung Die Schafgarbe besitzt ähnliche und zum Teil identische Inhaltsstoffe wie die Kamille, weshalb die innerliche und äußerliche Verwendung beider Pflanzen weitgehend übereinstimmt. Sie wirkt entzündungshemmend, krampflösend und antimikrobiell. Die Bitterstoffe fördern die Verdauung, indem sie die Sekretion von Magen- und Gallensaft anregen. Hauptanwendungsgebiete sind Appetitlosigkeit, Verdauungsstörungen sowie leichte, krampfartige Beschwerden im Magen-Darm-Bereich. Äußerlich verwendet man die Pflanze zur Behandlung von entzündlichen Haut- und Schleimhauterkrankungen sowie als Wundheilmittel. Der alkoholische Extrakt zeigte eine mückenabschreckende Wirkung.

Sr. M. Josefa bei der Ernte von Schafgarbenblüten im Klostergarten

In der Volksmedizin wird Schafgarbe bei Menstruationsbeschwerden, als blutstillendes Mittel bei Hämorrhoidenblutungen und zur Verminderung der Schweißbildung verwendet.
In der Küche sind die jungen Blätter als Gewürzkraut für fette Speisen, Salate und Suppen einsetzbar.

Nebenwirkungen / Gegenanzeigen Wie viele andere Korbblütler enthält die Schafgarbe bestimmte Sesquiterpenlactone, die bei empfindlichen Personen nach Hautkontakt mit der frischen Pflanze Allergien auslösen können.

Zubereitungsform Tee: 1 gehäuften Teelöffel fein geschnittene Droge mit kochendem Wasser übergießen und 10 bis 15 Minuten bedeckt stehen lassen, anschließend durch ein Teesieb geben. 2- bis 3-mal täglich eine Tasse trinken.

Fertigpräparate Aristochol® N, Stomachysat® N u. a.

Kalmus

Acorus calamus

Weitere Namen Magenwurz, Gewürz-Kalmus, Deutscher Ingwer, Deutscher Zitwer.

Familie Acoraceae / Kalmusgewächse.

Vorkommen Kalmus kommt ursprünglich in seichtem Süßwasser in Asien und im Südosten der USA vor. Er wächst in nährstoffreichen, sumpfigen Böden und an Teich- oder Bachufern. Pflanzen, die für den Arzneimittelgebrauch verwendet werden, stammen aus dem Anbau in Kulturen aus Indien, Russland oder Kanada.

Als Bestandteil des Salböls wird Kalmus bereits in der Bibel in den Büchern Mose erwähnt.

Aussehen Kalmus ist eine wohlriechende Wasserstaude mit Rhizom. Die Blütenkolben sind unscheinbar grünlich-gelb und sitzen auf einem dreikantigen Stil. Die Blütezeit erstreckt sich von Juni bis Juli. Die grün-weißen Blätter duften aromatisch und haben ein schwertförmiges Aussehen. Kalmus erreicht eine Höhe von 60 bis 90 cm und eine Breite von 60 cm.

Zu verwendende Pflanzenteile Der geschälte, getrocknete Wurzelstock.

Anbau & Ernte Kalmus lässt sich im März oder April nur durch Teilung vermehren, da in unserem Klima keine Samen ausgebildet werden. Wichtig ist, dass er noch nicht neu ausgetrieben ist. Zunächst sollte man ihn eintopfen und erst auspflanzen (am besten in Gitterkörbe), wenn die neue Pflanze gut eingewachsen ist. Die winterharte Pflanze bevorzugt sumpfigen, nährstoffreichen Boden oder schlammige Bachufer und liebt die Sonne.
Die Wurzeln erntet man im Herbst oder im Frühjahr ab dem zweiten Anbaujahr. Die gereinigten Wurzeln werden geschält, in 20 cm lange Stücke geschnitten und gespalten.

Inhaltsstoffe Der wichtigste Inhaltsstoff des Kalmus ist ätherisches Öl (2 bis 9 %), dessen Zusammensetzung stark variieren kann. Seine Hauptbestandteile sind Monoterpene, darunter Decadienal als Träger des typischen Kalmusaromas, Sesquiterpene und Phenylpropane, z. B. Beta-Asaron. Während im ätherischen Öl des indischen Kalmus bis zu 80 % Beta-Asaron

In der Volksmedizin wurde Kalmus früher auch als Beruhigungsmittel, als sogenanntes „Nervinum", verwendet, was möglicherweise an der beruhigenden Wirkung des Beta-Asarons liegen könnte.

Nebenwirkungen / Gegenanzeigen Bei Tierversuchen wurden für Beta-Asaron erbgutschädigende und krebserregende Wirkungen beschrieben, daher sollte vor Gebrauch von Kalmuswurzelstock sichergestellt sein, dass die Pflanze möglichst wenig bzw. kein Beta-Asaron enthält. Von einem Dauergebrauch insbesondere einer nicht untersuchten Droge wird dringend abgeraten!

Zubereitungsform Tee: 1 gestrichenen Teelöffel fein zerschnittene, getrocknete Wurzel mit kaltem Wasser ansetzen und kurz aufkochen; nach 3 bis 5 Minuten abseihen und zu den Mahlzeiten trinken.

vorkommt, fehlt diese Verbindung in den amerikanischen Pflanzen ganz. Das ätherische Öl des europäischen Kalmus liegt mit etwa 13 % Beta-Asaron dazwischen. Bei den nichtflüchtigen Inhaltsstoffen handelt es sich um das Bitterstoffglykosid Acorin, Gerbstoffe und Schleim.

Verwendung Aufgrund der Kombination von ätherischem Öl und Bitterstoffen zählt Kalmus zu den aromatischen Bittermitteln, welche bei Appetitmangel und Verdauungsbeschwerden eingesetzt werden können. Kalmusextrakte in Badezusätzen wirken durchblutungsfördernd.

Kalmus ist die älteste medizinisch eingesetzte Heilpflanze. Nachdem sie allerdings für einige Jahrhunderte „verloren" gegangen war, wurde sie im frühen Mittelalter wieder bekannt.

Rosskastanie

Aesculus hippocastanum

WEITERE NAMEN Pferdekastanie, Saukastanie, Wilde Kastanie.

FAMILIE Hippocastanaceae / Rosskastaniengewächse.

VORKOMMEN
Zu Hause ist die Rosskastanie in Südosteuropa – in den Mittelgebirgen Griechenlands und Albaniens – und im Westen Asiens. Man findet sie häufig als Allee-Baum an Straßen oder auf Wiesen. In Mitteleuropa wird sie seit dem 16. Jahrhundert kultiviert.

AUSSEHEN Rosskastanien sind hohe, schnell wachsende, ausladende Bäume, die 20 bis 30 m hoch und 120 Jahre alt werden können. Die Blüten sehen aus wie aufrecht sitzende Trauben (im Volksmund Kerzen genannt), deren Blätter weiß, gelb oder rosarot gefärbt sind. Sie blühen von Ende April bis Anfang Mai. Die einzelnen Fiederblätter sind gefingert, fünf bis sieben in der Anzahl, lang-gestielt und sehr groß. Die Samen befinden sich in einem stacheligen Gehäuse, der Frucht.

ZU VERWENDENDE PFLANZENTEILE
Die getrockneten, reifen, ungeschälten Samen, daneben auch Blätter, Rinde und Blüten.

ANBAU & SAMMELN Kastanien brauchen feuchten und nährstoffreichen Boden. Ihr bevorzugter Standort ist in der Sonne oder im Halbschatten. Die winterharten Samen keimen im Frühjahr rasch. Das Sammeln für die Selbstmedikation macht keinen Sinn, da die Samen ausschließlich in Fertigarzneien verwendet werden können.

INHALTSSTOFFE Die Samen enthalten etwa 3 bis 10 % eines Saponin-Gemisches, das als Aescin bezeichnet; daneben kommen Flavonoide, Proanthocyanidine und Catechingerbstoffe vor. Die Cumaringlykoside Aesculin, Fraxin und Scopolin sind hauptsächlich in Samenschalen, Blättern und Rinde enthalten.

Verwendung Aescin, der Hauptinhaltsstoff im Rosskastanienextrakt, zeigte in mehreren Studien eine gefäßabdichtende Wirkung. Er vermindert die Durchlässigkeit kleiner Gefäße, indem er u. a. Enzyme hemmt, die für den Abbau von Polysacchariden im Bereich der Kapillarwände verantwortlich sind, und deren Aktivität bei chronisch Venenkranken erhöht ist. Rosskastanienextrakte verwendet man bei Erkrankungen der Beinvenen, die sich in Schmerzen und Schweregefühl in den Beinen, nächtlichen Wadenkrämpfen, Juckreiz, Krampfadern und Beinschwellungen äußern. Einreibungen und Badezusätze werden zur Behandlung von Sportverletzungen, Blutergüssen, Frostschäden und Durchblutungsstörungen verwendet. Die im Gesamtextrakt enthaltenen Flavonoide wirken entzündungshemmend.
Rosskastanienrinde dient heute zur Gewinnung von Aesculin, welches die Resistenz der Gefäßwände steigert und aufgrund seiner UV-B-absorbierenden Eigenschaften Sonnenschutzmitteln zugesetzt wird.
In der Volksmedizin werden die Blätter in Form von Tee-Aufgüssen gelegentlich noch als Hustenmittel und zur Behandlung von rheumatischen Erkrankungen eingesetzt, wobei die Wirksamkeit bislang nicht nachgewiesen werden konnte; wässrige Auszüge der Rinde werden aufgrund ihres Gerbstoffgehaltes zur Behandlung von Durchfallerkrankungen und als Sitzbäder bei Hämorrhoiden verwendet.

Nebenwirkungen / Gegenanzeigen Keine bekannt.

Fertigpräparate Rosskastaniensamen können nicht zur Teebereitung, sondern ausschließlich in Form von Fertigarzneimitteln verwendet werden. Extrakte sind in zahlreichen Venentherapeutika enthalten, z. B. Aescorin® N, Essaven® N, Venoplant® retard S, Venostasin® N.

Die Samen der Rosskastanie eignen sich nicht nur zum Basteln und als Futtermittel, aus ihnen werden auch Extrakte zur Therapie von Venenleiden hergestellt

Gewöhnlicher Frauenmantel

Alchemilla vulgaris

Weitere Namen Marienmantel, Taumantel, Alchemistenkraut, botanisches Synonym: *Alchemilla xanthochlora.*

Familie Rosaceae / Rosengewächse.

Vorkommen In der Natur trifft man den Gewöhnlichen Frauenmantel auf Bergwiesen, an Bachufern und in Gebüschen in ganz Europa an.

Aussehen Der Frauenmantel ist eine horstbildende Staude mit holzigem Wurzelstock. Die Blüten bestehen aus sehr kleinen, sternenförmigen, gelbgrünen Rispen. Ihre Blütezeit ist von Mai bis August. Nierenförmige Blätter, 7- bis 11-lappig, fein gezähnt und ebenfalls gelbgrün, umgeben die Blüten. In den Blättern sammelt sich morgens Tauwasser. Der Gewöhnliche Frauenmantel erreicht eine Höhe von bis zu 50 cm und eine Breite von 60 cm.

Zu verwendende Pflanzenteile Das ganze Kraut, das heißt alle getrockneten oberirdischen Pflanzenteile.

Anbau & Ernte / Sammeln Der winterharte Frauenmantel bevorzugt kalkfreien, feuchten und durchlässigen Boden und sonnige bis halbschattige Standorte. Zum Sammeln eignen sich saubere Bergwiesen in der Zeit vom späten Frühjahr bis zum Spätsommer.
Im zeitigen Frühling oder Herbst kann die pflegeleichte Pflanze durch Teilung der Wurzeln vermehrt werden. Für die Aussaat eignet sich der Zeitraum von Oktober bis Anfang März, wobei zu berücksichtigen ist, dass Frauenmantel ein Frostkeimer ist. Er sät sich auch gerne selbst aus.
Die Blätter können bereits vor der Blüte oder auch mit der Blüte geerntet werden. Soll der Frauenmantel anschließend getrocknet und gelagert werden, ist es wich-

Schriftliche Überlieferungen stammen aus dem frühen Mittelalter, als der Frauenmantel als Wundmittel und bei Magen-Darm-Erkrankungen angewandt wurde.

Regen- und Tautröpfchen auf den Blättern des Frauenmantelkrautes sehen aus wie kleine Perlen und faszinierten besonders die Alchemisten des Mittelalters (lat. Name *Alchemilla*).

tig, dass die Pflanze im absolut trockenen Zustand geerntet wird, da sonst die Blätter braun werden. Nach der Blüte werden die Pflanzen zurückgeschnitten.

Inhaltsstoffe 6 bis 8 % Gerbstoffe, darunter sowohl Gallotannine als auch Ellagtannine, daneben etwa 2 % Flavonoide.

Verwendung Aufgrund seines Gerbstoffgehaltes kann Frauenmantelkraut als Mittel gegen leichte, unspezifische Durchfallerkrankungen, als Gurgelmittel bei entzündlichen Erkrankungen der Mund- und Rachenschleimhaut und in Form von Umschlägen als Wundheilmittel verwendet werden. Der in der Volksmedizin weit verbreitete Einsatz als Mittel gegen Frauenleiden, wie Menstruations- oder Wechseljahresbeschwerden, geht möglicherweise auf die Signaturenlehre zurück, bei der man davon ausging, dass die äußere Gestalt der Pflanze auf ihre Heilwirkung schließen lässt.

Nebenwirkungen / Gegenanzeigen Keine bekannt.

Zubereitungsform Tee: 1 Teelöffel Droge (Blätter, Blüten) mit heißem Wasser übergießen und nach etwa 10 bis 15 Minuten durch ein Teesieb geben. 2- bis 3-mal täglich eine Tasse trinken.

Weitere Art In der Volksheilkunde der Alpenländer wird bevorzugt der Alpen-Frauenmantel (*Alchemilla alpina*) verwendet, der ein ähnliches Inhaltsstoffmuster aufweist wie der Gewöhnliche Frauenmantel. Er trägt kleinere Blätter als der Gewöhnliche Frauenmantel, die silbrig gefärbt sind.

Knoblauch

Allium sativum ssp. sativum

Als Heilmittel zählt Knoblauch zu den ältesten Pflanzen. Er verlor durch die Jahrhunderte nichts von seiner Bedeutung.

Familie Alliaceae / Zwiebelgewächse.

Vorkommen Knoblauch stammt vermutlich aus Zentralasien. Mittlerweile wird er weltweit angebaut.

Aussehen Die Blüten sind weiß oder rosa, glockenförmig und bilden Dolden. Die Blätter sind linealisch angeordnet und haben eine graugrüne Farbe. Sie können bis zu 100 cm hoch und 30 cm breit werden. Die Hauptzwiebel wird von mehreren Nebenzwiebeln, sogenannten Zehen, umgeben.

Zu verwendende Pflanzenteile Die Knoblauch-Zwiebel.

Anbau & Ernte Knoblauch bevorzugt tiefgründigen, nährstoffreichen, gut durchlässigen Boden an warmen und sonnigen Standorten. Die Zwiebeln oder Zehen können im Herbst oder Winter im Freiland 5 bis 10 cm tief eingesetzt werden. Ab Ende Juli bis Mitte August, wenn ein Teil des Laubes verwelkt ist, werden die Zwiebeln aus dem Boden genommen und sollten noch einen Tag an der Luft trocknen. Danach zum Nachreifen in Bündeln luftig aufhängen.

Inhaltsstoffe Organische Schwefelverbindungen, wie das geruchlose Alliin und Propenylalliin, ferner Glutamylpeptide, Steroid- und Triterpensaponine, Lectine, Polysaccharide und Selen.
Der typische Geruch beim Genuss von Knoblauch kommt daher, dass Alliin beispielsweise beim Kauen enzymatisch in sogenannte Lauchöle umgewandelt wird,

Knoblauch-Zitronen-Kur gegen Verkalkungen

- *30 geschälte Knoblauchzehen*
- *5 klein geschnittene, ungeschälte, unbehandelte Zitronen*
- *1,5 l Wasser*

Zerkleinern Sie den Knoblauch mit Zitronen und 0,5 l Wasser in einem Mixer. Geben Sie alles mit dem restlichen Wasser in einen Topf. Erhitzen Sie das Ganze, ohne es zu kochen. Anschließend das Getränk absieben und in eine Flasche füllen (im Kühlschrank aufbewahren). Drei Wochen lang jeden Tag ein Likörgläschen davon vor oder nach der Hauptmahlzeit trinken, eine Woche pausieren und die Kur noch einmal drei Wochen fortsetzen.

zur Blutdrucksenkung und zur Behandlung von Atemwegserkrankungen.
In neuerer Zeit wurden für die schwefelhaltigen Inhaltsstoffe lipidsenkende, antithrombotische und leicht blutdrucksenkende Wirkungen nachgewiesen, die in der Öffentlichkeit das Interesse an Knoblauchpräparaten zur Unterstützung diätetischer Maßnahmen bei erhöhten Blutfettwerten und Prophylaxe altersbedingter Gefäßschäden geweckt haben.

Nebenwirkungen / Gegenanzeigen Keine bekannt.

Zubereitungsform Auch frischer Knoblauch kann therapeutisch eingesetzt werden – man sollte über einen längeren Zeitraum mindestens 2 kleine Zehen (ca. 4 g) täglich zu sich nehmen.

Fertigpräparate Alliosan®, Kwai® N, Vitagutt® Knoblauch 300 u. a.

Die Knoblauchzwiebel zählt zu den am meisten verwendeten Gewürzen.

welche wiederum in unangenehm riechende Dialkylsulfide zerfallen. Diese werden über Atem und Haut ausgeschieden.

Verwendung Knoblauch ist seit dem Altertum als Nahrungs- und Heilmittel bekannt, er wurde bereits von den Ägyptern genutzt. In der Volksmedizin verwendet man Knoblauch in getrockneter, pulverisierter Form aufgrund seiner desinfizierenden Wirkung als Mittel gegen Magen-Darm-Beschwerden und Blähungen,

Echter Eibisch

Althaea officinalis

WEITERE NAMEN Weiße Pappel, Weiße Malve, Samtpappel.

FAMILIE Malvaceae / Malvengewächse.

VORKOMMEN Eibisch ist in ganz Europa und in Westasien zu Hause, vorwiegend in den feuchten, salzhaltigen Küstenregionen.

AUSSEHEN Eibisch ist eine aufrechte Staude mit kräftigem Stängel. Er kann eine Höhe von 200 cm und eine Breite von 150 cm erreichen. Die fünfblättrigen Blüten sind blassrosa gefärbt. Sie wachsen einzeln oder zu mehreren in den Blattachseln. Die Blätter fühlen sich samtig an, sind mittelgrün und schwach gelappt.

ZU VERWENDENDE PFLANZENTEILE Die Blätter und die geschälten oder ungeschälten Wurzeln.

ANBAU & ERNTE / SAMMELN Die winterharte Pflanze bevorzugt nährstoffreichen, frischen, aber gut durchlässigen Untergrund in voller Sonne. Sie kommt jedoch mit vielen Bodenarten und Standorten zurecht.
Die Vermehrung geschieht durch Aussaat in Saatrillen im Hochsommer oder durch Teilung im Herbst. Eibisch sät sich auch von selbst aus.
Eibischblüten erntet man von Juni bis August, die Blätter können von Mai bis Juli geerntet werden. Vom Rost befallene Blätter dürfen jedoch nicht verwendet werden. Die Wurzeln können von Oktober bis April ausgegraben werden. Nach dem Waschen werden sie zerkleinert und dann getrocknet.
Eibisch ist eine Wildstaude und steht unter Naturschutz. Sie sollte nicht frei gesammelt werden.

INHALTSSTOFFE Die Eibischwurzel enthält – stark abhängig vom Erntezeitpunkt und der Art der Aufarbeitung – bis zu 20 % Schleimstoffe. Der Schleim besteht aus mehreren Polysacchariden. Eibischblätter enthalten zusätzlich Flavonoide, die Wurzeln auch größere Mengen an Stärke.

Verwendung Zubereitungen aus Eibischwurzeln und -blättern können als Mittel gegen Reizhusten, als Gurgellösung bei Entzündungen des Mund- und Rachenraumes und in Form von Bädern und Umschlägen zur Linderung der Beschwerden bei leichten Entzündungen und Verbrennungen der Haut verwendet werden. Daneben eignen sich die wässrigen Auszüge zur Behandlung von entzündlichen Erkrankungen im Magen-Darm-Bereich und auch als Einlauf bei Entzündungen im Enddarm.
In der Volksmedizin wird Eibisch darüber hinaus gelegentlich gegen Durchfall eingesetzt, diese Wirkung konnte allerdings bisher nicht nachgewiesen werden.

Nebenwirkungen / Gegenanzeigen Keine bekannt.

Zubereitungsform Sirup: Etwa 2 Teelöffel Eibischwurzel werden mit 300 ml kaltem Wasser angesetzt und nach etwa 2 Stunden abgeseiht. Anschließend versetzt man den Ansatz mit der 1,5-fachen Menge an Zucker und kocht ihn einmal auf. Der heiße Sirup wird durch ein Tuch filtriert und in eine Flasche gefüllt. Bei Hustenreiz nimmt man 3-mal täglich 1 bis 2 Esslöffel ein.
Tee: Etwa 1 Teelöffel Eibischwurzel mit 150 ml kaltem Wasser übergießen, unter mehrmaligem Umrühren 1 bis 2 Stunden stehen lassen, kurz zum Sieden erhitzen und dann durch ein Teesieb geben.

Während der Echte Eibisch *(Althaea officinalis)* bereits in der Antike als Allheilmittel galt, verlor er im Mittelalter an Bedeutung.

Schon Karl der Große war von der heilenden Wirkung des Eibischs so überzeugt, dass er im Jahr 812 den Anbau in Bauerngärten anordnete.

Dill

Anethum graveolens

Dill ist ein beliebtes Gewürz, welches zusätzlich die Verdauung anregt.

WEITERE NAMEN Gurkenkraut.

FAMILIE Apiaceae / Doldenblütler.

VORKOMMEN Wahrscheinlich stammt Dill aus Indien und Südwestasien. Er wird jedoch seit jeher auch bei uns angebaut.

AUSSEHEN Dill ist eine robuste ein- bzw. zweijährige Pflanze mit würzigem Duft, die bis zu 120 cm hoch und 45 cm breit werden kann. Die sehr kleinen, kräftig gelben Blüten sind in großen Dolden angeordnet. Ihre Blütezeit erstreckt sich von Juli bis August. Die blaugrünen Blätter sind gefiedert und fadenförmig. Dill bildet eiförmige Früchte mit flachen Samen.

ZU VERWENDENDE PFLANZENTEILE Die ganze, blühende Pflanze sowie die getrockneten Früchte.

ANBAU & ERNTE Dill benötigt einen gut durchlässigen, neutralen bis leicht sauren Boden in der vollen Sonne. In nährstoffarmem und trockenem Boden bildet Dill meist vorzeitig Samen. Der Anbau im Freiland geschieht durch Aussaat vom Frühjahr bis zum Sommer. Dill ist winterfest.
Die Blätter und jungen Triebe können bereits vier bis sechs Wochen nach der Aussaat und bis zum Frosteintritt geerntet werden. Die Ernte der Körner erfolgt bei Samenreife, von August bis September, wenn sich die Samen bräunlich färben.

INHALTSSTOFFE Das ätherische Öl der Früchte (Gehalt etwa 2 bis 4 %) unterscheidet sich in seiner Zusammensetzung leicht von dem des Krautes (Gehalt etwa 0,5 bis 1,5 %). Zusätzlich zu den beiden Hauptbestandteilen Carvon und Limonen enthalten die Blätter größere Mengen an Phellandren und Dillether, die für den charakteristischen Geruch verantwortlich sind; daneben Cumarine und Kaffeesäurederivate.

Verwendung Ähnlich wie Kümmel kann Dill bei Verdauungsbeschwerden mit Blähungen und Völlegefühl und bei leichten krampfartigen Beschwerden im Magen-Darm-Bereich verwendet werden, allerdings ist die Wirkung wesentlich schwächer.
In der Volksmedizin wird Dill daneben bis heute zur Anregung der Milchsekretion von stillenden Frauen und als leichtes Einschlafmittel benutzt.
Sehr häufig wird die Pflanze zum Würzen von Speisen (z. B. Gurken, Fisch, Käse) eingesetzt, wobei die getrockneten Früchte, aber auch das frische Kraut mit den noch unreifen Früchten verwendet werden können.

Nebenwirkungen / Gegenanzeigen Keine bekannt.

Zubereitungsform Tee gegen Blähungen: 1 Teelöffel der getrockneten Früchte wird mit 150 ml kochendem Wasser übergossen und zugedeckt etwa 10 Minuten stehen gelassen. Diese Zubereitung ist allerdings nicht sehr gebräuchlich, da die Pflanze überwiegend frisch verwendet wird.

Weitere Art Indischer Dill (*Anethum graveolens* ssp. *sowa*) ist in Indien und Japan heimisch. Das frostempfindliche Kraut bildet wie sein europäischer Verwandter im Juli und August große Doldenblüten und wird ebenfalls bis zu 120 cm hoch. Seine Blätter können den ganzen Sommer über geerntet und frisch in der Küche verwendet werden. Die Samenernte erfolgt im Herbst.
Mit Wasser aufgekocht werden die Früchte des Indischen Dills in der Volksmedizin bei Magen-Darm-Beschwerden und bei Erkältungskrankheiten eingesetzt.

Dill hat eine lange Tradition in der Kräuterheilkunde. Er wurde bereits in der ägyptischen Medizin eingesetzt und blieb durch alle Epochen hindurch von großer Bedeutung

Echte Engelwurz

Angelica archangelica

Weitere Namen Heiligenwurzel, Heiliggeistwurzel, Heiligenbitter, Theriakwurzel, Brustwurz, Glückswurzel, Angelika.

Familie Apiaceae / Doldenblütler.

Vorkommen Engelwurz stammt aus dem feuchten Grasland Nordeuropas. Man findet sie bei uns an Flussufern und auf feuchten Wiesen.

Engelwurz am Naturstandort

Aussehen Die Echte Engelwurz wächst meist als zweijährig gezogene Pflanze, die nach der Blüte abstirbt. Die weiß- bis gelbgrünen, kleinen Blüten stehen in rundlichen Dolden und zeigen sich von Juli bis August. Die mittelgrünen Blätter sind zwei- bis dreifach gefiedert und eiförmig-lanzettlich geformt. Engelwurz erreicht eine Höhe von 100 bis 200 cm und eine Breite von 120 cm. Nach der Blüte stirbt die Pflanze ab.

Zu verwendende Pflanzenteile Die getrockneten unterirdischen Teile mindestens zweijähriger Pflanzen.

Anbau & Ernte Engelwurz liebt tiefgründigen, nährstoffreichen, feuchten Boden an sonnigen bis halbschattigen Standorten. Der Anbau geschieht durch Oberflächenaussaat im Freiland unmittelbar nach der Reife oder im Frühjahr.
Das Entfernen der Blütenstände vor der Samenreife verlängert die Lebensdauer der Pflanze und erhöht ihren Wirkstoffgehalt. Engelwurz ist winterhart.
Ab Juni können die frischen Triebe und Blätter geerntet werden. Die Ernte der Wurzelstöcke erfolgt im Herbst des zweiten Jahres, wenn die Pflanze schon abgestorben ist.

Inhaltsstoffe Etwa 0,35 bis 1,3 % ätherisches Öl mit Phellandren und Pinen als Hauptkomponenten, Sesquiterpene, makrocyclische Lactone, über 20 verschiedene Furanocumarine, Phenolcarbonsäuren, das Flavanon Archangelenon, Sitosterol und Gerbstoffe.

Verwendung Engelwurz wird zu den aromatischen Bittermitteln gerechnet.
Die Kombination von ätherischem Öl und Bitterstoffen regt die Magen- und Bauchspeicheldrüsensekretion an, des Weiteren wirken die Inhaltsstoffe krampflösend und antimikrobiell. Haupteinsatzgebiete sind Appetitlosigkeit, Blähungen und Völlegefühl sowie leichte kampfartige Beschwerden im Magen-Darm-Bereich.
In der Volksheilkunde wird sie gelegentlich

als antiseptisch wirkender Schleimlöser, leichtes Einschlafmittel und harntreibendes Mittel verwendet.
Das reine ätherische Öl und Engelwurz-Tinktur werden als mildes Hautreizmittel in Form von Badezusätzen oder Einreibungen zur Behandlung von Nervenschmerzen (Neuralgien) und leichten rheumatischen Beschwerden eingesetzt. Von einer innerlichen Verwendung des ätherischen Öles ist grundsätzlich abzuraten, da es in höheren Dosen giftig wirkt.

Nebenwirkungen / Gegenanzeigen Die in der Engelwurz enthaltenen Furanocumarine führen in Verbindung mit UV-A-Licht zu starken Hautreizungen, weshalb für die Dauer der Anwendung längere Sonnenbäder oder intensive UV-Bestrahlungen gemieden werden sollten. Keine Verwendung bei Magen- oder Darmgeschwüren.

In manchen Ländern Nordeuropas wird die Wurzel sogar als Gemüse verzehrt, bei uns ist sie Bestandteil zahlreicher Kräuterliköre.

Zubereitungsform Tee: 1 bis 2 Teelöffel Angelikawurzel mit siedendem Wasser übergießen und nach etwa 10 Minuten durch ein Teesieb geben. Mehrmals täglich eine Tasse Teeaufguss etwa eine halbe Stunde vor den Mahlzeiten trinken.

Fertigpräparate Extrakte aus Angelikawurzel sind Bestandteil zahlreicher Kräuterliköre (z. B. Benedictine, Chartreuse, Boonekamp), Zahnpasten und Schnupftabaken.

Garten-Kerbel

Anthriscus cerefolium

Weitere Namen Suppenkraut.

Familie Apiaceae / Doldenblütler.

Vorkommen Garten-Kerbel war ursprünglich in Südosteuropa und Westasien beheimatet, er wird jedoch inzwischen weltweit angebaut.

Aussehen Der Garten-Kerbel ist eine schlanke, aufrechte zweijährige Pflanze mit einer spiralförmigen Wurzel. Er ist verwandt mit Möhre und Petersilie. Kerbel trägt von Mai bis August sehr kleine weiße Blüten in Dolden. Seine Blätter sind eiförmig, drei- bis vierfach gefiedert und von frischem hellem Grün. Das Kraut erreicht eine Höhe von 150 cm und eine Breite von etwa 25 cm. Die ganze Pflanze verbreitet einen süßlichen, anisähnlichen Geruch.

Zu verwendende Pflanzenteile
Das frische blühende Kraut.

Kerbel ist frisch oder getrocknet ein delikates Küchengewürz.

Kerbel gehört von alters her zu den großen Heilpflanzen der Klostermedizin.

Anbau & Ernte Der winterharte Kerbel bevorzugt leichten, feuchten, jedoch gut durchlässigen Boden an sonnigen bis halbschattigen Standorten. Bei Hitze und Trockenheit bilden sich die Samen vorzeitig. Die wiederholte Aussaat im Freiland ist vom zeitigen Frühjahr bis zum Hochsommer möglich.
Geerntet wird der Kerbel, wenn sich die unteren Blätter gelb färben. Beim Gebrauch für die Küche werden die jungen Blätter vor der Blüte geerntet.
Achtung: Für den Arznei- und Küchengebrauch verwendet man Garten-Kerbel und nicht den in der Natur verbreiteten Wiesen-Kerbel.

Inhaltsstoffe Kerbel enthält wenig ätherisches Öl (0,3 % in den Blättern, 0,9 % in den Früchten), mit den Hauptbestandteilen Estragol und Undecan, daneben Bitterstoffe und Flavonoide.

Verwendung Kerbel ist eine sehr beliebte Gewürzpflanze und dient häufig zum Garnieren von Suppen, Salaten und Fischgerichten. Die Bitterstoffe regen Leber und Gallenblase an, wirken verdauungsfördernd und können zur Behandlung leichter krampfartiger Beschwerden im Magen-Darm-Bereich verwendet werden. Die Flavonoide wirken harntreibend, weshalb Kerbel auch zur Durchspülungstherapie eingesetzt werden kann.

Nebenwirkungen / Gegenanzeigen Keine bekannt.

Zubereitungsform Zur Durchspülung bzw. zur Entgiftung kann Kerbel mehrmals täglich als Tee eingenommen werden. Dabei sollten pro Tag nicht mehr als 5 g verwendet werden. Um die Durchspülung zu unterstützen, sollte man viel Wasser dazu trinken.

Weitere Art Der Gewöhnliche Wiesen-Kerbel *(Anthriscus sylvestris)* ist in Mitteleuropa weit verbreitet und wächst an sonnigen bis halbschattigen Standorten auf frischen, nährstoffreichen bis überdüngten Wiesen sowie an Wald- und Gebüschrändern. Seine winzigen, weißen Blüten erscheinen bereits ab April. Wiesen-Kerbel schmeckt etwas herber als Garten-Kerbel, mit einem leichten Aroma von Möhren. Achtung beim Sammeln: Es besteht Verwechslungsgefahr mit dem sehr giftigen Gefleckten Schierling!

Echte Bärentraube

Arctostaphylos uva-ursi

Weitere Namen Wolfsbeere, Sandbeere, Wilder Buchs.

Familie Ericaceae / Heidekrautgewächse.

Vorkommen Echte Bärentraube wächst in den Moorgebieten im nördlichen Europa, Asien und Nordamerika, im Heideland und in Nadelwäldern der Alpenländer.

Die Pflanze wächst bevorzugt im Gebirge und kann bis zu 120 Jahre alt werden.

Aussehen Kriechender, Matten bildender Strauch (ca. 10 cm hoch, 50 cm breit) mit sehr kleinen, bauchigen Blüten, die weiß bis rosa getönt sind und von April bis Juni erscheinen. Die Blätter sind immergrün, eiförmig und ledrig. Die Bärentraube bildet im Herbst scharlachrote rundliche Früchte. Sie sind zwar nicht giftig, werden aber auch nicht zu arzneilichen Zwecken verwendet.

Zu verwendende Pflanzenteile Die getrockneten Laubblätter.

Anbau & Ernte / Sammeln Die Bärentraube liebt feuchten, nährstoffreichen, sauren Boden an sonnigen bis halbschattigen Standorten. Sie ist winterhart. Angebracht ist die Herbstaussaat im kalten Kasten mit kalkfreier Saaterde. Die Blätter werden von August bis Oktober geerntet.

Inhaltsstoffe Phenolheteroside (Hauptkomponente: Hydrochinonglykosid Arbutin), daneben wechselnde, meist geringe Mengen Methylarbutin sowie 10 bis 20 % Gerbstoffe, Piceosid, Phenolcarbonsäuren, Flavonoide, das Iridoidglykosid Monotropein und Triterpene.

Verwendung Bärentraubenblätter können wegen ihrer antibakteriellen Wirkung als „Harndesinfiziens" zur Behandlung von leichten entzündlichen Erkrankungen der Blase und der ableitenden Harnwege verwendet werden. Ein leicht alkalisch reagierender Harn erhöht die Wirksamkeit der Pflanze, was durch die gleichzeitige Zufuhr reichlich pflanzlicher Nahrung oder Einnahme einer Messerspitze Natron gewährleistet werden kann. Einen harntreibenden Effekt besitzen die Blätter nicht.

Nebenwirkungen / Gegenanzeigen Infolge des hohen Gerbstoffgehaltes kann es bei magenempfindlichen Personen zu Übelkeit und Erbrechen kommen. Von Dauergebrauch und Überdosierung ist abzuraten, da das Hydrochinon im Verdacht steht, erbgutschädigende und möglicherweise auch krebsauslösende Effekte zu haben. Bärentraubenblättertee sollte daher ohne ärztlichen Rat nicht häufiger als fünfmal im Jahr (jeweils maximal eine Woche) verwendet werden. Die Einnahme darf nicht während Schwangerschaft und Stillzeit sowie bei Kindern unter zwölf Jahren erfolgen.

Zubereitungsform Tee: Etwa 2 g Bärentraubenblätterpulver 15 Minuten lang in 150 ml Wasser kochen und durch einen Kaffeefilter geben. Ungefähr 3- bis 4-mal täglich eine Tasse trinken. Man kann die Blätter auch mehrere Stunden lang in kaltem Wasser ziehen lassen und dann nach kurzem Erhitzen abseihen. Das Aufkochen der Teezubereitung ist zu vermeiden, weil sonst wegen der Gerbstoffe Magenreizungen auftreten können.

Fertigpräparate Arctuvan® N, Cystinol® akut u. a.

Die Echte Bärentraube steht in Deutschland unter Naturschutz.

Berg-Arnika

Arnica montana

Weitere Namen Bergwohlverleih, Wundkraut.

Familie Asteraceae / Korbblütler.

Vorkommen Berg-Arnika ist in den Mittelgebirgen Europas bis Westasien anzutreffen.

Aussehen Arnika ist eine horstbildende, aromatisch duftende Rhizomstaude, mit tiefgelben bis orangegelben Blüten. Sie bildet einzelne Körbchen, die von Mai bis August blühen. Die Blätter sind ei- bis lanzettförmig, meistens grundständig und mittelgrün. Die Pflanze wird ungefähr 60 cm hoch und 30 cm breit.

Arnika wurde erst spät als Heilpflanze entdeckt.

Zu verwendende Pflanzenteile Die getrockneten Blütenstände.

Anbau & Ernte Arnika liebt feuchten, gut durchlässigen, kalkarmen bis neutralen Boden an sonnigen Standorten. Sie gehört zu den Kaltkeimern und kann somit im Herbst ausgesät werden. Die Teilung von Pflanzen empfiehlt sich im Frühjahr. Bei längerer Trockenzeit vor der Blüte sollte man gießen. Vorsicht im Umgang mit der Pflanze: Alle Teile sind giftig! Es können Hautreizungen entstehen.
Arnika darf nicht gesammelt werden, da sie dem Artenschutz unterliegt.

Inhaltsstoffe Sesquiterpenlactone, Flavonoide, ätherisches Öl, Phenolcarbonsäuren, Cumarine, Polyacetylene und Xanthophylle.

Verwendung Arnikablüten weisen eine stark antimikrobielle, antimykotische und entzündungshemmende Wirkung auf. Sie finden als Wundheilmittel, Wundantiseptikum, als Mittel gegen Entzündungen, rheumatische Beschwerden und Nervenschmerzen Verwendung, ferner nutzt man sie bei Verletzungs- und Unfallfolgen, wie Prellungen, Verstauchungen, Quetschungen und Blutergüssen. Daneben eignen sich die Blüten zur Behandlung von Venenerkrankungen, entzündeten Insektenstichen und Entzündungen der Schleimhäute, vor allem des Mundes.

Nebenwirkungen / Gegenanzeigen Längere Anwendung an geschä-

digter Haut ruft relativ häufig eine Dermatitis (nicht ansteckende Hautentzündung) mit Bläschenbildung hervor, daneben besteht die Gefahr von Kontaktallergien. Von einer innerlichen Anwendung ist aufgrund der toxischen Wirkung der Sesquiterpenlactone dringend abzuraten! Arnika darf nicht von Personen mit bekannter Überempfindlichkeit gegen Korbblütler, zum Beispiel Kamille, Ringelblume, Schafgarbe, verwendet werden.

Zubereitungsform Aufguss: Etwa 4 Teelöffel Arnikablüten werden mit siedendem Wasser übergossen und nach etwa 10 bis 15 Minuten durch ein Teesieb gegeben. Die Anwendung erfolgt äußerlich in Form von Umschlägen.
Tinktur: 1 Teil Arnikablüten werden mit 10 Teilen 70 %igem Alkohol (Ethanol) angesetzt. Für Umschläge sollte die Tinktur 3- bis 10-fach, für Mundspülungen mindestens 10-fach verdünnt werden.
Arnikaöl: Auszug aus 1 Teil Arnikablüten und 5 Teilen fettem Pflanzenöl.
Für die Behandlung kleinerer Verletzungen eignet sich hervorragend eine Mischung aus 70 % Arnikaöl und 30 % Johanniskrautöl (siehe Seite 141).

Fertigpräparate Arniflor® N, Arnikamill®, Arthrosenex® AR u. a.

Weitere Art Die nordamerikanische Wiesen-Arnika (*Arnica chamissonis* ssp. *foliosa*) besitzt ähnliche Inhaltsstoffe wie *Arnica montana* und lässt sich wesentlich leichter kultivieren.

Echter Wermut

Artemisia absinthium

Weitere Namen Absinth, Bitterer Beifuß, Wurmkraut.

Familie Asteraceae / Korbblütler.

Vorkommen Wermut ist in den trockenen Gebieten Europas, Nordasiens und Nordafrikas zu Hause. Er wächst auf trockenen Feldern, in Gebüschen und an Felshängen.

Aussehen Wermut ist ein horstbildender Halbstrauch, der stark aromatisch riecht und gallebitter schmeckt. Die Blüten sind gelbgrün, sehr klein, kugelförmig und in lockeren Rispen angeordnet. Ihre Blütezeit erstreckt sich von Juli bis September.

Die kleinen, gelbgrünen, nickenden Blütenköpfchen sind ab Juli zu sehen.

Die Blätter sind fiederteilig, fein behaart und silbriggrau. Wermut wächst bis zu 150 cm hoch und kann bis zu 90 cm breit werden.

Zu verwendende Pflanzenteile Das ganze Kraut; die getrockneten, oberen Sprossteile und Laubblätter.

Wermut gehörte zu den bedeutendsten Pflanzen der antiken Medizin.

Anbau & Ernte / sammeln Die Vermehrung von Wermut kann durch Stecklinge, Teilung im Frühjahr oder Herbst oder Freilandaussaat im Frühjahr erfolgen. Er ist anspruchslos an Boden und Pflege und bevorzugt sonnige bis halbschattige Standorte. Seine Wuchsfreudigkeit und ungewollte Ausbreitung sollten beim Anbau berücksichtigt werden. Er ist völlig winterhart. Die Erntezeit beginnt ab Mai.

Inhaltsstoffe Wermut enthält 0,15 bis 0,4 % Sesquiterpenlacton-Bitterstoffe, wie Absinthin und Artabsin, daneben 0,2 bis 1,5 % ätherisches Öl, welches je nach Herkunft bis zu 80 % Thujon enthält, sowie Flavonoide und Phenolcarbonsäuren. Bei der Wasserdampfdestillation von Wermutkraut gehen einige instabile Inhaltsstoffe in das tiefblau gefärbte Chamazulen über.

Verwendung Wermut zählt zu den aromatischen Bittermitteln und kann bei Appetitlosigkeit, leichten krampfartigen Beschwerden im Magen-Darm-Bereich, bei Blähungen und funktionellen Störungen im Bereich der Gallenwege verwendet werden. In der Volksmedizin wurde Wermutkraut daneben auch lange Zeit zur Abtreibung bzw. Einleitung der Geburt und als Wurmmittel eingesetzt.

Nebenwirkungen / Gegenanzeigen Das ätherische Öl des Wermuts ist aufgrund seines hohen Thujon-Gehaltes stark giftig. Es kann zu Erbrechen, Magen-Darm-Krämpfen, in schweren Fällen zu Benommenheit und zentralnervösen Störungen kommen. Alkoholische Wermutauszüge bzw. Lösungen des ätherischen Öles in Alkohol werden aus diesem Grund heute nicht mehr pharmazeutisch verwendet, sind aber neben Anis, Fenchel, Zitronenmelisse und anderen Kräutern Bestandteil des Likörs Absinth. Insbesondere der Dauerkonsum dieses Getränks, dessen Herstellung in Deutschland lange Zeit verboten war, führt zu Übererregbarkeit und Halluzinationen, zu körperlichem und seelischem Verfall. Wermutkraut sollte nicht von Schwangeren, Stillenden und Kindern verwendet werden.

Zubereitungsform Tee: 1 Teelöffel fein geschnittenes Kraut mit kochendem Wasser übergießen und nach 10 Minuten durch ein Teesieb geben. 2-mal täglich eine Tasse trinken.

Fertigpräparate Aristochol® N, Gallemolan® G, Stomachysat® N u. a.

Hänge-Birke

Betula pendula

Die Pflanze bildet im März und April männliche und weibliche Blütenstände (Kätzchen).

Weitere Namen Rauh-Birke, Weiß-Birke, Warzen-Birke.

Familie Betulaceae / Birkengewächse.

Vorkommen Die Hänge-Birke ist in Europa und Asien heimisch und wächst auf feuchtem, eher saurem Sand-, Stein- und Lehmboden. Man findet sie in lichten Mischwäldern, Mooren und Heiden.

Aussehen Die Hänge-Birke ist eine rasch wachsende Pionierpflanze, die eine Größe von 25 bis 30 m und ein Alter von 90 bis 120 Jahren erreichen kann. Ihr unverkennbares Zeichen ist die weiße Rinde.
Ihre Blüten sind unscheinbar, die Blätter dreieckig, rautenförmig, lang zugespitzt und wechselständig. Die dreilappigen Fruchtschuppen fallen bei der Reife ab.

Zu verwendende Pflanzenteile
Die getrockneten Laubblätter.

Anbau & Ernte / Sammeln Die Hänge-Birke bevorzugt kargen, trockenen und sandigen Boden, der durch ihren Wuchs gefestigt wird, und liebt sonnige Standorte.
Gesammelt werden die frischen Blätter, solange sie noch jung sind.
Der Anbau von Hänge-Birken ist vor allem für die Forstwirtschaft interessant.

Inhaltsstoffe Birkenblätter enthalten bis zu 3 % Flavonoide, vor allem Hyperosid, Quercitrin und Myricetindigalactosid, wenig ätherisches Öl, Gerbstoffe, Ascorbinsäure, Phenolcarbonsäuren, Harze unbekannter Zusammensetzung sowie Triterpenalkohole.

Verwendung Birkenblätter können zur Durchspülungstherapie bei bakteriellen Erkrankungen der ableitenden Harnwege, zur Vorbeugung von Harngrieß und Harnsteinen sowie zur unterstützenden Behandlung rheumatischer Beschwerden eingesetzt werden. Sie bewirken eine vermehrte Wasserausscheidung ohne Reizung der Niere. Die Wirkung ist höchstwahrscheinlich den Flavonoiden zuzurechnen.
In den letzten Jahren erregte die aus der Birkenrinde gewonnene Betulinsäure weltweit Aufsehen, da sie neben einer antiviralen Wirkung auch in der Lage ist, den programmierten Zelltod bei Tumorzellen auszulösen und damit das Wachstum von Tumoren zu hemmen. Derzeit wird inten-

siv geforscht, ob Betulinsäure möglicherweise künftig zur Therapie von Krebserkrankungen eingesetzt werden kann.

NEBENWIRKUNGEN / GEGENANZEIGEN Eine Durchspülungstherapie mit Birkenblättern ist nicht angezeigt bei Wasseransammlungen infolge eingeschränkter Herz- und Nierentätigkeit!

ZUBEREITUNGSFORM Tee: 1 Esslöffel Birkenblätter mit kochendem Wasser übergießen und nach 10 bis 15 Minuten durch ein Teesieb gießen. Mehrmals täglich eine Tasse trinken und dabei auf reichlich zusätzliche Flüssigkeitszufuhr achten.

FERTIGPRÄPARATE Canephron® novo, Cystinol®, Solubitrat® N u. a.

WEITERE ART Die Moor-Birke *(Betula pubescens)* enthält ähnliche Inhaltsstoffe wie die Hänge-Birke und kann ebenso verwendet werden.

Die Hänge-Birke ist in den Wäldern Europas weit verbreitet.

Borretsch

Borago officinalis

WEITERE NAMEN Gurkenkraut, Blauhimmelstern, Herzfreude, Blaustern.

FAMILIE Boraginaceae / Raublattgewächse.

VORKOMMEN Seine Heimat sind felsige Lagen in Europa, im Mittelmeerraum und Zentralasien.

AUSSEHEN Borretsch ist eine wuchsfreudige, einjährige Pflanze mit leuchtend blauen, sternförmigen Blüten in doldenartigen Rispen. Die Blütezeit ist von Mai bis August. Auffallend sind die derben, borstig behaarten Blätter der Pflanze. Sie sind lanzettlich bis eiförmig und stumpf mittelgrün. Borretsch wird bis zu 70 cm hoch und erreicht eine Breite von 45 cm.

ZU VERWENDENDE PFLANZENTEILE Junge Blätter des blühenden Krauts, frisch oder getrocknet, sowie das aus den Samen gewonnene fette Öl.

ANBAU & ERNTE Der unkomplizierte Borretsch wird im Frühjahr bis Frühsommer (März bis Juni) im Freiland ausgesät und gedeiht in jedem gut durchlässigen Boden an warmen, sonnigen bis halbschattigen Standorten. Borretsch verträgt auch nährstoffarmen, trockenen Untergrund, gedeiht aber besser, wenn er viel gedüngt wird und der Untergrund nicht austrocknet. Er neigt zur Selbstaussaat und ist sehr winterhart. Borretsch kann auch im Topf oder Kübel angebaut werden.
Zur Ernte eignen sich besonders die jungen, frischen Blätter (Juni bis August), die am sinnvollsten frisch oder eingefroren verwendet werden.

INHALTSSTOFFE Borretsch enthält Schleimstoffe, Gerbstoffe, Flavonoide, etwas ätherisches Öl, Kieselsäure und – auch in den Blüten – lebertoxische Pyrro-

lizidinalkaloide. Das fette Öl der Samen enthält bis zu 25 % der ungesättigten Gamma-Linolensäure.

Verwendung Borretsch spielt als Arzneipflanze inzwischen kaum noch eine Rolle, wird aber wegen seines angenehmen Geschmacks und der hübschen, essbaren Blüten als Küchenkraut geschätzt. In der Volksheilkunde wird das Kraut bei rheumatischen Erkrankungen, Wechseljahresbeschwerden, als Schleimlöser bei Bronchialerkrankungen, als blutreinigendes, harn- und schweißtreibendes Mittel und zur Stimmungsaufhellung eingesetzt. Ähnlich wie Nachtkerzenöl wird das Öl aus

Borretsch-Zitronen-Essig

- *5 blühende Borretschzweige*
- *0,5 Zitrone*
- *2 Knoblauchzehen*
- *1 l Weißweinessig*

Legen Sie die klein geschnittenen Borretschzweige zusammen mit dem Saft einer halben Zitrone und zwei zerkleinerten Knoblauchzehen in 1 Liter Essig. Lassen Sie das Ganze 14 Tage durchziehen. Anschließend können Sie die Borretschblüten abseihen und den Essig in eine Flasche umfüllen.
Frische Borretschblüten zusammen mit zwei oder drei Knoblauchstückchen und einer spiralförmigen Zitronenschale lassen den Inhalt besonders dekorativ erscheinen.

Die attraktiven Borretschblüten lassen sich hervorragend zum Verzieren von Speisen verwenden.

Borretschsamen aufgrund seines hohen Gehaltes an Gamma-Linolensäure zur Behandlung bei Neurodermitis eingesetzt.

Nebenwirkungen / Gegenanzeigen Die auch in den Blüten enthaltenen Pyrrolizidinalkaloide wirken leberschädigend und stehen in Verdacht, krebserregend zu sein. Daher sollten Zubereitungen aus Borretschkraut keinesfalls über einen längeren Zeitraum eingenommen werden – ein gelegentlicher Verzehr kleinerer Mengen ist dagegen unbedenklich. Im Öl der Samen sind keine toxischen Alkaloide enthalten.

Weihrauchbaum

Boswellia carteri

Weitere Namen Somalischer Weihrauch, Arabischer Weihrauch, botanisches Synonym: *Boswellia sacra.*

Familie Burseraceae / Balsamgewächse.

Bereits 1500 v. Chr. galt der Weihrauch als Kostbarkeit – nicht nur im kultischen, sondern auch im medizinischen Sinn.

Vorkommen Der Weihrauchbaum ist in Südarabien (Oman, Jemen), Somalia und Indien heimisch. In Somalia ist er hauptsächlich im Gebirge in Lagen zwischen 1000 und 1800 m Höhe zu finden.

Aussehen Weihrauchbäume werden 4 bis 5 m hoch und haben einen robusten Stamm mit einer papierartigen, dunkelbraunen Rinde. Die Papierrinde wird immer wieder abgeworfen und wächst gleichzeitig nach. Jährlich bilden sich neue Triebe, die dicht mit gelben, kurzen Haaren überzogen sind. An der Zweigspitze stehen die gefiederten Blätter in Büscheln. Die kleinen, gestielten, weißlichen Blüten mit den fünf Blütenblättern sind in rispenartigen Trauben angeordnet und entspringen den Blattachseln. Ihre Blütezeit liegt im April. Die kleinen Früchte bilden dreigeteilte, hellbraune Kapseln, in denen einzeln die eckigen Steinkerne mit den kleinen Samen sitzen.

Zu verwendende Pflanzenteile Weihrauch (Olibanum) – ein Gummiharz, welches beim Anritzen von Stämmen und dicken Ästen des Baumes herausfließt und an der Luft zu tief honiggelben Kügelchen mit einem Durchmesser von 2 bis 5 mm getrocknet wird.

Anbau Der Anbau ist bis heute ein wohlgehütetes Geheimnis der Völker, die vom Sammeln des Olibanum leben. Versuche der alten Ägypter, Weihrauchbäume anzupflanzen, glückten trotz intensiver Bemühungen nicht. Die Pflanzen gedeihen nur in Trockengebieten.

Inhaltsstoffe Weihrauch enthält 5 bis 9 % ätherisches Öl mit Thujen, Pinen und Phellandren, 50 bis 70 % Harz aus Triterpensäuren (überwiegend Boswelliasäuren), 20 % Gummi, daneben Bitterstoffe und Schleimstoffe.

Verwendung Bereits seit Tausenden von Jahren wird Weihrauch für kultische Zwecke, aber auch als Heilmittel verwendet. In der indischen Naturheilkunde

Ayurveda setzt man Weihrauchextrakte zur Behandlung rheumatischer Erkrankungen, chronischer Bronchitis, Asthma, entzündlicher Darmerkrankungen und Hautkrankheiten ein. Die Inhaltsstoffe wirken entzündungshemmend, antibakteriell, wundheilungsfördernd und schmerzlindernd. Verantwortlich für die Wirksamkeit sind höchstwahrscheinlich die Boswelliasäuren: sie hemmen ein Schlüsselenzym, welches im Körper für die Bildung von Leukotrienen verantwortlich ist. Die vermehrte Leukotriensynthese spielt wiederum eine große Rolle bei verschiedenen chronischen Erkrankungen, die auf Entzündungsprozesse zurückzuführen sind. Möglicherweise können aus Weihrauch und seinen Extrakten in Zukunft wertvolle Arzneimittel gegen schwerwiegende Erkrankungen mit einem nur geringen Nebenwirkungspotenzial gewonnen werden. Allerdings kann eine ärztlich unkontrollierte Verabreichung von Weihrauchprodukten keinesfalls empfohlen werden.

Gibt man das Harz auf glühende Kohlen, entfaltet es seinen charakteristischen Wohlgeruch.

Nebenwirkungen / Gegenanzeigen Gelegentlich können Magen-Darm-Beschwerden und allergische Reaktionen auftreten.

Weitere Art Der Indische Weihrauch *(Boswellia serrata)* ist in Indien heimisch und enthält ähnliche Inhaltsstoffe wie *Boswellia carteri*. Das Harz wird als Kügelchen eingenommen und ist in der ayurvedischen Medizin ein traditionelles Heilmittel zur Behandlung entzündlicher Erkrankungen und Nervenleiden.

Schwarzer Senf

Brassica nigra

Weitere Namen Brauner Senf, Roter Senf, Grüner Senf, Holländischer Senf, Französischer Senf.

Familie Brassicaceae / Kreuzblütler.

Vorkommen Der Schwarze Senf ist am Mittelmeer beheimatet. Er wird dort in Kulturen angebaut. Für den arzneilichen Gebrauch wird er zudem aus Polen, Rumänien, der Türkei, Pakistan, Indien und China importiert.

Aussehen Senf ist eine einjährige Pflanze mit starken Verzweigungen. Die unteren Blätter sind fiederteilig, die oberen länglich und ungeteilt. Ihre Farbe ist blaugrün. Die Blüten bilden gelbe, kreuzförmige Trauben, die von Juni bis September blühen. Die kugeligen Samen sind bräunlich bis weißlich gefärbt und sitzen in einer 2 cm langen Schote.

Zu verwendende Pflanzenteile Die reifen, getrockneten Samen.

Anbau & Ernte Senf wird durch Freilandaussaat im Frühjahr vermehrt. Er braucht nährstoffreichen, gut durchlässigen Boden und einen sonnigen Standort. Sobald sich die Schoten Ende Juli verfärben und die Samenkörner gelb sind, werden sie geerntet. Damit die Samenkörner nicht abfallen, erntet man sie morgens im feuchten Zustand.

Inhaltsstoffe Die Samen enthalten bis zu 30 % fettes Öl, welches vorwiegend aus Glyceriden der Eruca-, Öl- und Linolensäure besteht, daneben pharmazeutisch interessante Senfölglykoside, aus denen beim Zerreiben oder Zerkauen der Pflanze durch ein in getrennten Speichern gelagertes Enzym scharf schmeckende Senföle freigesetzt werden; ferner Sinapin und Schleime.

Die Wirksamkeit von Senf (Bild: Weißer Senf) wird seit der Antike in allen Überlieferungen gewürdigt.

Verwendung Die Verwendung von Senfpflastern als Hautreizmittel wird heute kaum noch praktiziert, da die Wirkung sehr stark ist und es schnell zu Rötungen, stechenden Schmerzen und Entzündungen kommt. Im Gegensatz zu Capsaicin enthaltenden Pflastern müssen Senfpflaster nach kurzer Zeit entfernt werden, die Wirkung hält 24 bis 48 Stunden lang an.
Volksmedizinisch werden Senfzubereitungen bei rheumatischen Erkrankungen, Nervenschmerzen, grippalen Infekten, Harnwegsinfektionen sowie als appetit- und verdauungsanregendes Mittel genutzt. Bedeutsam ist auch die Verwendung in der Nahrungsmittelindustrie, wo Schwarzer Senf in gemahlener Form als Grundlage des Speisesenfs oder Mostrichs verwendet wird.

Nebenwirkungen / Gegenanzeigen Lässt man die Senfpflaster zu lange auf der Haut, kann es zu Blasenbildung, eiternden Wunden und sogar zum Absterben von Gewebe kommen. Senfzubereitungen dürfen nicht eingesetzt werden bei Kreislaufproblemen, Krampfadern und anderen Venenleiden. Die äußerliche und innerliche Anwendung sollte nicht über einen längeren Zeitraum erfolgen.

Zubereitungsform Senfwickel: Etwa 2 Handvoll Senfmehl werden mit lauwarmem (nicht kochendem!) Wasser zu einem dicken Brei verrührt. Sobald ein augenreizender Dampf aufsteigt, wird die Paste auf ein Leinentuch gestrichen und auf die Haut gelegt. Beim Anlegen ist zu beachten, dass der Wickel nur bis zum Zeitpunkt eines scharfen Brennens (meist nach 15 bis 30 Minuten) auf der Haut liegen bleiben soll. Danach wird er abgenommen.

Weitere Art Ebenso wie der Schwarze Senf wird auch der Weiße Senf *(Sinapis alba)* genutzt, allerdings ist er etwas milder im Geschmack und schwächer in der Wirksamkeit.

Mit Beginn der Klosterkultur wurde Senf auch nördlich der Alpen angebaut.

Ringelblume

Calendula officinalis

Weitere Namen Garten-Ringelblume, Goldblume, Studentenblume, Sonnenwendblume.

Familie Asteraceae / Korbblütler.

Vorkommen Ringelblumen sind in Europa in Felslagen sowie auf Kultur- und Ödland anzutreffen.

Aussehen Bei Ringelblumen handelt es sich um aufrecht wachsende einjährige Blumen, die von Juni bis Oktober durch ihre orangegelben leuchtenden Blüten auffallen. Die Blätter sind lanzettförmig und leuchtend grün. Ringelblumen werden 50 bis 70 cm hoch und ebenso breit.

Zu verwendende Pflanzenteile Die ganzen Blüten und/oder die vom Blütenboden befreiten Zungenblüten.

Die Ringelblume wurde erst im Mittelalter als Heilpflanze bekannt. Heute fehlt sie in keinem Heilkräutergarten.

Anbau & Ernte Die pflegeleichten Ringelblumen gedeihen in jedem gut durchlässigen Boden an sonnigen Standorten. Sie werden in der Zeit von April bis Juni direkt ins Freie ausgesät. Das Entfernen verwelkter Blüten verlängert den Flor und begrenzt die Selbstaussaat. Regelmäßiges Gießen und Düngen fördert Wuchs und Blütenbildung. Die Blätter sind anfällig für Echten Mehltau.
Die Blütezeit entspricht auch der Erntezeit (Juni bis Oktober).
Ringelblumen können auch im Balkonkasten oder Kübel angebaut werden.

Inhaltsstoffe Etwa 0,3 % komplex zusammengesetztes ätherisches Öl mit Cadinol als Hauptbestandteil, Triterpensaponine, Triterpenalkohole, bis zu 5 % Carotinoide mit Lutein und Zeaxanthin als Hauptkomponenten, Flavonoide, Cumarine, Polyine, Phenolsäuren und Bitterstoffe.

Ringelblumen-Salbe

- *250 g Schweineschmalz*
- *1 Handvoll frische Ringelblumenblüten*
- *2 EL Ringelblumenöl*
- *einige Tropfen echtes ätherisches Öl*

Das Fett erhitzen und die Blüten unter Rühren hinzugeben. Wenige Minuten die Hitze halten, dann abschalten und über Nacht stehen lassen. Danach wieder erwärmen. Legen Sie ein Tuch in ein Sieb und gießen Sie die Flüssigkeit hindurch. Das Ringelblumenöl und das ätherische Öl dazugeben und die Salbe in kleine Döschen umfüllen. Kühl aufbewahren.

Verwendung Zubereitungen aus der Ringelblume, vor allem Salben, wirken entzündungshemmend, wundheilungsfördernd, gewebsentwässernd (antiödematös) und hemmen das Wachstum von Bakterien. Man verwendet sie ähnlich wie Arnikablüten äußerlich bei schlecht heilenden Wunden und Entzündungen der Haut und Schleimhäute, bei Quetschungen, Furunkeln, leichten Verbrennungen und Ausschlägen, aber auch zur Behandlung von Venenleiden.
In der Volksmedizin wird die Ringelblume daneben auch als schweißtreibendes Mittel, zur Förderung der Harnausscheidung (Diuretikum), zur Behandlung von Leber- und Gallenbeschwerden und als Wurmmittel verwendet, was allerdings wissenschaftlich nicht begründet werden kann.

Nebenwirkungen / Gegenanzeigen Keine bekannt.

Zubereitungsform Tee: 1 bis 2 Teelöffel Ringelblumenblüten mit 150 ml kochendem Wasser übergießen und durch ein Teesieb gießen. Bei Mund- oder Rachenentzündungen mehrmals täglich mit dem noch lauwarmen Aufguss spülen oder gurgeln. Zur Wundbehandlung wird Leinen mit dem Aufguss getränkt und auf die Wunden gelegt. Die Umschläge sollten mehrmals täglich gewechselt werden.

Fertigpräparate Ringelblumenextrakte sind in zahlreichen Salben und Hautölen enthalten, z. B. Dr. Theiss Ringelblumensalbe, Bad Heilbrunner Ringelblumensalbe.

Schweinefett hat sich als besonders gutes Auszugsfett zur Herstellung von Ringelblumensalbe erwiesen.

Cayenne-Pfeffer

Capsicum frutescens

Cayenne-Pfeffer sollte nicht mit offenen Wunden und Augen in Berührung kommen, weil sonst Entzündungen entstehen könnten.

WEITERE NAMEN Spanischer Pfeffer, Kolumbianischer Paprika, Chili-Pfeffer, Peperoni.

FAMILIE Solanaceae / Nachtschattengewächse.

VORKOMMEN An Waldrändern in Mexiko und Südamerika ist Cayenne-Pfeffer anzutreffen.

AUSSEHEN Cayenne-Pfeffer ist eine einjährige, aufrechte Pflanze, die am Grund verholzt ist. Sie wird bis zu 90 cm hoch und 60 cm breit. Ihre kleinen, glockenförmigen Blüten sehen unscheinbar aus. Ihre Früchte sind grün und werden mit zunehmender Reife rot. Sie sind klein, zapfenförmig, aufrecht und ausgesprochen scharf. Die Blätter sind eiförmig und mittelgrün.

ZU VERWENDENDE PFLANZENTEILE Die getrockneten reifen Früchte.

ANBAU & ERNTE Ungefähr zehn Arten zählen zur Gattung *Capsicum*, die als Agrarpflanzen kultiviert werden. Die Vermehrung erfolgt durch geschützte Aussaat im späten Winter oder zeitigen Frühjahr bei 21 °C im Gewächshaus.
Im Freien werden die Samen in nährstoffreichem, gut durchlässigem Boden an sonnigen Plätzen gezogen, unter Glas stellt man die Pflanzen in helles Licht und verwendet nährstoffreichen, stark durchlässigen Kompost oder mittelschwere, lehmhaltige Erde. Während des Wachstums brauchen die Pflanzen reichlich Wasser und alle zehn Tage einen ausgewogenen Flüssigdünger. Wichtig sind hohe Luftfeuchtigkeit und eine Temperatur von 21 bis 25 °C. Um die Fruchtbildung anzuregen, werden die Blüten täglich mit Wasser eingesprüht.

INHALTSSTOFFE 0,3 bis 1,5 % scharf schmeckende Capsaicinoide mit Capsaicin als Hauptkomponente, daneben fettes Öl, Carotinoide, Vitamin C und ein sehr komplex zusammengesetztes Gemisch flüchtiger Komponenten, aus dem bislang erst etwa 24 von 125 Substanzen identifiziert werden konnten.

VERWENDUNG Die im Cayenne-Pfeffer enthaltenen Scharfstoffe erregen die Schmerz- und Wärmerezeptoren der Haut und Schleimhaut, was an diesen Stellen zu einer stärkeren Durchblutung führt. Vermutlich bedingt diese Durchblutungs-

förderung einen schnelleren Abtransport schmerzerregender Stoffe. Daneben hemmt Capsaicin auch die Freisetzung eines Schmerzbotenstoffes, sodass auch über einen längeren Zeitraum keine Schmerzsignale mehr zum Gehirn übertragen werden können.
Äußerlich werden Zubereitungen aus Cayenne-Pfeffer daher in Form von Salben und Tinkturen zur Behandlung von Nervenschmerzen und rheumatischen Schmerzen, Muskelverspannungen, aber auch gegen Juckreiz und zur Nachbehandlung von Gürtelrose verwendet.
Innerlich werden die Früchte – vorsichtig dosiert – als Gewürz verwendet, sie wirken verdauungsfördernd durch Steigerung der Magensaftproduktion und Anregung der Darmtätigkeit.
In der Volksmedizin wird Cayenne-Pfeffer daneben auch als Pinselung zur Behandlung von Arthritis und Frostbeulen und als Gurgelwasser gegen Husten und Heiserkeit eingesetzt.

Nebenwirkungen / Gegenanzeigen Gelegentlich kommt es zu Überempfindlichkeitsreaktionen in Form von Nesselsucht (Urtikaria). Überdosierung und Anwendung auf geschädigter Haut sollten vermieden werden, da dies zur Bläschenbildung und Schädigung sensibler Nerven führen kann. Ein Kontakt mit den Schleimhäuten und besonders mit den Augen ist unbedingt zu vermeiden!

Fertigpräparate ABC Wärmepflaster, Thermo Bürger®, Caye® Rheuma Balsam u. a.

Weitere Art Paprika *(Capsicum annuum)* ist für den innerlichen Gebrauch besser geeignet, da sie deutlich weniger Scharfstoffe enthält. Als Gewürz in gepulverter Form dient sie als appetitanregendes Mittel und fördert die Verdauung.

Die feurigen Chili-Schoten sind ein beliebtes Gewürz und enthalten viel Vitamin C.

Kümmel

Carum carvi

Weitere Namen Wiesen-Kümmel, Feld-Kümmel, Echter Kümmel, Kümmich.

Familie Apiaceae / Doldenblütler.

Vorkommen Kümmel gedeiht in Europa und Westasien auf Wiesen, Weiden und an Wegrändern.

Aussehen Kümmel ist eine zweijährige Pflanze mit Pfahlwurzel. Er hat sehr kleine, weiße oder rosa Blüten, die in Dolden angeordnet sind. Seine Blüten- und Samenstände erscheinen im zweiten Jahr im Mai/Juni. Die Blätter duften aromatisch, sind zwei- oder dreifach gefiedert und leuchtend grün. Die Früchte sind gerippt und ihre blassbraunen, sichelförmigen Samen schmecken nach Lakritze. Kümmelpflanzen werden bis zu 100 cm hoch und ca. 30 cm breit.

Kümmel gilt bis heute unter den Doldenblütlern als stärkste Heilpflanze mit verdauungsfördernder Wirkung.

Die getrockneten Früchte sollten vor der Verwendung im Mörser zerstoßen werden.

Zu verwendende Pflanzenteile Die getrockneten, reifen Früchte.

Anbau & Ernte Kümmel kann im späten Frühjahr bis zum Spätsommer im Freiland ausgesät werden. Er sät sich auch selbst aus. Am besten gedeiht er in tiefgründigem, nährstoffreichem, kalkhaltigem und gut durchlässigem Boden in voller Sonne. Die Fruchtbildung geschieht in langen warmen Wachstumsperioden. Kümmel ist winterhart.
Die Kümmelfrüchte können ab Juni geerntet werden, wenn sie braun werden. Am besten erntet man sie zusammen mit dem Kraut und hängt es in Sträußen zum Trocknen auf.

Inhaltsstoffe Die Früchte enthalten 3 bis 7 % ätherisches Öl mit dem geruchsbestimmenden Carvon (mehr als 50 %) und Limonen (bis ca. 45 %) als Hauptbestandteilen, daneben fettes Öl, Proteine, Kohlenhydrate und Spuren von Flavonoiden und Furanocumarinen.

VERWENDUNG Kümmel wirkt appetitanregend, krampflösend und regt die Magensaftproduktion an. Man verwendet ihn bei Verdauungsstörungen, leichten krampfartigen Beschwerden im Magen-Darm-Bereich, bei Blähungen und Völlegefühl. Kümmelpräparate werden häufig auch in der Kinderheilkunde eingesetzt. Das ätherische Öl besitzt eine starke fungizide und antibakterielle Wirkung und wird daher auch Mundwässern und Zahnpasten zugesetzt.
In der Volksmedizin wird Kümmel zur Förderung der Milchbildung bei stillenden Müttern eingesetzt, diese Wirkung konnte bislang allerdings nicht nachgewiesen werden. Hauptverwendung findet Kümmel immer noch als Gewürz und Zusatzstoff, um die Verträglichkeit schwer verdaulicher Speisen und den Geschmack zu verbessern, daneben nimmt man ihn auch zur Likör- und Branntweinherstellung (z. B. Aquavit).

KÜMMEL-LIKÖR

- *8 EL Kümmelfrüchte*
- *0,50 l 40%iger Korn*
- *5 EL Zucker*

Den Kümmel in ein Glasgefäß füllen und mit dem Korn übergießen. Gut verschließen und an einen sonnigen Ort stellen. Nach zehn Tagen abseihen. Den Zucker in wenig Wasser aufkochen und nach dem Abkühlen dem Alkohol zugeben. Das Ganze in einer kleinen Flasche aufbewahren. Ein Gläschen hilft bei Blähungen und Völlegefühl.

NEBENWIRKUNGEN / GEGENANZEIGEN Keine bekannt.

ZUBEREITUNGSFORM Tee: Etwa 0,5 Teelöffel Kümmel kurz vor Gebrauch im Mörser zerstoßen und mit 150 ml siedendem Wasser übergießen; nach 10 bis 15 Minuten durch ein Teesieb geben.

FERTIGPRÄPARATE Carminat® N, Gastrol® S, Windsalbe® N, Carum carvi Wala Kinderzäpfchen u. a.

Echtes Tausendgüldenkraut

Centaurium erythraea

Weitere Namen Fieberkraut, Bitterkraut, Erdgallenkraut, Echtes Magenkraut.

Familie Gentianaceae / Enziangewächse.

Vorkommen Tausendgüldenkraut kommt in Europa (außer im Norden), Nordafrika und Nordamerika, in lichten Wäldern, auf Wiesen, an Wegrändern, in Gebüschen und auf Kahlschlägen vor. Für den arzneilichen Gebrauch wird es in Bulgarien, Ungarn und in Marokko angebaut.

Aussehen Tausendgüldenkraut ist eine zweijährige Pflanze mit Pfahlwurzel. Sie hat zahlreiche sternförmige, rosafarbene Blüten, die im Hochsommer erscheinen und bis zum September blühen. Sie sind in Trugdolden angeordnet und öffnen sich bei strahlendem Sonnenschein. Die grundständige Blattrosette ist oft schon verwelkt, wenn die Blütezeit beginnt. Die Blätter sind kreuzgegenständig und lanzettlich bis eiförmig. Tausendgüldenkraut wird bis zu 50 cm hoch.

Zu verwendende Pflanzenteile
Die getrockneten oberirdischen Teile blühender Pflanzen.

Anbau & Ernte Die Aussaat im Gewächshaus erfolgt Mitte März, die Auspflanzung ins Freiland erst im Frühjahr des zweiten Jahres. Die Setzlinge brauchen einen nährstoffreichen und eher basischen Boden und viel Sonne. Die Ernte der blühenden Pflanzen ist von Juli bis September möglich.
Tausendgüldenkraut darf nicht gesammelt werden, denn es steht unter Naturschutz. Für Tee oder andere Anwendungen ist getrocknetes Tausendgüldenkraut auch in der Apotheke erhältlich.

Tausendgüldenkraut-Tinktur

- *30 g Tausendgüldenkraut*
- *0,25 l 40%iger Korn*

Das Kraut in eine Flasche geben und mit dem Alkohol übergießen. Die Flasche gut verschließen und an einen sonnigen Platz stellen. Hin und wieder leicht schütteln. Das Ganze nach drei Wochen abseihen und in eine zweite Flasche umfüllen. Zum Einnehmen 15 bis 20 Tropfen der Tinktur auf einen Zuckerwürfel tropfen. Die Tinktur wirkt verdauungsfördernd.

Inhaltsstoffe Tausendgüldenkraut enthält kleine Mengen an Secoiridoidglykosiden, welche einen intensiv bitteren Geschmack haben. Daneben enthält die Pflanze Flavonoide, Xanthonderivate, Phenolcarbonsäuren sowie geringe Mengen an Triterpenen und Sterolen.

Verwendung Als reines Bittermittel verwendet man Tausendgüldenkraut bei Verdauungsbeschwerden. Durch die Bitterstoffe wird automatisch die Speichel-, Magensaft- und Gallenproduktion angeregt. In Kombination mit anderen Bitterkräutern setzt man die Pflanze als Tee oder in alkoholischen Auszügen zur Behandlung von Völlegefühl, Blähungen, Übelkeit und Appetitlosigkeit ein.
In der Volksmedizin wurde das Kraut früher auch als Mittel gegen Fieber und Wurmbefall verwendet. Zumindest die fiebersenkende Wirkung eines wässrigen Extraktes konnte in klinischen Studien nachgewiesen werden

Nebenwirkungen / Gegenanzeigen Tausendgüldenkraut sollte nicht verwendet werden bei übersäuertem Magen, Magen-Darm-Geschwüren und saurem Aufstoßen.

Zubereitungsform Tee: 1 bis 2 Teelöffel Tausendgüldenkraut werden mit 150 ml siedendem Wasser übergossen und nach 10 Minuten abgeseiht. Zur Appetitanregung 2- bis 3-mal täglich eine Tasse eine halbe Stunde vor, bei Verdauungsbeschwerden nach den Mahlzeiten trinken.

Selbst mit 1000 Gulden schien das Tausendgüldenkraut nicht zu bezahlen, so hoch war seine Heilkraft angesehen.

Isländisches Moos

Cetraria islandica

Weitere Namen Isländische Flechte, Heide-, Blätter-, Lungen-, Hirschhorn-, Fieberflechte, Fieber-, Lungen-, Purgiermoos, Feuerkraut. Die übliche Bezeichnung „Moos" ist nicht korrekt, da es sich nicht um eine Moospflanze, sondern um eine Flechte handelt.

Familie Parmeliaceae / Flechten.

Vorkommen Isländisches Moos ist in ganz Europa verbreitet, im Süden vor allem in den höheren Lagen. Am häufigsten trifft man die Flechte im Gebirge an. Im Flachland findet man sie an offenen Standorten auf sandigen Böden, in Mooren und Kiefernwäldern. Sie kommt auch in Nordasien und Nordamerika vor.

Aussehen Isländisches Moos wird 4 bis 12 cm hoch. Die einzelnen blattartig gelappten Triebe sind starr, schuppig, oft rinnig verbogen, am Rand regelmäßig gezähnt und verzweigen sich geweihartig. Die Flechte ist auf der Oberseite braungrün und auf der Unterseite weißgrün gefärbt, im Hochgebirge allerdings dunkelbraun bis schwarzbraun, da sie sich durch die braunen Pigmente vor der Sonneneinstrahlung schützt. Die schüsselartigen Fruchtkörper bilden sich meist erst nach Jahren und stehen nur auf der Oberseite der Lappenenden.

Zu verwendende Pflanzenteile Die getrocknete Flechte.

Sammeln Die Flechte kann von April bis Oktober gesammelt werden. Die Trocknung des gereinigten Sammelgutes empfiehlt sich in einem abgedunkelten Raum. Bislang gibt es noch keinen gezielten Anbau in Kulturen, sodass nur aus Wildbeständen gesammelt wird.

Inhaltsstoffe Isländisches Moos enthält etwa 50 % Polysaccharide, die in Studien immunstimulierende Effekte zeigten; daneben antibiotisch und bakteriostatisch wirksame, bitter schmeckende Flechtensäuren.

Verwendung Die Pflanze findet Verwendung bei der Behandlung von Schleimhautreizungen im Mund- und Rachenraum sowie trockenem Reizhusten. In Form von Abkochungen wird sie als Hustenreiz lindernder Schleimlöser (Expectorans) eingesetzt. Daneben führen die bitter schmeckenden Flechtensäuren im Körper zu einer vermehrten Produktion von Verdau-

Bereits seit dem Altertum verwendeten die Ägypter und Chinesen Flechten (Symbiose von Pilzen und Algen) als Heilpflanzen.

Als erste Europäer verwendeten die Isländer das „Isländische Moos". Nur langsam wurde seine medizinische Bedeutung in Europa bekannt.

ungssäften, so dass auch Appetitlosigkeit und Verdauungsstörungen zu den Anwendungsgebieten zählen.
In der Volksmedizin verwendet man die Flechte zur Behandlung von Lungenleiden, zur Förderung der Milchbildung bei stillenden Müttern, als Stärkungsmittel, bei Blasen- und Nierenleiden sowie äußerlich bei schlecht heilenden Wunden.

Nebenwirkungen / Gegenanzeigen Keine bekannt.

Zubereitungsform Tee: 1 bis 2 Teelöffel Isländisches Moos werden mit 150 ml kochendem Wasser übergossen und nach 10 Minuten durch ein Teesieb gegeben. Will man als Schleimlöser ein weniger bitteres Getränk mit viel Schleimstoffen erhalten, sollte man es einmal mit kochendem Wasser übergießen, dann das Wasser sofort wieder abgießen und dann nochmals 10 Minuten mit heißem Wasser ansetzen – dabei sollte man aber beachten, dass durch diese Vorgehensweise die antibiotisch wirksamen Flechtensäuren weitgehend entfernt werden.
Zur Behandlung von Appetitlosigkeit setzt man 1 Teelöffel pro Tasse mit kaltem Wasser an, lässt alles 1 bis 2 Stunden ziehen, erhitzt es dann kurz zum Sieden und gibt alles durch ein Teesieb. 3- bis 4-mal täglich eine Tasse schluckweise trinken.

Fertigpräparate Isla-Moos®, Isla-Mint®, Isla-Cassis® u. a.

Römische Kamille

Chamaemelum nobile

Aufgrund ihrer schönen Gestalt und ihrer Unbedenklichkeit wird die Römische Kamille häufig als „Schmuckdroge" Teemischungen zugesetzt.

Weitere Namen Große Kamille, Doppelte Kamille, Dickköpfe, botanisches Synonym: *Anthemis nobilis.*

Familie Asteraceae / Korbblütler.

Vorkommen Die Römische Kamille wächst auf Wiesen in West- und Osteuropa sowie in Nordafrika. Die gefüllte Römische Kamille ist eine Züchtung.

Aussehen Römische Kamille ist eine buschig niederliegend wachsende, teppichbildende Staude (Bodendecker), die 15 bis 30 cm hoch und 45 cm breit wird. Ihre gestielten, endständigen Blüten sind weiß mit einer gelben Mitte und einem einfachen Körbchen. Die gezüchtete gefüllte Römische Kamille (Sorte 'Flore Pleno') hat knopfartige Körbchen und der Blütenboden ist im Gegensatz zur einfachen Römischen Kamille voll. Die Blütezeit erstreckt sich von Juni bis September. Die aromatisch duftenden, leuchtend grünen Blätter sind fein gefiedert, mit fadenförmigen Fiederblättchen und flaumig behaart.

Zu verwendende Pflanzenteile Die getrockneten Blütenköpfchen.

Anbau & Ernte Die winterharte Römische Kamille braucht leichten, lockeren, nährstoffreichen, durchlässigen Boden und viel Sonne. Sie kann auch in Töpfen und Kübeln angebaut werden. Ihre Vermehrung geschieht durch Aussaat im Freiland von März bis September oder durch Teilung im Frühjahr (gefüllte Sorten nur durch Teilung). Die pflegeleichte Pflanze will nur wenig gegossen und gedüngt werden, sie wird allerdings leicht von anderen Pflanzen überwuchert. Geerntet werden die Blütenköpfchen von Juni bis August. Nach der Blüte erfolgt ein Rückschnitt.
Vorsicht: Das Laub kann Hautreizungen hervorrufen.

Inhaltsstoffe 0,6 bis 2,4 % ätherisches Öl mit Angelica-, Methacryl-, Tiglin-

und Isobuttersäureestern, Pinocarveol, Pinocarvon, Chamazulen und Bisabolol, daneben Sesquiterpenlacton-Bitterstoffe, Flavonoide, Polyacetylene, Phenolcarbonsäuren und Triterpene.

Verwendung In Frankreich, Großbritannien und Belgien verwendet man Römische Kamille anstelle der Echten Kamille (*Matricaria chamomilla*, siehe S. 154) zur Behandlung von Schleimhautentzündungen im Mund- und Rachenraum, leichten krampfartigen Verdauungsbeschwerden, Appetitlosigkeit, Völlegefühl und Menstruationsbeschwerden. Die Inhaltsstoffmuster beider Pflanzen unterscheiden sich jedoch deutlich: Im Vergleich zur Echten Kamille regt die Römische Kamille zwar aufgrund der Bitterstoffe stärker die Produktion der Verdauungssäfte an, die entzündungshemmende und krampflösende Wirkung ist allerdings wesentlich schwächer ausgeprägt.

Häufig wird die Pflanze auch als Schmuckdroge in Teemischungen verwendet oder als Zusatz von Likören genutzt.

Nebenwirkungen / Gegenanzeigen Römische Kamille sollte nicht angewendet werden bei einer bekannten Allergie gegen andere Korbblütler, wie Schafgarbe oder Echte Kamille.

Zubereitungsform Tee: 1 Esslöffel mit kochendem Wasser übergießen und nach 10 Minuten durch ein Teesieb geben. Mehrmals täglich eine Tasse trinken. Bei Entzündungen im Mund- und Rachenraum mehrmals täglich mit dem lauwarmen Tee spülen oder gurgeln.

Neben der gefüllten Römischen Kamille gibt es auch Blüten mit einfachen Körbchen.

Schöllkraut

Chelidonium majus

WEITERE NAMEN Schellkraut, Warzenkraut, Goldwurz.

FAMILIE Papaveraceae / Mohngewächse.

VORKOMMEN Schöllkraut wächst in Europa, Nordamerika, West-, Mittel- und Nordasien auf Schutthalden, an Mauern, Wegrändern und Zäunen.

AUSSEHEN Schöllkraut ist eine horstbildende Staude mit kleinen gelben vierblättrigen Blüten, die in lockeren Dolden angeordnet sind und sich von April bis September zeigen. Die blass- bis blaugrünen Blätter sind gefiedert, gelappt oder fiederspaltig und gekerbt. Schöllkraut wird ungefähr 60 cm hoch und 20 cm breit.

Schon in der Klosterheilkunde des Mittelalters war das Schöllkraut sehr beliebt.

ZU VERWENDENDE PFLANZENTEILE Die zur Blütezeit gesammelten, getrockneten oberirdischen Teile der Pflanze.

ANBAU & ERNTE Schöllkraut kann im zeitigen Frühjahr im Freiland ausgesät werden. Das winterharte und pflegeleichte Kraut gedeiht in kalkhaltigem, laubhaltigem, feuchtem, aber gut durchlässigem und ausreichend humosem Boden, in der Sonne und im Halbschatten. Das gesamte blühende Kraut kann von April bis September geerntet bzw. gesammelt werden. Die Anwendung frischer Pflanzen eignet sich besonders äußerlich zur Behandlung von Warzen.
Achtung: Alle Pflanzenteile enthalten ein zellschädigendes Alkaloid und sind schwach giftig.

Inhaltsstoffe Etwa 30 verschiedene Alkaloide, bei denen es sich hauptsächlich um Benzylisochinolinderivate handelt. Das Hauptalkaloid im Kraut ist Coptisin, während in den unterirdischen Organen Chelidonin überwiegt, daneben sind auch Sanguinarin, Chelerythrin, Berberin und Protropin in größeren Mengen enthalten. Je nach Herkunft und Erntezeitpunkt unterliegt der Alkaloidgehalt starken Schwankungen. Daneben enthält Schöllkraut eine Reihe verschiedener Pflanzensäuren, wie Chelidonsäure, Äpfel- und Zitronensäure, und andere weit verbreitete Inhaltsstoffe, wie Carotinoide. Erwähnenswert ist außerdem das Vorkommen Eiweiß spaltender Enzyme im Milchsaft der Pflanze.

Verwendung Bereits die Signaturenlehre des Mittelalters empfahl Schöllkraut aufgrund seines orange-gelb gefärbten Milchsaftes zur Behandlung von Gallenleiden. In der Tat wirken einige der im Schöllkraut enthaltenen Alkaloide krampflösend auf die glatte Muskulatur, schwach schmerzlindernd und beruhigend, sodass das Kraut bei gestörter Funktion der Gallenblase und -wege sowie bei krampfartigen Beschwerden im Magen-Darm-Bereich verwendet werden kann. In der Volksmedizin nutzt man den frisch aus der Pflanze austretenden Milchsaft zur Behandlung von Warzen. Für diese Wirksamkeit macht man einige Alkaloide verantwortlich, die zellteilungshemmende und hautreizende Eigenschaften besitzen, daneben könnten auch die Eiweiß spaltenden Enzyme für die Wirkung von Bedeutung sein.

Zur Teebereitung sollten nur Pflanzen aus kontrolliertem Anbau verwendet werden.

Nebenwirkungen / Gegenanzeigen Schöllkraut sollte nicht von Schwangeren, stillenden Müttern und Kindern unter zwölf Jahren sowie bei bestehenden Lebererkrankungen verwendet werden. Die akute Giftigkeit ist nur gering ausgeprägt, bei längerer Anwendungsdauer kann es allerdings zu einer Erhöhung der Leberwerte kommen. Die Symptome klingen nach dem Absetzen der Therapie wieder ab. Die Verwendung sollte nur unter ärztlicher Kontrolle erfolgen.

Zubereitungsform Tee: 0,5 bis 1 Teelöffel des Krautes wird mit 150 ml kochendem Wasser übergossen und 10 Minuten ziehen gelassen, anschließend abgeseiht (ist aufgrund des stark schwankenden Alkaloidgehaltes nicht sehr gebräuchlich). Verwenden Sie innerlich kein selbst gesammeltes Kraut, sondern kaufen Sie es in der Apotheke.

Gewöhnliche Wegwarte

Cichorium intybus

Weitere Namen Wilde Zichorie.

Familie Asteraceae / Korbblütler.

Vorkommen In fast ganz Europa, Nordafrika und Vorderasien ist die Gewöhnliche Wegwarte an Weg- und Ackerrändern, Ödflächen und Weiden anzutreffen. In Amerika, Australien und Neuseeland wurde sie angesiedelt.

Aussehen Die Wegwarte ist eine horstbildende Pflanze mit Pfahlwurzel. Ihre langgestielten, zungenförmigen Körbchenblüten erscheinen von Juli bis September in Blau, gelegentlich auch in Weiß oder Rosa. Die lanzettförmigen, ganzrandigen oder schwach gezähnten Blätter sind meist grundständig und mittelgrün. Die Wegwarte wird bis zu 120 cm hoch und 60 cm breit.

Zu verwendende Pflanzenteile Die getrocknete Wurzel und das ganze Kraut.

Anbau & Ernte /Sammeln Die winterharte Wegwarte bevorzugt nährstoffreichen, feuchten, jedoch gut durchlässigen Boden. Er sollte neutral bis basisch sein (pH-Wert 7 bis 9). Sie kann sowohl im Herbst als auch im Frühjahr im kalten Kasten ausgesät werden.
Die Ernte des oberirdischen Krautes erfolgt während der Blütezeit. Die Wurzeln werden erst im Spätherbst geerntet.

Inhaltsstoffe Vor allem die Wurzeln der Wegwarte enthalten große Mengen des Speicherstoffes Inulin (in kultivierten Formen bis zu 60 %), daneben Sesquiterpen-Bitterstoffe (z. B. Lactucin, Lactucopikrin), Phenolcarbonsäuren, Flavonoide, Hydroxycumarine und Polyacetylene.

Verwendung Die in der Wegwarte enthaltenen Bitterstoffe wirken anregend auf die Magensaft- und Gallenproduktion, weshalb ein Tee aus der Pflanze – hauptsächlich in der Volksmedizin – bei Appetit-

Wildform der Zichorienwurzel

losigkeit sowie leichten Magen-Darm- und Gallenbeschwerden verwendet wird.

Nebenwirkungen / Gegenanzeigen Keine bekannt.

Zubereitungsform Tee: 2 Teelöffel getrocknete Wurzel werden mit 150 ml kaltem Wasser angesetzt, zum Sieden erhitzt und nach 10 Minuten durch ein Teesieb gegeben.

Weitere Art Größere Bedeutung als die Gewöhnliche Wegwarte – allerdings auf einem anderen Gebiet – erlangte bereits Anfang des 18. Jahrhunderts die geröstete Wurzel der nicht ganz so bitteren Kaffee-Zichorie (*Cichorium intybus* var. *sativum*), welche bis zu 500 g schwer werden kann. Sie wurde damals als Kaffeeersatzmittel verwendet: Die Wurzel der Kaffee-Zichorie wird in kleine Stücke geschnitten, getrocknet und ohne Fettzusatz geröstet. Die gerösteten Wurzelstücke werden gemahlen, dann lassen sie sich wie Bohnenkaffee aufbrühen. Insbesondere Friedrich der Große förderte den Zichorien-Anbau in Preußen, um dadurch die Devisen für teueren Bohnenkaffee zu sparen. Daneben ist die gekochte Wurzel auch als Gemüse, die jungen Blätter als Salat genießbar.

Von der Antike bis weit in die Neuzeit wurde die Wegwarte als gesundes Gemüse geschätzt, was ihre medizinische Bedeutung nicht mindert.

Trauben-Silberkerze

Cimicifuga racemosa

Weitere Namen Wanzenkraut, Silberkerze, Wangenkraut, Schlangenwurzel, Christophskraut.

Familie Ranunculaceae / Hahnenfußgewächse.

Vorkommen Ursprünglich kommt die Trauben-Silberkerze aus den Wäldern im Osten Nordamerikas und Kanadas.

Wurzelextrakte der Trauben-Silberkerze eignen sich hervorragend zur Behandlung von Frauenleiden.

Aussehen Die Trauben-Silberkerze ist eine aufrechte, horstbildende Staude, die eine Höhe von 120 bis 200 cm und eine Breite von etwa 60 cm erreicht. Ihre kleinen, weißen Blüten wachsen in mehreren traubigen, langen, schmalen Teilblütenständen, die sich zu einem großen Blütenstand verbinden. Die Blütezeit erstreckt sich von Juli bis September. Die relativ großen, dunkelgrünen, eiförmigen Blätter sind gestielt und dreifach gefiedert. Die einzelnen Blättchen sind spitz und tief gesägt.

Zu verwendende Pflanzenteile Der getrocknete Wurzelstock.

Anbau & Ernte Die winterharte Trauben-Silberkerze kann im Frühjahr oder Sommer durch Teilung vermehrt werden oder aber nach der Reife im Herbst in einen kalten Kasten ausgesät werden. Sie braucht für ihr Gedeihen feuchten, humusreichen Boden an sonnigen bis halbschattigen Standorten.
Vorsicht: Die Blätter und Rhizome sind giftig. Daher ist von der Ernte abzusehen. Es sollte auf Fertigpräparate zurückgegriffen werden.

Inhaltsstoffe Die Wurzel der Trauben-Silberkerze enthält ein komplexes Gemisch von Triterpenglykosiden, phenolische Inhaltsstoffe (Cimicifugasäuren), daneben geringe Mengen an Flavonoiden, Gerbstoffen und Harz.

Verwendung Obwohl die Wirkung der Trauben-Silberkerze in den vergangenen Jahren intensiv untersucht wurde,

ist der Wirkmechanismus bis heute nicht geklärt. Bereits die nordamerikanischen Indianer verwendeten die Pflanze zur Behandlung von Schlangenbissen und bei Beschwerden der weiblichen Geschlechtsorgane. Heute gelten Fertigpräparate mit Extrakten der Trauben-Silberkerze als das Mittel der Wahl bei der Behandlung von Wechseljahresbeschwerden, wie Hitzewallungen, Schweißausbrüchen, depressiven Verstimmungen, Stimmungsschwankungen, Reizbarkeit, Nervosität und Schlafstörungen. Die Wirksamkeit und Unbedenklichkeit konnte in zahlreichen klinischen Studien nachgewiesen werden. Wichtig ist allerdings, die Therapie mindestens über einen Zeitraum von mehreren Wochen durchzuführen, denn die volle Wirkung stellt sich erst nach zehn bis zwölf Wochen ein.

Nebenwirkungen / Gegenanzeigen Patientinnen, die wegen eines östrogenabhängigen Tumors in Behandlung waren, dürfen Präparate mit Extrakten der Trauben-Silberkerze nur unter strenger ärztlicher Kontrolle verwenden, auf eine Anwendung in Schwangerschaft und Stillzeit sollte verzichtet werden, da hierzu keine ausreichenden Studien vorliegen. Sehr selten können Magen-Darm-Beschwerden, allergische Reaktionen der Haut, Gesichtsödeme, Gewichtszunahme, Spannungsgefühl in den Brüsten und menstruationsähnliche Blutungen auftreten.

Fertigpräparate Klimadynon®, Remifemin® u. a.

Graubehaarte Zistrose

Cistus creticus

Familie Cistaceae / Zistrosengewächse.

Vorkommen Die Zistrose wächst auf Gesteinen im gesamten Mittelmeerraum, mit Ausnahme der Iberischen Halbinsel.

Im Mittelmeerraum wird die Pflanze schon seit Jahrtausenden als Heilpflanze verwendet.

Aussehen Der aromatisch riechende Strauch mit behaarten Zweigen erreicht eine Größe von 30 bis 100 cm. Die Blüten sind rosafarben und erreichen eine Größe von 4 bis 6 cm. Sie wachsen einzeln oder zusammen in bis zu sieben Dolden. Die Blütezeit ist von April bis Juni.
Die grünen bis graugrünen, gestielten Laubblätter werden 3 bis 15 mm lang und haben einen gewellten oder glatten Rand. Sie sind eiförmig-lanzettlich.

Zu verwendende Pflanzenteile Das getrocknete Kraut.

Anbau & Ernte Zistrosen brauchen einen geschützten, sonnigen und warmen Standort. Ihr Anbau gelingt bei uns nur in milden Gegenden und ist am sinnvollsten als Kübelhaltung, da Zistrosen nicht winterhart sind. Überwintern sollte die Zistrose an einem hellen, kühlen Ort im Haus oder Wintergarten. Bei Temperaturen unter 15 °C ist es ratsam, einen Winterschutz anzubringen. Die zeitweise Abschirmung der immergrünen Belaubung gegen Wind, Wintersonne und Frost erhöht die Chance auf eine strauchige Entwicklung und Vollblüte im Sommer.
Geerntet werden von der Zistrose sowohl die Blüten als auch die ledrigen Blätter.

Inhaltsstoffe Die Blätter der Zistrose enthalten hohe Konzentrationen eines komplexen Polyphenolgemisches, daneben Harze, kondensierte Gerbstoffe, ätherisches Öl und Flavonoide.

Verwendung Aufgrund ihres außergewöhnlich hohen Polyphenolgehaltes wurden Extrakte aus der Zistrose in den vergangenen Jahren intensiv auf ihre gesundheitsfördernden Wirkungen untersucht. Die Polyphenole sind in der Lage, im Körper sogenannte freie Radikale abzufangen, welche eine Rolle bei der Entstehung zahlreicher Erkrankungen spielen. In der Tat konnte der Pflanze eine immunstimulierende Wirkung nachgewiesen werden. Daneben wurde kürzlich im Tierversuch

gezeigt, dass die in der Zistrose enthaltenen Polyphenole in der Lage sind, die Symptome einer bestehenden Grippe zu lindern, indem sie den Grippeviren den Zugang in die Wirtszellen verwehren. In einer Studie an grippeinfizierten Menschen zeigten 112 von 141 Patienten eine deutliche Besserung nach der Behandlung mit *Cistus*-Extrakten. Traditionell verwendet man den Tee als Spülung bei Entzündungen im Mund- und Rachenraum, daneben wird das an Zweigen und Blättern ausgeschiedene Harz in der Parfumindustrie sowie als blutstillendes Mittel in der Volksheilkunde genutzt.

Nebenwirkungen / Gegenanzeigen Keine bekannt.

Zubereitungsform Tee: 2 bis 3 Esslöffel *Cistus*-Kraut mit 1 l kochendem Wasser aufgießen und je nach Geschmack etwa 2 bis 5 Minuten ziehen lassen. Alternativ kann man das Kraut auch mit kaltem Wasser ansetzen, zum Sieden erhitzen, 5 Minuten weiter köcheln und dann erst abseihen. Kalt gemischt mit Fruchtsäften eignet sich der Tee auch hervorragend als Erfrischungsgetränk.

Fertigpräparate Dr. Pandalis Spezialextrakt Cystus®052, Cystus® Bio Teekraut

Die Bedeutung der Zistrose wurde von der Forschung erst in unserer Zeit erkannt.

Benediktenkraut

Cicus benedictus

Weitere Namen Kardo-Benediktenkraut, Bitterdistelkraut, Spinnendistelkraut.

Familie Asteraceae / Korbblütler.

Vorkommen Benediktenkraut ist auf Ackerland rund um das Mittelmeer heimisch. In Europa wurde es verbreitet eingebürgert.

Aussehen Benediktenkraut ist eine dornige, einjährige Pflanze mit Pfahlwurzel und klebrig behaarten Stielen und Blättern. Ihre gelben Blüten bestehen aus distelartigen Körbchen mit stacheligen Hochblättern, die einzeln stehen. Sie blühen von Juni bis August. Auch die Blätter sind gedornt, fiederspaltig bis schrotsägezähnig und graugrün. Benediktenkraut wird etwa 70 cm hoch und 30 cm breit.

Zu verwendende Pflanzenteile Die getrockneten Blätter und Zweigspitzen mit Blütenköpfchen.

Benediktenkraut-Tinktur

- *20 g getrocknetes und geschnittenes Kraut*
- *100 ml 20 %iger Alkohol*

Das Kraut mit dem Alkohol übergießen und 5 Tage lang stehen lassen. Danach abseihen und in eine Flasche füllen. Bei Verdauungsbeschwerden vor oder nach der Mahlzeit 1 TL einnehmen. Eine dauerhafte Einnahme von alkoholischen Präparaten ist nicht ratsam.

Anbau & Ernte / Sammeln Benediktenkraut bevorzugt durchlässigen Boden und einen sonnigen Standort. Es wird im Frühjahr im Freiland ausgesät, Folgesaaten sind bis Juli möglich. Die Ernte erfolgt von Juni bis August, sobald sich die Blütenstände gebildet haben. Da die Pflanze zur Selbstaussaat neigt, sollten die welken

Dem Benediktenkraut wurde im Laufe der Jahrhunderte unterschiedliche Bedeutung zugesprochen. Die Klostermedizin schätzte vor allem seine verdauungsfördernde Wirkung.

Blütenstände entfernt werden, um die Selbstaussaat zu verhindern.
Benediktenkraut kann auch in der Natur gesammelt werden, wenn die Regeln des Sammelns beachtet werden.

Inhaltsstoffe Das Benediktenkraut enthält Bitterstoffe vom Sesquiterpenlacton-Typ, wie Cnicin und Artemisiifolin, sowie bitter schmeckende Lignanlactone, wie Trachelogenin und Arctigenin; daneben wenig ätherisches Öl. Erwähnenswert ist ferner ein hoher Gehalt an Mineralstoffen, vor allem Kalium- und Magnesiumsalze.

Verwendung Man verwendet das Kraut als aromatisches Bittermittel (in Form von Tee oder Tinktur) zur Anregung der Speichel- und Magensaftproduktion bei Appetitlosigkeit und Verdauungsbeschwerden, sowie in der Volksmedizin bei Leber- und Gallenleiden. Im Vergleich zu anderen Bittermitteln ist die Wirkung allerdings etwas schwächer ausgeprägt.
Wegen seiner verdauungsfördernden Wirkung verwendet man Benediktenkraut auch zur Herstellung von Magenbitter.

Nebenwirkungen / Gegenanzeigen Durch die enthaltenen Sesquiterpenlactone besteht die Gefahr von Kontaktallergien; die Pflanze sollte daher bei bekannter Überempfindlichkeit gegen Korbblütler sowie bei Magen- und Darmgeschwüren nicht eingesetzt werden.

Zubereitungsform Tee: 1 bis 2 Teelöffel werden mit 150 ml siedendem Wasser übergossen und nach 5 bis 10 Minuten abgeseiht. Jeweils etwa eine halbe Stunde vor den Mahlzeiten eine Tasse des ungesüßten Tees trinken.

Fertigpräparate Esberigal® N, Carvomin® u. a.

Eingriffeliger Weißdorn

Crataegus monogyna

Weitere Namen Hagedorn, Mehldorn, Weißheckdorn, Zaundorn.

Familie Rosaceae / Rosengewächse.

Vorkommen Weißdorn ist in ganz Europa bis nach Mittelskandinavien/Südfinnland und bis in den östlichen Mittelmeerraum an sonnigen Hängen und Laubwäldern oder an Wegrändern anzutreffen. In ost- und südosteuropäischen Ländern wird er für den arzneilichen Gebrauch angebaut.

Aussehen Weißdornbüsche können bis zu 10 m hoch und 500 Jahre alt werden. Sie tragen Dornen und haben ein sehr hartes Holz. Die weißen, modrig riechenden Blüten sind als Doldenrispen angelegt. Die Blätter sind meist siebenlappig mit drei tiefen Einschnitten und schmecken etwas nussartig. Die kleinen Früchte haben eine leuchtend rote Farbe.

Zu verwendende Pflanzenteile Die getrockneten, Blüten tragenden Zweigspitzen mit Blättern, daneben die frischen oder getrockneten Weißdornfrüchte.

Anbau & Ernte / Sammeln Weißdorn bevorzugt lockeren, leicht lehmhaltigen Boden. Er liebt sonnige bis halbschattige Standorte. Die natürliche Vermehrung geschieht über Früchte, die von Vögeln verbreitet werden. Weißdornbüsche für den eigenen Garten werden am besten in der Baumschule gekauft.
Die Blätter erntet man im Frühjahr kurz nach der Entfaltung. Die Blüten von Mai bis Juni, die Früchte im September bei voller Reife.

Inhaltsstoffe Weißdorn enthält oligomere Procyanidine, daneben 1 bis 2 % Flavonoide, biogene Amine, Triterpensäuren, Sterole, Phenolcarbonsäuren und Aminopurine.

Verwendung Weißdornextrakte aus Blättern, Blüten und Früchten verbessern die Durchblutung des Herzmuskels und der Herzkranzgefäße und steigern die Kon-

Blühender Weißdorn im Frühsommer

traktionskraft des Herzens. Sie können zur Behandlung nachlassender Leistungsfähigkeit des Herzens, insbesondere beim noch nicht herzglykosidbedürftigen Altersherz sowie bei leichten Herzrhythmusstörungen und Druck- und Beklemmungsgefühl in der Herzgegend eingesetzt werden. Vor einer Therapie sollte unbedingt durch ärztliche Untersuchung sichergestellt werden, dass die Beschwerden keine organischen Ursachen haben, von einer unkritischen Selbstmedikation ist dringend abzuraten! Da die volle Wirkung erst nach einigen Tagen bzw. Wochen eintritt, ist Weißdorn weniger zur Behandlung akuter Krankheitszustände als zur längerfristigen Vorbeugung bzw. Nachbehandlung geeignet.
In der Volksmedizin wird das Fruchtmus aufgrund seines Gerbstoffgehaltes als Mittel gegen Durchfall und als Stärkungsmittel verwendet.

Nebenwirkungen / Gegenanzeigen Nebenwirkungen sind bei bestimmungsgemäßem Gebrauch nicht zu befürchten. Bei unverändertem Fortbestehen der Krankheitssymptome über sechs Wochen, bei Wasseransammlung in den Beinen, bei Schmerzen in der Herzgegend oder bei Atemnot ist eine ärztliche Abklärung zwingend erforderlich.

Zubereitungsform Tee: 1 bis 2 Teelöffel werden mit kochendem Wasser übergossen und nach 10 bis 15 Minuten abgeseiht. 3- bis 4-mal täglich eine Tasse kurmäßig über einen Zeitraum von mehreren Wochen trinken.

Fertigpräparate Crataegutt®, Craegium®, Kytta-Cor® u. a.

Weitere Arten Zweigriffeliger Weißdorn *(Crataegus laevigata)*, Fünfgriffeliger Weißdorn *(C. pentagyna)*, Schwarzfrüchtiger Weißdorn *(C. nigra)* und Azaroldorn *(C. azarolus)* enthalten ähnliche Inhaltsstoffe und lassen sich ebenso wie der Eingriffelige Weißdorn einsetzen.

Die reifen Weißdornfrüchte werden ebenso wie die Blüten therapeutisch verwendet.

Kürbis

Cucurbita pepo

Familie *Cucurbitaceae* / Kürbisgewächse.

Vorkommen Ursprünglich in Texas und Mexiko beheimatet, kommt der Kürbis seit dem 16. Jahrhundert auch in Europa vor. Anbaugebiete für den arzneilichen Gebrauch gibt es in Österreich, Ungarn, der Türkei und Mexiko.

Aussehen Die einjährigen, wuchsfreudigen Kürbispflanzen klettern gerne an Mauern und Zäunen empor. Die behaarten Blätter sind herzförmig und von kräftig grüner Farbe. Die fünfblättrigen Blüten leuchten sonnengelb. Kürbisfrüchte werden ausgesprochen schwer und sehr groß. Sie tragen zahlreiche Samen in sich. Je nach Sorte haben sie die unterschiedlichsten Formen und Farben.

Kürbisse waren schon im Mittelalter als Heilpflanzen bekannt. Sie können über 600 kg schwer werden.

Zu verwendende Pflanzenteile Frische und getrocknete Kürbissamen (im Sprachgebrauch auch Kürbiskerne genannt).

Anbau & Ernte Aus den Kürbissamen lassen sich ab April kleine Pflanzen im Topf vorziehen. Erst Ende Mai können die Jungpflanzen ins Freiland gesetzt werden. Kürbisse wachsen schnell auf nährstoffreichem Boden und bevorzugen sonnige Standorte. Reifer Kompostdünger, regelmäßiges Gießen und das Zurückschneiden der Pflanzen fördern eine reichhaltige Ernte vom Spätsommer bis zum Herbst. Sind die Früchte ausgereift, schält man die Kerne heraus und trennt sie vom Fruchtfleisch. Sie werden gewaschen und zum Trocknen nebeneinander ausgelegt. Nach der Trocknung sollten sie in einem luftdichten Gefäß aufbewahrt werden.
Aus dem Kürbisfleisch lassen sich Suppen und andere leckere Gerichte kochen.

Inhaltsstoffe Kürbissamen enthalten etwa 1 % Phytosterole (darunter Delta-5- und Delta-7-Sterole und deren Glucoside), Tocopherole (Vitamin E), Spurenelemente, insbesondere Selen, Mangan, Zink und Kupfer, 30 bis 35 % fettes Öl, Kohlenhydrate, Aminosäuren (z. B. Cucurbitin) und Proteine. Die Art und Menge der Inhaltsstoffe ist stark sortenabhängig.

Verwendung Kürbissamen verwendet man zur Behandlung von Beschwerden beim Wasserlassen, wie sie bei Männern

Kürbiskerne finden aufgrund ihres angenehmen Geschmacks häufig Verwendung in der Küche, werden aber auch therapeutisch eingesetzt.

im Zusammenhang mit einer gutartigen Prostata-Vergrößerung auftreten können, aber auch bei Reizblase und Blasenschwäche. Obwohl die Wirksamkeit bereits in klinischen Studien nachgewiesen werden konnte, ist der Wirkmechanismus noch nicht vollständig geklärt.

In der Volksmedizin wurden die Samen früher in hohen Dosen (200 bis 400 g) als Wurmmittel eingesetzt. Für diese Wirkung wird die seltene Aminosäure Cucurbitin verantwortlich gemacht.

Nebenwirkungen / Gegenanzeigen Keine bekannt.

Zubereitungsform 2-mal täglich 1 bis 2 gehäufte Esslöffel Kürbissamen gut zerkauen und mit etwas Flüssigkeit über längere Zeit einnehmen.

Fertigpräparate Cysto-Urgenin®, Granu Fink® Femina, Granu Fink® Prosta, Harzol® u. a.

Wilde Artischocke

Cynara cardunculus ssp. *flavescens*

Als Gemüsepflanze bekannt geworden, wurde die Artischocke für die Medizin des Mittelalters immer bedeutsamer. Heute gehört sie zu den wichtigsten Heilpflanzen der modernen Klostermedizin.

Weitere Namen Essdistel, Kardone, Erddorn, Cardy, Kardy.

Familie Asteraceae / Korbblütler.

Vorkommen Im östlichen Mittelmeerraum und im nördlichen Afrika beheimatet, kam die Artischocke im 17. Jahrhundert nach Europa und wird heute sowohl im Mittelmeerraum als auch in Deutschland angebaut.

Aussehen Die Artischocke ist eine Staude, mit einem senkrecht stehenden, fleischig-robusten Stängel, die bis zu 2 m hoch und 2 m breit werden kann. Die Blätter der Artischocke sind fiederspaltig und dunkelgrün. Die distelartigen Blütenköpfe mit einem Durchmesser von ungefähr 15 cm tragen blauviolette Blüten und fleischige essbare Hüllblätter. Ihre Blütezeit ist von September bis Oktober.

Zu verwendende Pflanzenteile Die frischen oder getrockneten Grundblätter noch nicht blühender Pflanzen, seltener die noch nicht aufgeblühten Köpfe.

Anbau & Ernte Die Artischocke liebt mildes Klima, fruchtbare, nährstoffreiche und gut durchlässige Böden, in geschützten, warmen und sonnigen Lagen.

In unserem Klima ist sie nur bedingt winterhart. Die Vermehrung erfolgt durch Aussaat in einem Kasten, bei Temperaturen von mindestens 18 °C. Im Frühjahr lassen sich auch Ableger einpflanzen, im Winter kann man Wurzelschnittlinge schneiden. Die Stängelblätter werden vor der Blüte (von Juli bis September) geerntet und im Schatten getrocknet.

Inhaltsstoffe Die Blätter enthalten Sesquiterpenlacton-Bitterstoffe, z. B. Cynaropikrin, daneben Caffeoylchinasäuren mit Chlorogensäure und Cynarin (welches erst bei der Aufarbeitung aus Dicaffeoylchinasäure gebildet wird), Flavonoide, darunter vor allem Luteolinglykoside, wie Scolymosid und Cynarosid, sowie große Mengen an Inulin.

Verwendung In klinischen Studien konnte nachgewiesen werden, dass sich Artischockenextrakte zur Behandlung von Verdauungsbeschwerden eignen, da sie u. a. die Gallenproduktion und den Gallenabfluss fördern.
Daneben sind die Extrakte in der Lage, den Cholesterin- und Triglyceridspiegel um bis zu 15 % zu senken, indem sie die Cholesterin-Biosynthese in der Leber hemmen und dessen Ausscheidung mit der Gallenflüssigkeit fördern. Darüber hinaus können sie aufgrund ihrer stark antioxidativen Wirkung die Leber vor dem schädigenden Einfluss freier Radikale schützen.

Nebenwirkungen / Gegenanzeigen Keine bekannt.

Zubereitungsform Tee: 1 bis 2 Teelöffel Artischockenblätter werden mit 150 ml siedendem Wasser übergossen und nach 10 Minuten abgeseiht.

Fertigpräparate Artischocke-ratiopharm®, Losapan®, Cynacur®, Cynarzym® N u. a.

Weitere Art Die pflegeleichte Gemüse-Artischocke (*Cynara cardundculus* Scolymus-Gruppe) ist eine Zierde für jeden Gemüsegarten. Ihre Blüten sind ein beliebtes Gemüse. Sie werden im Knospenstadium geerntet. Auch die Blätter ihrer Blattrosette sind medizinisch wirksam.
Sie schützen und stärken die Leber, senken den Blutzuckerspiegel und fördern die Verdauung.

Garten-Möhre

Daucus carota ssp. *sativus*

WEITERE NAMEN Karotte, Gelbe Rübe, Wurzel, Mohrrübe, Speise-Möhre.

FAMILIE Apiaceae / Doldenblütler.

VORKOMMEN Die Garten-Möhre hat als Kulturpflanze im Verlauf der Geschichte unterschiedliche Formen und Färbungen angenommen – je nach Gehalt an Anthocyanen, Carotinen und anderen Farbstoffen zwischen Hellgelb und Rotviolett. Unsere heutigen carotinhaltigen Sorten wurden vor etwa 100 Jahren gezüchtet.

AUSSEHEN Die Garten-Möhre ist wahrscheinlich eine Kreuzung zwischen unserer Wilden Möhre, der südeuropäischen *Daucus carota* ssp. *maximus* und der orientalischen *Daucus carota* ssp. *afghanicus*. Als neues Merkmal entstand die fleischige orangerote Rübe. Den Kultursorten fehlt die typische Mohrenblüte.

ZU VERWENDENDE PFLANZENTEILE
Die fleischig verdickte Rübe (Wurzel).

ANBAU & ERNTE Die Garten-Möhre liebt tiefgründigen, humusreichen Boden und gedeiht gut in warmer, lockerer Erde. Sie braucht gleichmäßige Feuchtigkeit. Die Aussaat im Freiland erfolgt bereits ab März in Reihen. Wegen der langen Keimdauer bietet sich eine Markiersaat mit Radieschen an.
Möhren können über einen längeren Zeitraum nach Bedarf immer frisch geerntet werden. Die Haupterntezeit liegt im Sommer und Herbst.

INHALTSSTOFFE Beta-Carotin (Provitamin A), Lycopin, Mineralstoffe, Ballaststoffe (v. a. Pektine), Spurenelemente (z. B. Selen), ätherisches Öl, geringe Mengen an Polyinen und bis zu 6 % Zucker.

VERWENDUNG Aufgrund ihres hohen Pektingehaltes sind gekochte Karotten ein gutes Mittel zur Behandlung von Durchfallerkrankungen, insbesondere bei Kindern. Besondere Bedeutung besitzt die Pflanze ferner aufgrund ihres Mineralstoffgehaltes und des hohen Gehaltes an Beta-Carotin, welches im Körper in das für den Sehvorgang wichtige Vitamin A umgewandelt wird. In der Volksmedizin wurden frische, geriebene Karotten und Karottensaft als Wurmmittel verwendet.

Nebenwirkungen / Gegenanzeigen Keine bekannt.

Zubereitungsform Es empfiehlt sich, Karotten immer mit etwas Fett zu verzehren, da nur so die fettlöslichen Vitamine vom Körper aufgenommen werden können – bei Karottensaft genügen einige Tropfen Öl oder ein Schuss Sahne ins Glas.
Die Moro'sche Karottensuppe zur Behandlung von Durchfallerkrankungen (siehe Rezept) ist auch und vor allem für Kleinkinder geeignet!

Karotten besitzen aufgrund ihres Gehaltes an Ballaststoffen, Mineralstoffen und Vitaminen einen hohen Gesundheitswert.

Moro'sche Karottensuppe

- *500 g geschälte Karotten*
- *1 l Wasser*
- *1 TL Kochsalz*

Karotten etwa 1 Stunde in 1 l Wasser kochen, anschließend pürieren und auf 1 l Flüssigkeit auffüllen, Salz hinzufügen. Suppe löffelweise verabreichen und täglich frisch zubereiten! Bei länger andauernden Durchfallerkrankungen sollte unbedingt ein Arzt aufgesucht werden.

Weitere Art Die Wilde Möhre (*Daucus carota* ssp. *carota)* wächst in ganz Europa auf Wiesen und an Wegrändern.
Das zweijährige Doldengewächs erzeugt im ersten Jahr nur eine flache Blattrosette, im zweiten Jahr wächst daraus der verzweigte, borstig behaarte Blütenspross. Der Blütenstand ist eine Doppeldolde mit kleinen weißen Blüten (Juni bis Oktober). In der Mitte der Dolde befindet sich die typische einzelne schwarz-rote Mohrenblüte. Zur Fruchtzeit zieht sich die Dolde zusammen und bildet rauhaarige Doppelfrüchte. Die verholzte Pfahlwurzel ist weiß und carotinlos.
Ihre Samen wurden früher in der Volksmedizin als harntreibendes Mittel bei Blasen- und Nierenerkrankungen sowie als Wurmmittel genutzt. Die Wilde Möhre sollte nicht gesammelt werden, da eine Verwechslungsgefahr mit der Gemeinen Hundskamille und dem Gefleckten Schierling besteht. Beide sind ausgesprochen giftig.

Purpurroter Sonnenhut

Echinacea purpurea

Weitere Namen Roter Sonnenhut, Purpurfarbener Igelkopf, Purpurfarbener Sonnenhut, Rote Sonnenblume, Igelblume, Stachelkopf.

Familie Asteraceae / Korbblütler.

Vorkommen Die ursprüngliche Heimat des Purpurroten Sonnenhuts ist Nordamerika. In Europa wurde er zunächst als Zierpflanze kultiviert, heute wird die Heilpflanze für arzneiliche Zwecke auf besonderen Flächen angebaut.

Der beliebte Rote Sonnenhut findet sich überall im Klostergarten.

Aussehen Der Purpurrote Sonnenhut ist eine aufrechte Rhizomstaude, die 90 bis 120 cm hoch und etwa 45 cm breit wird. Ihre leuchtend karmin- bis purpurroten Körbchenblüten hüllen eine goldbraune Mitte ein und blühen von Juli bis September. Die mittelgrünen Blätter sind eiförmig und am Rand gesägt.

Zu verwendende Pflanzenteile Die oberirdischen Teile kurz nach dem Aufblühen.

Anbau & Ernte Sonnenhut ist winterfest, er braucht nährstoffreichen, feuchten, jedoch gut durchlässigen Boden an sonnigen und geschützten Standorten. Die Vermehrung geschieht durch Aussaat im Frühjahr, bei mindestens 13 °C. Eine Teilung vorhandener Pflanzen kann im Herbst und Frühling erfolgen, Wurzelschnittlinge kann man im Spätherbst oder im frühen Winter schneiden. Geerntet werden die frischen Blüten im Sommer, um daraus Press-Saft herzustellen. Die Blütenblätter können auch getrocknet und als Schmuckdroge einer Teemischung hinzugefügt werden.

Inhaltsstoffe Heteropolysaccharide, vor allem Arabinogalactane, Kaffeesäurederivate, Alkylamide, ätherisches Öl, Flavonoide und Polyine.

Verwendung Ursprünglich wurde *Echinacea* von den indianischen Ureinwoh-

nern Nordamerikas eingesetzt und war im 19. Jahrhundert eine der am meisten verwendeten Heilpflanzen der USA.
Den aus frischen Blüten hergestellten Press-Saft und dessen Zubereitungen (Fertigpräparate) verwendet man hauptsächlich zur Prophylaxe und Therapie leichter bis mittelschwerer Erkältungskrankheiten und grippaler Infekte. Seine Wirkung soll auf einer Steigerung der körpereigenen Abwehrkräfte durch unspezifische Stimulation des Immunsystems beruhen. In der Tat konnten im Labor für verschiedene Inhaltsstoffe immunstimulierende Effekte nachgewiesen werden, allerdings ist die Frage nach der Wirksamkeit oral verabreichter *Echinacea*-Extrakte noch nicht beantwortet. Von einer Langzeit-Therapie wird inzwischen abgeraten, die Präparate sollten nicht länger als 14 Tage angewendet werden. Äußerlich verwendet man die Tinktur zur Behandlung schlecht heilender oberflächlicher Wunden und entzündlicher Hauterkrankungen.

Nebenwirkungen / Gegenanzeigen Die Pflanze darf nicht angewendet werden bei fortschreitenden Systemerkrankungen, wie Tuberkulose, Multipler Sklerose, HIV-Infektion und anderen Autoimmunerkrankungen. Auch eine Anwendung während der Schwangerschaft wird nicht empfohlen.

Zubereitungsform Tee: Etwa 1 Teelöffel Sonnenhutkraut wird mit 150 ml siedendem Wasser übergossen und 10 Minuten ziehen gelassen. Zur Steigerung der Abwehrkräfte mehrmals täglich eine Tasse trinken (nicht sehr gebräuchlich).

Fertigpräparate Echifit®, Echinacea STADA®, Echinacin® u. a.

Weitere Arten Der Blassfarbene Sonnenhut (*Echinacea pallida) und der Schmalblättrige Sonnenhut (Echinacea angustifolia)* enthalten sehr ähnliche Inhaltsstoffe und werden ebenfalls zur Prophylaxe und Therapie von Erkältungskrankheiten eingesetzt.

Zunächst als Zierpflanze kultiviert, wurde der Rote Sonnenhut erst spät als Heilpflanze entdeckt.

Kleinblütiges Weidenröschen

Epilobium parviflorum

Familie Onagraceae / Nachtkerzengewächse.

Vorkommen Das Kleinblütige Weidenröschen ist in Europa (einschließlich Grönland und Kanarische Inseln), Nordafrika und Asien zu Hause. Es bevorzugt Bachufer, Wegränder, Gärten und Schuttplätze.

Aussehen Das Kleinblütige Weidenröschen ist eine mehrjährige Staude mit länglichen Blättern, die am Rand leicht gezähnt sind, und einem verzweigten Stängel. Es hat winzige, zarte rosaviolette Blüten mit vier Blütenblättern, die in der Mitte eingekerbt sind. Die Blüten wachsen traubenförmig auf schmalen Schoten. Das Kleinblütige Weidenröschen wird bis zu 65 cm groß und bringt filigrane Samenstände hervor.

Zu verwendende Pflanzenteile Das getrocknete, zur Blütezeit gesammelte Kraut.

Anbau & Ernte / Sammeln Ein Vorziehen der Samen im Gewächshaus kann bereits ab März erfolgen. Die Direktaussaat ins Freiland ist ab April möglich. Das anspruchslose Weidenröschen steht gern sonnig, es kommt mit allen Böden zurecht.
Die Ernte in der Natur oder im Garten erfolgt ab Mitte Juli, indem man das blühende Kraut schneidet, bevor sich die Samen ausbilden. Eine zweite Ernte ist Mitte September möglich.

Inhaltsstoffe Bislang konnten zahlreiche verschiedene Flavonoide identi-

Das Kleinblütige Weidenröschen stammt wie seine Verwandte, das Schmalblättrige Weidenröschen, aus nordischen Regionen. Es ist uns vor allem aus der Volksmedizin bekannt.

fiziert werden, darunter vor allem Myricetin, Kämpferol und Quercetin sowie deren Glykoside, daneben Sitosterol und verschiedene Sterolester, Ellagtannine sowie weitere Gallussäurederivate.

Verwendung Das Kleinblütige Weidenröschen wird bislang ausschließlich in der Volksmedizin zur Behandlung von Beschwerden verwendet, die mit einer gutartigen Prostatavergrößerung verbunden sind. Die Wirksamkeit konnte jedoch noch nicht endgültig nachgewiesen werden. Interessant ist dagegen eine relativ starke entzündungshemmende Wirkung, die in Tierversuchen festgestellt werden konnte. Ob dieser Befund mit der Behandlung von Beschwerden beim Wasserlassen in Zusammenhang zu bringen ist, muss noch geklärt werden.

Nebenwirkungen / Gegenanzeigen Keine bekannt.

Zubereitungsform Tee: 1 Teelöffel Weidenröschenkraut wird mit 150 ml kochendem Wasser übergossen und 10 Minuten ziehen gelassen. 2- bis 3-mal täglich eine Tasse trinken.

Weitere Art Das Schmalblättrige Weidenröschen *(Epilobium angustifolium)* verwendet man ebenso wie das Kleinblütige Weidenröschen. Die Extrakte zeigten eine entzündungshemmende Wirkung. In der Volksmedizin wird ein Tee bei Magen-Darm-Entzündungen und Atemwegsbeschwerden verwendet.

Acker-Schachtelhalm

Equisetum arvense

Weitere Namen Zinnkraut, Scheuerkraut, Kannenkraut, Tannenkraut, Pferdeschwanzkraut.

Familie Equisetaceae / Schachtelhalmgewächse.

Vorkommen Acker-Schachtelhalm gibt es überall auf der Welt, mit Ausnahme von Neuseeland und Australien. In Deutschland gibt es Fossilien, die eine Größe bis zu 10 m nachweisen. Acker-Schachtelhalm wächst an Böschungen, Wiesenrändern und im Ödland.

Nahaufnahme des fertilen (fruchtbaren) Sprosses

Aussehen Acker-Schachtelhalm ist eine mehrjährige Pflanze, die eine Höhe von 10 bis 50 cm erreicht. Sie trägt keine Blüten, sondern vermehrt sich durch Bildung von Sporen. Im Frühjahr bilden sich fruchtbare, hellbraune bis rötliche Sprossen, die nach der Reife absterben. Im Sommer wachsen unfruchtbare grüne Triebe, die dem Acker-Schachtelhalm das Aussehen eines kleinen Nadelbaumes geben.

Zu verwendende Pflanzenteile Die im Sommer geernteten, getrockneten, sterilen oberirdischen Pflanzenteile.

Anbau & Ernte / Sammeln Acker-Schachtelhalm wird nicht angebaut, er gilt in der Landwirtschaft als Unkraut. Sein Wachstum auf lehmig-feuchten Böden weist auf Bodenverdichtung hin und zeigt an, dass zu wenig Bodenleben vorhanden ist. Das Auftreten auf Äckern ist ein Alarmzeichen für schlechte Bodenbearbeitung. Achtung: An feuchten Standorten besteht Verwechslungsgefahr mit dem Sumpf-Schachtelhalm, der wegen seines hohen Alkaloidgehaltes giftig ist.

Inhaltsstoffe Acker-Schachtelhalm enthält über 10 % mineralische Bestandteile, große Mengen an Kieselsäure und Kaliumsalzen, daneben Flavonoide, Hydroxyzimtsäure-Konjugate, seltene Dicarbonsäuren sowie Spuren von Alkaloiden.

Verwendung Acker-Schachtelhalmkraut eignet sich als Tee zur Durchspülungstherapie bei entzündlichen Erkrankungen der ableitenden Harnwege, Nierenbeckenentzündung und Nierengrieß, ferner zum Ausschwemmen von bestehenden bzw. nach Verletzungen auftretenden Ödemen.
In der Volksmedizin wird die Pflanze als blutstillendes Mittel verwendet, in früheren Zeiten auch als unterstützendes Heilmittel bei Tuberkulose, was heute jedoch als veraltet gilt. Äußerlich verwendet man Schachtelhalm-Umschläge als Wundheilmittel und bei rheumatischen Beschwerden.

Nebenwirkungen / Gegenanzeigen Bei einer Durchspülungstherapie sollte grundsätzlich auf ausreichende zusätzliche Flüssigkeitszufuhr geachtet werden. Die Pflanze eignet sich nicht zur Durchspülungstherapie von Ödemen infolge eingeschränkter Herz- oder Nierentätigkeit!

Zubereitungsform Tee: 2 Teelöffel Acker-Schachtelhalmkraut werden mit 150 ml Wasser übergossen und nach 10 bis 15 Minuten durch ein Teesieb gegeben.
Umschläge: 10 g auf 1 l Wasser.
Vollbad: 100 g mit 2 l Wasser übergießen, etwa 1 Stunde ziehen lassen, dann abseihen und dem Badewasser zusetzen.

Weitere Art Der Sumpf-Schachtelhalm *(Equisetum palustre)* sieht dem Acker-Schachtelhalm sehr ähnlich, ist aber aufgrund seines hohen Alkaloidgehaltes als giftig anzusehen.
Die beiden Arten sind sehr schwer voneinander zu unterscheiden.

Die Beliebtheit des Acker-Schachtelhalms erstreckt sich von der Antike bis zum 19. Jahrhundert. Heute findet er vor allem in der Volksmedizin Beachtung.

Gewöhnlicher Eukalyptus

Eucalyptus globulus

Eukalyptusbäume haben von Australien und Tasmanien nach Europa gefunden. Bezeichnend sind ihre markanten Blüten und Blattformen.

Weitere Namen Fieberbaum, Blaugummibaum, Eisenveilchenbaum.

Familie Myrtaceae / Myrtengewächse.

Vorkommen Eukalyptus stammt aus Australien und Tasmanien. In Europa wird er als Kübel- und Gewächshauspflanze kultiviert.

Aussehen In seiner Heimat wächst Eukalyptus zu einem ausladenden Baum heran, der eine Höhe von 15 bis 20 m und eine Breite von 10 bis 25 m erreichen kann. Seine weißen bis cremefarbenen Blüten sind sehr klein und einzeln angelegt. Sie blühen im Sommer. Die immergrünen Blätter sind silbergrau bis blass blaugrün. Je älter der Baum, desto dunkelgrüner färben sich die Blätter.

Zu verwendende Pflanzenteile
Die getrockneten Blätter älterer Bäume.

Anbau & Ernte Eukalyptus gedeiht in feuchtigkeitsspeichernder, neutraler bis leicht saurer Erde. Er liebt sonnige Standorte und sollte vor kaltem und trockenem Wind geschützt werden, da er kälteempfindlich ist. Eukalyptus braucht viel Wasser. Die Vermehrung erfolgt im Frühjahr bei 21 °C im Gewächshaus.
Für die medizinische Anwendung sollten Eukalyptusblätter in der Apotheke gekauft werden. Die Ernte unserer Kübelpflanzen ist nicht empfehlenswert.

Inhaltsstoffe 1,5 bis 3,5 % ätherisches Öl, welches Cineol als Hauptkomponente (70 bis 85 %) und kleinere Mengen an Monoterpenen enthält. Daneben Gallotannine, kleine Anteile an Proanthocyanidinen und kondensierten Gerbstoffen, Flavonoide sowie Phloroglucin-Derivate.

Verwendung Im Gegensatz zum ätherischen Öl spielen die getrockneten Blätter heute bei der Therapie von Erkältungskrankheiten kaum noch eine Rolle. Das ätherische Öl wirkt antiseptisch, schleimlösend, auswurffördernd, desodorierend und kühlend. Es wird teilweise über

die Lunge ausgeschieden, weshalb es sich besonders gut zur Therapie von Atemwegserkrankungen eignet. Häufig ist es Bestandteil von Erkältungssalben oder wird zur Inhalation verwendet.
In der Volksmedizin werden Eukalyptusblätter daneben auch zur Behandlung von Magen-Darm-Beschwerden sowie bei Blasenerkrankungen eingesetzt.
Die Phloroglucin-Derivate zeigten in Laborversuchen bemerkenswerte antivirale Wirkungen, allerdings werden die Verbindungen noch nicht therapeutisch eingesetzt.

Nebenwirkungen / Gegenanzeigen Bei Überdosierung kann es zu Erbrechen und Durchfall kommen. Nicht verwenden bei entzündlichen Erkrankungen im Magen-Darm-Bereich, im Bereich der Gallenwege und bei schweren Lebererkrankungen. Es sollte darauf geachtet werden, dass die Wirkung anderer Arzneimittel verkürzt und/oder abgeschwächt werden kann, sodass vor der Einnahme am besten Rücksprache mit dem Arzt oder Apotheker zu halten ist. Bei Säuglingen und Kleinkindern dürfen Eukalyptuszubereitungen nicht im Gesicht, speziell im Nasen-Bereich aufgetragen werden.

Getrocknete Eukalyptusblätter werden zur Teezubereitung genutzt.

Zubereitungsform Tee: 1 Teelöffel Eukalyptusblätter mit 150 ml heißem Wasser übergießen und 10 bis 15 Minuten zugedeckt ziehen lassen. Dieser Tee eignet sich auch zur Inhalation; alternativ vier Tropfen ätherisches Öl auf heißes Wasser geben und inhalieren bzw. einige Tropfen auf Brust und Rücken verreiben.

Fertigpräparate Ephepect®, Wick VapoRub®, Piniol® u. a.

Großer Augentrost

Euphrasia officinalis ssp. *rostkoviana*

Weitere Namen Gemeiner Augentrost, Augendank, Milchschelen, Wiesenwolf, Wegleuchte.

Familie Scrophulariaceae / Rachenblütler.

Vorkommen Der Große Augentrost ist in ganz Europa verbreitet, im Süden trifft man ihn allerdings seltener an. Er wächst auf Wiesen, Weiden und in Flachmooren. Für den arzneilichen Gebrauch wird *Euphrasia* in südosteuropäischen Ländern angebaut.

Aussehen Der Große Augentrost ist eine einjährige, etwa 30 cm hoch wachsende Wiesenpflanze. Mit den Wurzeln saugt er sich Nährstoffe aus Wurzeln benachbarter Pflanzen.
Die kleinen weißen Blüten sind häufig violett geadert und haben auf den unteren, dreilappigen Blütenblättern einen gelben Fleck. Die grasgrünen, ovalen Blätter sitzen gegenständig auf stark verästelten Stängeln.

Zu verwendende Pflanzenteile Die getrockneten, blühenden oberirdischen Teile.

Anbau & Ernte / Sammeln Es ist nicht sinnvoll, den Großen Augentrost anzubauen, weil er als Halbschmarotzer von den Nährstoffen anderer Pflanzen lebt. Zur natürlichen Vermehrung kann allerdings der Samen auf trockene Wiesen ausgestreut werden. Die Sammelzeit ist von Juli bis September, während der Blüte.

Inhaltsstoffe Iridoidglykoside, wie Aucubin und Euphrosid. Darüber hinaus enthält er Catapol, Ixorosid, Lignane und weitere Phenylpropanglykoside, Flavonoide, Gerbstoffe, Phenolcarbonsäuren, geringe Mengen an flüchtigen Substanzen und Spuren tertiärer Alkaloide.

Verwendung In der Volksmedizin ist Augentrostkraut ein beliebtes Mittel zur Behandlung von Entzündungen des Lidrandes und der Bindehaut, und wird auch für Umschläge beim Gerstenkorn, gegen Ermüdungserscheinungen des Auges sowie bei muskulär oder nervös bedingten Sehstörungen verwendet. Daneben wird es innerlich als Tee bei Husten und Heiserkeit eingesetzt. Für eine Wirksamkeit in diesen Indikationsgebieten konnte bis jetzt noch kein Nachweis erbracht werden, der Einsatz geht möglicherweise auf die Signaturenlehre zurück – die Blüten des Krautes besitzen eine gewisse Ähnlichkeit zum menschlichen Auge.

Nebenwirkungen / Gegenanzeigen Keine bekannt. Zur äußerlichen Behandlung von Augenerkrankungen sollte aufgrund der Schwebstoffe kein selbst zubereiteter Tee verwendet werden, sondern vielmehr steril zubereitete Fertigpräparate.

Zubereitungsform Tee: etwa 2 Teelöffel Kraut werden mit kochendem Wasser übergossen oder mit kaltem Wasser angesetzt, kurz aufgekocht und nach 5 bis 10 Minuten durch ein Teesieb gegeben. 2- bis 3-mal täglich eine Tasse trinken.

Fertigpräparate WALA® Euphrasia Augentropfen u. a.

Augentrost stammt aus den moorigen Gebieten. Er war in der Medizin der Antike und des Mittelalters nicht verbreitet.

Echter Buchweizen

Fagopyrum esculentum

Weitere Namen Gemeiner Buchweizen, Heidenkornkraut, Schwarzpolenta, Türkischer Weizen.

Familie Polygonaceae / Knöterichgewächse.

Vorkommen Buchweizen zählt zu den alten Kulturpflanzen. Seine Heimat ist Zentralasien. Die größten Anbauländer sind China, Russland und die Ukraine. In Deutschland wird er in Schleswig-Holstein, in der Lüneburger Heide, am Niederrhein, in Westfalen, in der Eifel und in einigen Alpentälern angebaut.

Aussehen Buchweizen ist eine einjährige Pflanze, die bis zu 60 cm hoch wächst. Die weißen bis blassrosafarbenen Blüten stehen in doldenähnlichen Rispen. Die dreieckigen Blätter spitzen sich pfeilartig zu. Als Früchte bilden sich kleine kastanienbraune Nüsschen, die je drei scharfe, ganzrandige Kanten besitzen.

Buchweizen gelangte im Mittelalter mit den Mongolen und Tataren nach Europa.

Zu verwendende Pflanzenteile Die frischen, zur Blütezeit geernteten und rasch getrockneten oberirdischen Teile.

Anbau & Ernte Buchweizen gedeiht auch auf ziemlich unfruchtbaren Heide- und Moorböden. Er kann Ende Mai im Freiland breit ausgesät werden. Das blühende Kraut wird Anfang September geerntet. Für den arzneilichen Gebrauch werden die Blätter verwendet, die Früchte dienen als glutenfreier Getreideersatz.

Inhaltsstoffe 4 bis 8 % Flavonoide (v. a. Rutin), Quercitrin und Hyperosid, ferner Anthocyane, Sitosterol und in geringen Mengen (etwa 0,01 %) das nur in den Blüten und Samenschalen vorkommende Naphtodianthron Fagopyrin, welches stark photosensibilisierende Eigenschaften besitzt.

Verwendung Bis vor einigen Jahren wurde Buchweizen ausschließlich in der Volksmedizin verwendet. In zahlreichen klinischen Studien konnte jedoch inzwischen eine gute Wirksamkeit von Tee und Fertigpräparaten bei der Behandlung der chronischen Venenschwäche nachgewiesen werden. Verantwortlich für die Wirkung ist der Hauptinhaltsstoff Rutin: Er verbessert die Durchblutung und den Stoffaustausch in den kleinsten Blutgefäßen, verringert die Durchlässigkeit der Kapillarwände

und wirkt somit Wasserablagerungen im Gewebe entgegen. Interessant ist auch eine stark antioxidative Wirkung: Ablagerungen an den Gefäßwänden werden verhindert. Dadurch eignen sich Zubereitungen aus Buchweizen auch zur Vorbeugung von Arteriosklerose (Arterienverkalkung). Darüber hinaus wird die Pflanze in der Volksmedizin innerlich und äußerlich (Umschläge) zur Behandlung von Frostbeulen, Krampfadern und Hämorrhoiden verwendet.

Nebenwirkungen / Gegenanzeigen Die Anwendung sollte nicht in Schwangerschaft und Stillzeit erfolgen. Bei plötzlich auftretenden Schmerzen in den Beinen unbedingt den Arzt aufsuchen! Als Nebenwirkung können in sehr seltenen Fällen Kopfschmerzen auftreten. Phototoxische Nebenwirkungen brauchen nicht befürchtet zu werden, da im Handel erhältliche Zubereitungen frei von Fagopyrin sind und die Verbindung nicht in wässrige Extrakte, z. B. Teeaufgüsse, übergeht.

Die Früchte des Buchweizens sind kleine Nüsschen und erinnern an Bucheckern.

Zubereitungsform Tee: 2 Teelöffel Buchweizenkraut werden mit 250 ml Wasser aufgekocht und nach 10 Minuten durch ein Teesieb gegeben. 2 bis 3 Tassen täglich trinken.

Fertigpräparate Fagorutin® Buchweizentee und -tabletten u. a.

Echtes Mädesüß

Filipendula ulmaria

Weitere Namen Spierblume, Spierstaude.

Familie Rosaceae / Rosengewächse.

Vorkommen Die Heimat des Mädesüß ist Westasien und Europa, und zwar vom Norden bis zum Süden, mit Ausnahme des Mittelmeerraums. Es wächst auf feuchten Wiesen, an Bachufern und feuchten Gräben. Für den arzneilichen Gebrauch wird es in Süd- und Osteuropa angebaut.

Aussehen Mädesüß ist eine Staude. Sie erreicht eine Höhe von 60 bis 100 cm, zum Teil höher und wird ungefähr 60 cm breit. Ihre cremeweißen, nach Honig duftenden Blüten sind sehr klein und wachsen in dichten, fedrigen Rispen. Die Blütezeit erstreckt sich von Juni bis August, teilweise bis September. Die dunkelgrünen Blätter sind unpaarig gefiedert und haben stark sichtbare Adern und eine weiß beflaumte Unterseite.

Zu verwendende Pflanzenteile Die getrockneten Blütenstände oder auch das ganze Kraut.

Anbau & Ernte / Sammeln Das winterharte Echte Mädesüß braucht nährstoffreichen Boden, der feucht, nass oder sumpfig sein sollte. Es liebt sonnige Standorte, kommt aber auch mit Halbschatten zurecht.
Vermehren kann man das pflegeleichte Mädesüß, wenn man im Herbst den Samen in kalte Kästen aussät. Auch eine Wurzelteilung im Frühjahr oder Herbst oder die Entnahme von Wurzelschnittlingen im späten Winter ist gut möglich.
Die Blütenstände können von Juni bis August gesammelt werden. Nach der Blüte wird das Kraut zurückgeschnitten.

Der Name „Mädesüß“ weißt darauf hin, dass in früheren Zeiten mit dieser Pflanze Met (Wein) gesüßt wurde.

Inhaltsstoffe Mädesüß enthält Salicylate, wie Monotropitin und Spiraein. Aus ihnen entsteht beim Trocknen eine geringe Menge an ätherischem Öl, welches zu 75 % aus Salicylaldehyd besteht. Daneben sind in Mädesüß-Pflanzen 1 bis 5 % Flavonoide (v. a. Spiraeosid) und Ellagtannin-Gerbstoffe enthalten.

Verwendung Einen Tee aus Mädesüßblüten verwendet man als schweißtreibendes Mittel zur unterstützenden Behand-

lung von fiebrigen Erkältungskrankheiten. Ausschließlich in der Volksmedizin bekannt ist der Einsatz als Diuretikum (Mittel zur Förderung der Harnausscheidung) zur Durchspülungstherapie bei Harnwegserkrankungen, bei Muskel- und Gelenkrheumatismus und Gicht.
In der Küche kann man die Blüten auch zu einem schmackhaften Sirup verarbeiten (wie Holunderblüten).

NEBENWIRKUNGEN / GEGENANZEIGEN Aufgrund ihres Gehaltes an Salicylaten sollten die Mädesüßblüten nicht von Menschen mit Salicylat-Überempfindlichkeit verwendet werden. Eine Überdosierung kann zu Übelkeit und Magenbeschwerden führen.

KRÄUTERBOWLE

- *frische Kräuter, gemischt (z. B. Mädesüß, Melisse, Minze, Malve, Lavendel)*
- *1 Flasche Apfelsaft*
- *die gleiche Menge Wasser*

Am besten eignen sich Kräuter, die einen angenehmen süßen oder zitronigen Geschmack haben. Die Kräuter werden geerntet, gewaschen und zerkleinert. Anschließend übergießen Sie sie mit der gleichen Menge an Apfelsaft und Wasser. Das Ganze wird etwa 12 Stunden kühl gestellt und danach abgeseiht.
Serviert mit einigen Eiswürfeln mit eingefrorenen Borretschblüten können Sie jeden Gast beeindrucken.

ZUBEREITUNGSFORM Tee: Etwa 3 Teelöffel getrocknete Mädesüßblüten werden mit einer Tasse kochendem Wasser übergossen und 10 Minuten ziehen gelassen; 3- bis 4-mal täglich eine Tasse heiß trinken.

Gewürz-Fenchel

Foeniculum vulgare ssp. *vulgare* var. *dulce*

WEITERE NAMEN Süßer Fenchel, Langer Kümmel, Brotanis, Brotsamen.

FAMILIE Apiaceae / Doldenblütler.

VORKOMMEN Die Heimat des Gewürz-Fenchels ist Südeuropa und Asien. Man findet ihn häufig im Mittelmeerraum in Küstennähe und im Ödland. Mittlerweile wird er weltweit kultiviert. Die Anbaugebiete für den arzneilichen Gebrauch liegen vor allem in Südeuropa.

AUSSEHEN Der Gewürz-Fenchel ist eine robuste, tief wurzelnde Staude. Ihre kleinen, gelben, sehr schönen Blüten wachsen in flachen Dolden. Die Blütezeit ist von Juli bis September, ab August bilden sich die aromatischen graugrüne Früchte. Die haarfeinen, aromatisch duftenden Blätter sind gefiedert. Im Frühjahr sind sie zunächst gelbgrün und färben sich bis zum Herbst dunkelgrün.
Die winterharte Pflanze erreicht eine Höhe von 2 m und wird ungefähr 50 cm breit.

Seit dem Altertum ist Fenchel in Europa, den arabischen Ländern und China als Gewürz- und Heilpflanze beliebt.

ZU VERWENDENDE PFLANZENTEILE Die getrockneten Früchte.

ANBAU & ERNTE Gewürz-Fenchel liebt nährstoffreichen, kalkhaltigen, feuchten, jedoch gut durchlässigen Boden an halbschattigen bis sonnigen Standorten. Die Vermehrung erfolgt durch Freilandaussaat im Frühjahr oder durch Selbstaussaat von Sämlingspflanzen. Die Pflanze will reichlich gegossen, aber nur wenig gedüngt werden. Die Früchte erntet man vom Spätsommer bis zum Herbst, wenn sie sich graugrün gefärbt haben, indem man die ganzen Dolden abschneidet und trocknen lässt. Nach dem Trocknen werden die Früchte ausgerieben und in einem dunklen Gefäß aufbewahrt.

INHALTSSTOFFE Die Früchte enthalten bis zu 3 % ätherisches Öl (Hauptkomponente: Anethol), etwa 1 bis 7 % Fenchon und weitere Monoterpene; daneben etwas fettes Öl, Proteine, Flavonoide, Phenolcarbonsäuren sowie Spuren von Cumarinen und Furanocumarinen. Je nach Herkunft und Erntezeitpunkt kann die Zusammensetzung des ätherischen Öles stark schwanken.

VERWENDUNG Das ätherische Öl der Fenchelfrüchte wirkt schleimlösend, aus-

wurffördernd und antiseptisch, weshalb Fenchelzubereitungen häufig Bestandteil von Hustentees und -säften sind. Daneben fördert es die Magen-Darm-Tätigkeit, wirkt krampflösend und blähungstreibend und beugt als Zusatz zu Abführmitteln eventuell auftretenden Krämpfen und Blähungen vor. Besonders gerne wird Fenchel in der Kinderheilkunde eingesetzt, einerseits als Hustenmittel (v. a. in Form von Fenchelhonig) oder als Tee bei leichten Verdauungsstörungen. In der Volksheilkunde wird der Tee von stillenden Müttern zur Milchbildung verwendet.

Nebenwirkungen / Gegenanzeigen In die Schlagzeilen kamen Fenchelfrüchte in neuerer Zeit aufgrund ihres Gehaltes an möglicherweise Erbgut schädigendem Estragol. Der maximal zulässige Estragol-Gehalt wurde daraufhin im Arzneibuch auf 5 % beschränkt. Gegen den bestimmungsgemäßen Gebrauch von Fenchelfrüchten und deren Zubereitungen bestehen weiterhin keine gesundheitlichen Bedenken. Das reine Fenchelöl sollte nicht von Säuglingen, Kleinkindern und schwangeren Frauen verwendet werden.

Unreife und reife Fenchelfrüchte

Zubereitungsform Tee: 1 Teelöffel Fenchelfrüchte werden nach Möglichkeit kurz vor Gebrauch im Mörser zerstoßen, mit einer Tasse kochendem Wasser übergossen und etwa 10 bis 15 Minuten zugedeckt ziehen gelassen. 2- bis 3-mal eine Tasse zwischen den Mahlzeiten trinken.

Weitere Art Der Bittere Fenchel (*Foeniculum vulgare* ssp. *vulgare* var. *vulgare*) enthält im ätherischen Öl wesentlich mehr bitter schmeckendes Fenchon bei einem gleichzeitig niedrigeren Anethol-Gehalt. Ebenso wie der Süße Fenchel eignet er sich zur Behandlung von Verdauungsstörungen und Katarrhen der oberen Luftwege.

Gewöhnlicher Erdrauch

Fumaria officinalis

WEITERE NAMEN Ackerrautenkraut, Apostelkraut, Grindkraut, Erdrautenkraut, Taubenkerbel.

FAMILIE Papaveraceae / Mohngewächse.

VORKOMMEN
Der Gewöhnliche Erdrauch ist in Europa und Zentralasien zu Hause. Er wächst häufig an Wegrändern und auf Ödland, aber auch auf Äckern und in Gärten ist er zu finden. Für den arzneilichen Gebrauch wird die Pflanze in osteuropäischen Ländern angebaut.

AUSSEHEN Erdrauch ist eine einjährige, bis zu 40 cm hohe und sehr zierliche, blaugrün bereifte Pflanze mit einer Pfahlwurzel. Die Blüten wachsen von Mai bis Oktober in aufrechten Trauben mit 20 bis 40 Einzelblüten. Sie sind rosarot und an der Spitze dunkelrot. Die Früchte des Gewöhnlichen Erdrauchs sind fast kugelig, trocken und runzelig. Die kleinen, silbergrauen Blätter sind doppelt fein gefiedert.

ZU VERWENDENDE PFLANZENTEILE
Die getrockneten, blühenden, oberirdischen Teile.

ANBAU & ERNTE / SAMMELN Für sein Gedeihen bevorzugt Erdrauch lockeren, nährstoffreichen und meist kalkarmen Lehmboden in sonniger Lage. Bei uns gilt der anspruchslose Erdrauch eher als Unkraut und von einem Anbau ist daher abzuraten. Er blüht von Mai bis Oktober und kann in dieser Zeit auch gesammelt werden.

INHALTSSTOFFE Erdrauch enthält ein komplexes Gemisch an Benzylisochinolinalkaloiden, beispielsweise Protropin (Fumarin), Fumarin, Sinactin u. a., daneben Flavonoide, Pflanzensäuren (v. a. Fumarsäure sowie Hydroxyzimtsäure-Äpfelsäureester in relativ hoher Konzentration), Schleimstoffe und Cholin.

Verwendung Das Erdrauchkraut wirkt krampflösend und regulierend auf die Funktion der Gallenblase: der Hauptwirkstoff Protropin ist anscheinend in der Lage, einerseits bei Gallenschwäche den Gallenfluss zu fördern, daneben aber auch eine pathologisch gesteigerte Gallenabsonderung zu reduzieren. Man verwendet es als Tee oder Fertigpräparat bei krampfartigen Beschwerden im oberen Verdauungstrakt.
Volksmedizinisch werden dem Erdrauch daneben auch harntreibende und abführende Wirkungen zugeschrieben, ferner wird er in Form von Umschlägen bei Hauterkrankungen verwendet. Interessant ist in diesem Zusammenhang der relativ hohe Gehalt an Fumarsäure, welche – synthetisch abgewandelt – inzwischen auch in der Schulmedizin zur Psoriasis-Therapie (Schuppenflechte) eingesetzt wird. Diese Präparate sollten allerdings nur unter ärztlicher Aufsicht angewendet werden!

Nebenwirkungen / Gegenanzeigen Keine bekannt.

Zubereitungsform Tee: 1 bis 2 Teelöffel Erdrauchkraut werden mit einer Tasse kochendem Wasser übergossen und nach 10 Minuten abgeseiht; 3-mal täglich eine Tasse etwa 30 Minuten vor den Mahlzeiten trinken.

Fertigpräparate Bomagall® mono, Hanocholan® N, Lymphomyosot® u. a.

Der Gewöhnliche Erdrauch ist nach Jahrzehnten der Vergessenheit wieder in den Blick der Forschung geraten. Beliebt war er bereits in der Antike bei den arabischen Ärzten.

Waldmeister

Galium odoratum

Weitere Namen Maiblume, Gliedkraut, Halskräutlein.

Familie Rubiaceae / Rötegewächse.

Vorkommen Waldmeister wächst in Wäldern und an Hecken in ganz Europa bis nach Sibirien, und auch in Nordafrika ist er anzutreffen.

Aussehen Waldmeister ist eine winterharte, ausläufertreibende Rhizomstaude, die bis zu 45 cm hoch wird. Seine kleinen, reinweißen, sternenförmigen Blüten sind in achsel- oder endständigen Trugdolden angeordnet. Waldmeister blüht von Mai bis Juni. Die lanzettförmigen, hellgrünen Blätter wachsen quirlständig.

Zu verwendende Pflanzenteile Die getrockneten, kurz vor der Blüte gesammelten oberirdischen Teile.

Anbau & Ernte / Sammeln Waldmeister benötigt nährstoffreichen, feuchten Boden im Halbschatten und wächst wie ein Bodendecker. Er lässt sich leicht durch Teilung im Frühjahr vermehren.

Inhaltsstoffe Waldmeister enthält in der frischen Pflanze das geruchlose Melitosid, ein Hydroxyzimtsäureglucosid, aus dem beim Trocknen Cumarin freigesetzt wird, welches für den charakteristischen Duft verantwortlich ist; daneben Iridoidglykoside, wie Asperulosid und Monotropein, sowie phenolische Verbindungen wie Kaffeesäure, Gallussäure und Vanillin.

Verwendung In der Schulmedizin wird die Pflanze bislang nicht verwendet, in der Volksmedizin setzt man sie gelegentlich in Teezubereitungen als leichtes Beruhigungsmittel, gegen Schlaflosigkeit

Waldmeister bevorzugt schattige und waldreiche Naturstandorte.

Das Waldmeisterkraut in Nahaufnahme: Getrocknet verbreiten die Blätter einen intensiven Duft.

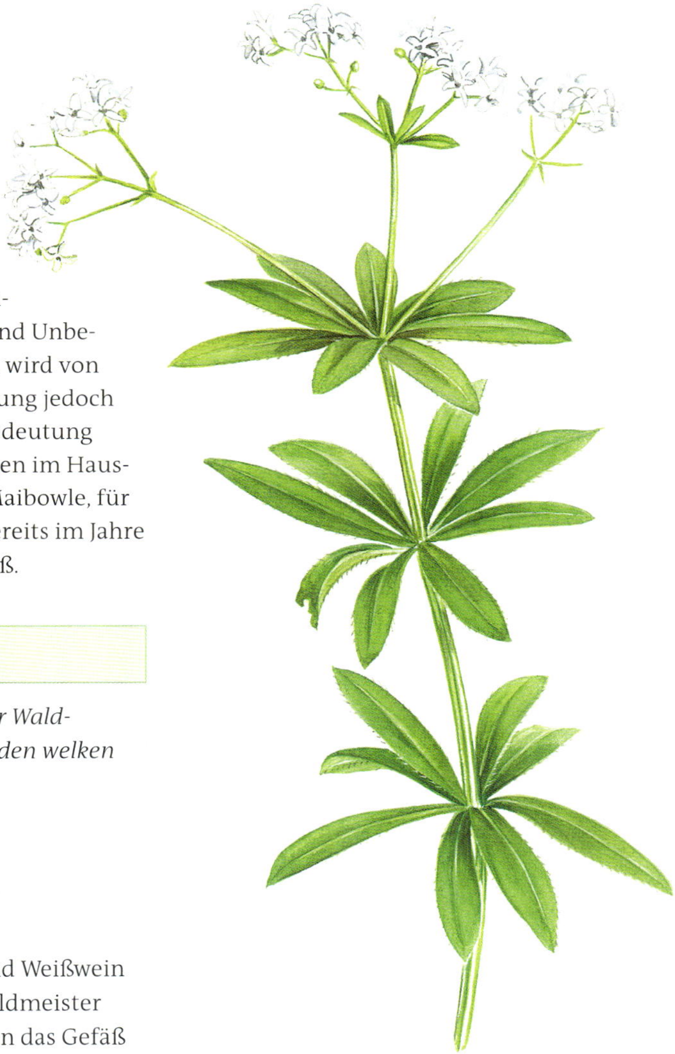

infolge Überarbeitung, bei Venenerkrankungen, Hämorrhoiden sowie bei leichten krampfartigen Beschwerden im Magen-Darm-Bereich ein. Da Wirksamkeit und Unbedenklichkeit nicht belegt sind, wird von einer medizinischen Verwendung jedoch abgeraten. Weitaus größere Bedeutung besitzt der Waldmeister dagegen im Haushalt bei der Herstellung von Maibowle, für die ein Benediktinermönch bereits im Jahre 854 ein erstes Rezept hinterließ.

Maibowle

- *3 Stängel frisch geernteter Waldmeister (etwa 2 bis 3 Stunden welken lassen)*
- *50 g Zucker*
- *3 Zitronenscheiben*
- *0,75 l trockener Weißwein*
- *0,5 l Rieslingsekt*

Zitronenscheiben, Zucker und Weißwein in ein Bowlegefäß geben. Waldmeister an einen Faden binden und in das Gefäß hängen. Die Stängel sollten nicht direkt in die Bowle gelangen, damit sie nicht zu bitter wird. Bowle kalt stellen. Nach ein bis zwei Stunden den Waldmeister herausnehmen. Die Bowle mit dem Sekt aufgießen und servieren.
Alternative: Aus 1 l Apfelsaft, 0,5 l Mineralwasser und 3 EL Zucker lässt sich nach dem gleichen Rezept auch eine alkoholfreie Maibowle herstellen.

Nebenwirkungen / Gegenanzeigen Das beim Trocknungsprozess entstehende Cumarin kann bei zu reichlichem Genuss zu Kopfschmerzen und Benommenheit führen, weshalb man maximal 3 bis 5 g Waldmeister pro Liter Flüssigkeit verwenden sollte.

Zubereitungsform Maibowle: siehe nebenstehendes Rezept.

Gelber Enzian

Gentiana lutea

Weitere Namen Großer Enzian, Bitterwurz, Fieberwurzel, Bergfieberwurzel, Hochwurzel.

Familie Gentianaceae / Enziangewächse.

Vorkommen Der Gelbe Enzian ist eine Bergpflanze, die in den Alpen, Pyrenäen, Apenninen und Karpaten beheimatet ist. Anbaugebiete für den arzneilichen Gebrauch gibt es in Deutschland und Frankreich.

Aussehen Der Gelbe Enzian ist eine horstige Staude mit fleischigem Wurzelstock, die bis zu 150 cm hoch und 60 cm breit wird. Ihre gelben, sternförmigen Blüten erscheinen von Juni bis August. Sie sind in end- und achselständigen Quirlen angeordnet. Die blaugrünen Blätter sind eiförmig, am Grund gefältelt und oben kleiner; sie wachsen gegenständig.

Zu verwendende Pflanzenteile Die getrockneten unterirdischen Teile.

Anbau & Ernte / Sammeln Gelber Enzian bevorzugt feuchten, durchlässigen, basischen Boden an sonnigen Standorten. Er ist winterfest. Seine Vermehrung geschieht durch Herbstaussaat im Kasten oder durch Teilung im Frühjahr. Wegen der geringen Bestände darf die Pflanze nicht mehr in der freien Natur gesammelt werden. Sie steht unter Naturschutz.

Inhaltsstoffe Die Wurzel enthält intensiv bitter schmeckende Secoiridoid-Glykoside mit Gentiopikrosid als Hauptbestandteil, Swertiamarin und Swerosid. Amarogentin ist zwar nur in äußerst geringen Konzentrationen (etwa 0,03 %) enthalten, aber aufgrund seines extrem hohen Bitterwertes die wertbestimmende Komponente. Weitere Inhaltsstoffe sind die für die gelbe Farbe verantwortlichen Xanthonderivate, 30 bis 55 % Kohlenhydrate, darunter auch die bitter schmeckenden Saccharide Gentiobiose und Gentianose, Pektine, geringe Mengen eines komplex zusammengesetzten ätherischen Öles und Phytosterole.

Bereits in der Antike wurde der Gelbe Enzian sehr geschätzt. Achtung: Sammeln verboten – der Gelbe Enzian zählt zu den bedrohten Arten und steht daher unter Naturschutz.

Verwendung Enzianwurzel wird in Form von Tee als starkes Bittermittel zur Behandlung von Appetitlosigkeit, Gallenschwäche und Verdauungsstörungen eingesetzt. Durch Erregung der Geschmacksnerven kommt es zu einer Anregung der Speichel- und Magensaftsekretion. Die Pflanze ist Bestandteil einiger Fertigarzneimittel und wird daneben häufig in Kombination mit weiteren Bitterstoffdrogen zur Herstellung von Magenbittern verwendet. In der Volksheilkunde nutzt man Gelben Enzian auch zur allgemeinen Kräftigung sowie in früheren Zeiten als Mittel gegen Fieber und Wurmbefall.

Nebenwirkungen / Gegenanzeigen In seltenen Fällen kann es bei bitterstoffempfindlichen Personen zu Kopfschmerzen kommen. Nicht verwendet werden darf die Pflanze von Patienten mit Magen- oder Zwölffingerdarmgeschwüren.

Die dicke, ästige Wurzel des Gelben Enzians ermöglicht seine Unterscheidung von ähnlichen Arten: Sie wird bis zu 1 m lang und 4 kg schwer.

Zubereitungsform Tee: Knapp 0,5 Teelöffel Enzianwurzel wird mit 150 ml kochendem Wasser übergossen und 10 bis 15 Minuten ziehen gelassen. Zur Appetitanregung eine Tasse mäßig warm etwa 30 Minuten vor den Mahlzeiten und bei Verdauungsbeschwerden nach den Mahlzeiten trinken.

Fertigpräparate Enziagil®, Sedovent® u. a.

Weitere Art Neben dem Gelben Enzian war früher auch der Purpurrote Enzian *(Gentiana purpurea)* im Arzneibuch aufgeführt. Er diente aufgrund seines hohen Gehaltes an vergärbaren Zuckern hauptsächlich zur Herstellung von Enzianschnaps. Inzwischen steht diese Pflanze ebenfalls unter Naturschutz.

Ginkgo

Ginkgo biloba

Weitere Namen Silberpflaume, Fächerblattbaum.

Familie Ginkgoaceae / Ginkgogewächse.

Vorkommen Der Ginkgobaum stammt ursprünglich aus Südchina. Im 17. Jahrhundert kam er nach Europa. Mittlerweile findet man ihn vielerorts an Straßenrändern und in Stadtgärten.
Die für den arzneilichen Gebrauch verwendeten Blätter stammen aus Kulturen in Japan und China.

Aussehen Ginkgo wächst am Naturstandort als aufrechter, hoher Baum (bis 40 m hoch und 8 m breit) mit ausladender Krone. Seine fächerförmigen, sommergrünen Blätter sind an Langtrieben wechselständig angeordnet, an Kurztrieben stehen sie dicht beieinander. Im Sommer leuchten sie sattgrün und im Herbst verfärben sie sich goldgelb. Ginkgobäume blühen von April bis Juni gelbgrün, wobei die Blüten der männlichen Bäume in Büscheln wachsen und kätzchenartig, nickend aussehen. Die sehr kleinen Blüten der weiblichen Bäume sind rundlich und wachsen einzeln. Die Früchte an den weiblichen Bäumen sehen mirabellenähnlich aus. Sie sind gelbgrün gefärbt und riechen in der Vollreife unangenehm.

Zu verwendende Pflanzenteile Die getrockneten Blätter.

Anbau & Ernte / Sammeln Ginkgo gedeiht am besten in der Sonne, in nährstoffreichem, feuchtem, gut durchlässigem Boden. Bei uns wird er oft als Kübelpflanze gezogen, wobei in den ersten Jahren ein Winterschutz erforderlich ist. Ginkgo lässt sich durch Aussaat der Samen nach der Reife im Herbst in einem offenen Kasten vermehren. Im Winter lassen sich auch Steckhölzer oder im Sommer halbausgereifte Stecklinge einpflanzen.
Um Früchte hervorzubringen, müssen weibliche und männliche Bäume nah bei-

Die Blätter des Ginkgobaumes sind nicht nur wunderschön anzuschauen, sondern enthalten auch zahlreiche wertvolle Inhaltsstoffe.

einander kultiviert werden. Früchte entwickeln sich nur in Gegenden mit langen, heißen Sommern.
Die Blätter lassen sich den ganzen Sommer ernten.

Inhaltsstoffe Diterpenlactone (Ginkgolide), Sesquiterpene, mehr als 30 verschiedene Flavonoide, Biflavonoide (u. a. Amentoflavon, Bilobetin, und Ginkgetin), etwa 4 bis 12 % Proanthocyanidine, Ginkgolsäuren, Polyprenole, Lektine und Kohlenwasserstoffe.

Verwendung Ginkgoblätter werden zur Herstellung von Fertigpräparaten verwendet, die zur Behandlung von Hirndurchblutungs- und Hirnleistungsstörungen, wie Gedächtnis- und Konzentrationsstörungen, depressiven Verstimmungen, Schwindel, Ohrensausen und Kopfschmerzen, sowie zur Behandlung der peripheren arteriellen Verschlusskrankheit eingesetzt werden. Die Wirksamkeit der Spezialextrakte wurde in zahlreichen klinischen Untersuchungen bestätigt. Es gilt heute als gesichert, dass die Ginkgolide, Flavonoide und das Bilobalid hauptverantwortlich für die Wirkung sind.

Nebenwirkungen / Gegenanzeigen Bei der Einnahme von Ginkgopräparaten kann es sehr selten zu leichten Magen-Darm-Beschwerden, Kopfschmerzen und äußerst selten zu allergischen Reaktionen kommen. Entgegen früherer Annahmen ist inzwischen erwiesen, dass Ginkgopräparate keinen Einfluss auf die Blutgerinnung haben.

Fertigpräparate Tebonin®, Ginkobil-ratiopharm®, Rökan®, Gingium® u. a.

Sojabohne

Glycine max

FAMILIE Fabaceae / Schmetterlingsblütler.

VORKOMMEN Die Heimat der Sojabohne ist das nordöstliche Asien, wo sie seit etwa 1000 v. Chr. angebaut wird. Als Wildpflanze ist sie noch nie gefunden worden. Erst seit dem 20. Jahrhundert wird die Sojabohne außerhalb Asiens angebaut. China, Japan und Korea produzieren vorwiegend für den eigenen Bedarf, den größten Sojaanbau finden wir in Nord- und Südamerika.

AUSSEHEN Soja ist eine einjährige, subtropische, bis zu 180 cm hohe Kurztagpflanze. Die Blätter sind dreizähnig gefiedert. Die Hülsen werden 3 bis 5 cm lang und wachsen meist gemeinsam in drei bis fünf Trauben. Jede Hülse enthält ein bis fünf runde, mehrfarbige Samen.

Soja wird in Asien bereits seit mehreren tausend Jahren angebaut.

ZU VERWENDENDE PFLANZENTEILE Das gereinigte fette Öl aus den Samen.

ANBAU & ERNTE Soja braucht viel Wasser und ein warmes Klima von 24 bis 34 °C, was hierzulande nicht ohne Weiteres anzutreffen ist. Für die meisten großen Anbauflächen wurden standortangepasste, gentechnisch veränderte Sorten gezüchtet, in Deutschland gibt es mittlerweile einen ökologischen Sojaanbau.
Soja wird Ende April ausgesät und im September oder Oktober geerntet.

INHALTSSTOFFE Sojabohnen enthalten 35 bis 50 % Eiweiß mit zahlreichen essenziellen Aminosäuren sowie einem ungewöhnlichen hohen Anteil an fettem Öl (etwa 18 bis 25 %). Das Sojaöl besteht überwiegend aus Glyceriden der Öl-, Linol- und Linolensäure, während sich gehärtetes Sojaöl hauptsächlich aus Glyceriden der Stearin- und Palmitinsäure zusammensetzt. Als Nebenprodukt bei der Gewinnung des Öls fällt Sojalecithin an. Weitere Inhaltsstoffe sind Isoflavone, Lectine, Triterpensaponine, Sterole und Vitamin E.

VERWENDUNG Sojaöl spielt eine ganz entscheidende Rolle bei der Weltproduktion pflanzlicher Öle für Nahrungszwecke. Auch Sojalecithin findet weltweit breite Verwendung als Emulgator zur Stabilisierung von Wasser-Fett-Gemischen, einer-

seits in der Lebensmittelindustrie (Schokolade, Backwaren), andererseits aber auch als Ausgangsmaterial zur Salbenherstellung. Pharmazeutisch verwendet man das Öl als Fettemulsion zur parenteralen Ernährung (Zufuhr von Nährstoffen durch direkte Infusion in den Blutkreislauf unter Umgehung des Darms) oder als Badezusatz bei trockener, empfindlicher Haut. Sojalecithin konnte im Tierexperiment lipidsenkende Eigenschaften nachgewiesen werden, weshalb es zur Unterstützung diätetischer Maßnahmen bei leichten Fettstoffwechselstörungen herangezogen werden kann. Bekannt ist außerdem der Einsatz als Kräftigungsmittel bei Konzentrationsstörungen und hohen Belastungen.
Großes Aufsehen erregten in den vergangenen Jahren auch die in der Sojabohne enthaltenen Isoflavonoide. Von diesen als „Phyto-Östrogene" bezeichneten Verbindungen erhoffte man sich eine Linderung hormonbedingter Wechseljahresbeschwerden und eine vorbeugende Wirkung bei der Entstehung einiger Krebsarten (v.a. Brustkrebs). Neueren klinischen Studien zufolge zeigten jedoch auch hoch dosierte Soja-Präparate in diesen Indikationsgebieten keine befriedigende Wirkung, sodass von einer Verwendung abzuraten ist, zumal keine eindeutigen Aussagen über die Unbedenklichkeit gemacht werden können. Vielmehr wird empfohlen, die Pflanzeninhaltsstoffe in Form von komplexen Lebensmitteln aufzunehmen, regelmäßig Obst und Gemüse zu essen und den Speiseplan durch Sojaprodukte und andere Hülsenfrüchte zu ergänzen.

Nebenwirkungen / Gegenanzeigen Hoch dosierte Sojapräparate dürfen keinesfalls von Frauen mit hormonabhängigen Tumoren verwendet werden!

Sojabohnen zählen zu den gesündesten Nahrungsmitteln, können aber erst nach längerem Kochen gegessen werden.

Süßholz

Glycyrrhiza glabra

Süßholz war schon den Ägyptern bekannt, wurde aber von der Klostermedizin zunächst wenig beachtet, vermutlich weil sich die Pflanze in den nördlichen Regionen nicht anbauen ließ.

Weitere Namen Lakritzenwurzel.

Familie Fabaceae / Schmetterlingsblütler.

Vorkommen Süßholz ist im Mittelmeerraum und in Südostasien beheimatet. Für den arzneilichen Gebrauch wird es in Spanien, Südfrankreich und Italien sowie im Irak, in China und Russland angebaut.

Aussehen Die winterfeste Pflanze wächst als mehrjährige Staude mit einer Pfahlwurzel. Sie kann 120 cm hoch und 90 cm breit werden. Die blau bis blassviolett oder weiß gefärbten Schmetterlingsblüten wachsen in Ähren. Ihre Blütezeit erstreckt sich von Juni bis August. Die mittelgrünen Laubblätter sind gefiedert.

Zu verwendende Pflanzenteile Die ungeschälten oder geschälten getrockneten Wurzeln und Ausläufer.

Anbau & Ernte Süßholz liebt sonnige Standorte und benötigt einen tiefgründigen, nährstoffreichen, neutralen bis basischen Boden, der feucht und gut durchlässig ist. Die Pflanze lässt sich entweder durch Teilung im zeitigen Frühjahr vermehren oder durch Aussaat in einem offenen Kasten im Herbst oder Frühjahr. Geerntet werden die Wurzeln vor oder nach der Blütezeit.

Inhaltsstoffe Besonders die Wurzelrinde enthält Triterpensaponine mit Glycyrrhizin als Hauptbestandteil, einem Gemisch von Kalium- und Calciumsalzen

Beim längeren Kauen der Wurzel entwickelt sich ein süßer, lakritzartiger Geschmack.

der Glycyrrhizinsäure (besitzt eine 50-fach höhere Süßkraft als Rohrzucker). Daneben enthält die Süßholzwurzel ein Gemisch aus über 30 verschiedenen Flavonoiden, prenylierte Flavone, Isoflavonoide, Cumarine, Spuren flüchtiger Inhaltsstoffe als Aromastoffe und Polysaccharide.

Verwendung Aufgrund der schleimlösenden, auswurffördernden und antibakteriellen Wirkung der Saponine ist die Süßholzwurzel häufig Bestandteil von Hustentees und -säften. Daneben wird sie als entzündungshemmendes und krampflösendes Mittel zur Behandlung von Gastritis, Magen- und Zwölffingerdarmgeschwüren eingesetzt. Die Wirksamkeit in diesem Bereich wurde zwar klinisch zweifelsfrei belegt, ist aber immer noch nicht vollständig aufgeklärt. Daneben konnte in neueren Studien gezeigt werden, dass Glycyrrhizinsäure und andere Inhaltsstoffe der Süßholzwurzel eine hemmende Wirkung auf den Erreger *Helicobacter pylori* besitzen, ein Bakterium, das für die Entstehung von Magenschleimhautentzündungen verantwortlich gemacht wird. Interessant ist weiterhin eine ausgeprägte antivirale Wirkung, weshalb Glycyrrhizinsäure in Japan als Infusion zur Behandlung der chronischen Hepatitis (Gelbsucht) eingesetzt wird. Große Bedeutung besitzt die Süßholzwurzel ferner als Aromastoff für Arzneimittel, Lebensmittel und Genussmittel: Lakritzwaren sind Gemische aus dem eingedickten Extrakt der Süßholzwurzel mit Zucker, Mehl, Stärke und Geruchs- und Geschmacksstoffen.

Nebenwirkungen / Gegenanzeigen Bei längerer Anwendung und höherer Dosierung kann es zu gefährlichen Veränderungen im Mineralstoffhaushalt, zu Ödembildung und Bluthochdruck kommen. Vorsicht ist insbesondere bei gleichzeitiger Anwendung mit verschiedenen Entwässerungsmitteln (Diuretika) geboten: Hier ist unbedingt Rücksprache mit dem Arzt oder Apotheker zu halten! Nicht angewendet werden darf die Süßholzwurzel bzw. deren Extrakte bei Lebererkrankungen, Bluthochdruck, Kaliummangel, Niereninsuffizienz sowie während der Schwangerschaft.

Zubereitungsform Tee: 1,5 Teelöffel Süßholzwurzel werden mit siedendem Wasser übergossen und nach etwa 10 bis 15 Minuten durch ein Teesieb gegeben, 2- bis 3-mal täglich eine Tasse trinken. Ohne ärztlichen Rat nicht länger als vier bis sechs Wochen anwenden!

Virginische Zaubernuss

Hamamelis virginiana

Weitere Namen Virginischer Zauberstrauch, Hexenhasel, Zauberhasel.

Familie Hamamelidaceae / Zaubernussgewächse.

Vorkommen Die Virginische Zaubernuss ist im Osten Nordamerikas beheimatet.

Aussehen Die Virginische Zaubernuss wächst als aufrechter Strauch.
Ihre kleinen gelben oder rötlichen Blüten tragen schmale, bandförmige Kronblätter. Sie blühen an kahlen Ästen teils schon im Spätherbst, teils mitten im Winter bis zum Frühling. Ihre zerfransten Blüten überstehen sogar Eis und Schnee.
Die eiförmigen bis rundlichen, breiten Blätter sind mittelgrün und verfärben sich im Herbst gelb. Die Virginische Zaubernuss erreicht eine Höhe und Breite von bis zu 4 m.

Zu verwendende Pflanzenteile Die getrockneten Blätter sowie die getrocknete Rinde der Stämme und Zweige.

Anbau & Ernte Die Virginische Zaubernuss bevorzugt nährstoffreichen, feuchten, gut durchlässigen und torfhaltigen, sauren Boden, verträgt jedoch auch tiefgründigen Boden auf Kreide. Ihr Lieblingsstandort ist in der Sonne, aber auch im Halbschatten gedeiht sie gut. Durch krautige Stecklinge im Sommer und durch Aussaat kann diese winterharte Zaubernuss-Art vermehrt werden.

Inhaltsstoffe Die Blätter enthalten ungefähr 10 % Gerbstoffe sowie deren Bausteine, insbesondere oligomere Proanthocyanidine (Catechingerbstoffe) neben geringeren Mengen an Gallotanninen (z. B. Hamamelitannin), ferner Phenolcarbonsäuren (Kaffeesäure, Chinasäure, freie Gallussäure) sowie wenig ätherisches Öl, dessen Konzentration stark von Standort und Erntezeitpunkt abhängt.

Verwendung *Hamamelis*-Blätter und -Rinde werden überwiegend in der

Die Virginische Zaubernuss zählt zu den wenigen Pflanzenarten, die bereits im Vorfrühling blühen. Die Blütenblätter rollen sich bei Schnee und Kälte zusammen, um sich dann bei wärmeren Temperaturen wieder zu öffnen.

Volksmedizin verwendet, und zwar äußerlich als Umschlag, Bad, Salbe oder Spülung bei leichteren Läsionen der Haut und Schleimhäute, als blutstillendes Mittel, bei Venenleiden, als Zäpfchen zur Behandlung von Hämorrhoiden und Analfissuren, daneben innerlich als Tee bei Durchfallerkrankungen. Die Wirksamkeit beruht auf der adstringierenden, wundheilungsfördernden, entzündungshemmenden und juckreizstillenden Wirkung der Gerbstoffe.

Nebenwirkungen / Gegenanzeigen Bei empfindlichen Personen können nach der Einnahme von *Hamamelis*-Zubereitungen gelegentlich Magenreizungen auftreten. Die in den Blättern enthaltenen Tanningerbstoffe können in seltenen Fällen Leberschäden erzeugen.

Zubereitungsform Tee: Etwa 1 bis 2 Teelöffel *Hamamelis*-Blätter werden mit siedendem Wasser übergossen und nach 10 bis 5 Minuten durch ein Teesieb gegeben. Zur unterstützenden Behandlung akuter Durchfallerkrankungen 2- bis 3-mal täglich eine Tasse zwischen den Mahlzeiten trinken (bei länger als drei bis vier Tage dauernden Durchfällen ist unbedingt ein Arzt aufzusuchen!).
Bei Zahnfleisch- und Mundschleimhautentzündungen mehrmals täglich mit dem Aufguss spülen.

Fertigpräparate Posterine®, Hametum®, Fiamelis®, Hamadest® u. a.

Weitere Arten Die bei uns in Gärten und Parks als Zierformen anzutreffenden Zaubernuss-Arten Hybrid-Zaubernuss *(Hamamelis × intermedia)*, Chinesische Zaubernuss *(Hamamelis mollis)* und Japanische Zaubernuss *(Hamamelis japonica)* besitzen keine Heilwirkung.

Kriechende Teufelskralle

Harpagophytum procumbens

Weitere Namen Trampelklette.

Familie Pedaliaceae / Sesamgewächse.

Vorkommen Die Kriechende Teufelskralle ist in Südafrika und Namibia beheimatet. Sie lässt sich nur schwer kultivieren, vor allem nicht in anderen Klimazonen. In Europa gibt es zwei Pflanzenarten, die auch den Namen „Teufelskralle" tragen, aber nichts mit der Kriechenden Teufelskralle zu tun haben. Sie gehören zu den Glockenblumengewächsen.

Aussehen Die Kriechende Teufelskralle ist eine mehrjährige Pflanze, deren Triebe auf dem Boden liegen und bis zu 100 cm lang werden. Von der dicken Hauptwurzel gehen mehrere Wurzelausläufer aus, an denen sich wiederum kleine knollige Seitenwurzeln bilden. Die tief gelappten Blätter treten nach der Regenzeit als Erstes in Erscheinung. Aus den großen rötlichen Blüten, die aus den Blattachseln wachsen, entwickeln sich die holzigen, krallenartigen Früchte, die mit Widerhaken versehen sind.

Zu verwendende Pflanzenteile Die zerkleinerten getrockneten Knollen der Seitenwurzeln.

Anbau & Ernte / Sammeln Die Kriechende Teufelskralle sorgt selbst für ihre Verbreitung, indem sich die Krallenfrüchte wie Kletten an das Fußfell mancher Tiere hängen. Aufgrund der schwierigen Kultivierung wird sie vorwiegend wild gesammelt. Häufig werden auch die weniger wirksamen Hauptwurzeln geerntet, wodurch das weitere Wachstum der Pflanze verhindert und die Bestände gefährdet werden.

Inhaltsstoffe Die Speicherwurzeln enthalten bitter schmeckende Iridoidglykoside, bis zu 70 % wasserlösliche Kohlenhydrate, Phenylethylderivate, Harpargochinon, Flavonoide, Sterole, Wachse und Fette.

Verwendung Aufgrund ihres Gehaltes an Iridoidbitterstoffen, die die Produktion der Verdauungssäfte anregen, eignet sich die Teufelskrallen-Wurzel zur Behandlung von Appetitlosigkeit und Verdauungsbeschwerden. Wesentlich interessanter ist jedoch ihre entzündungshemmende und schmerzlindernde Wirkung, welche in mehreren klinischen Studien belegt wurde. Sie eignet sich daher zur Therapie und unterstützenden Behandlung abnutzungsbedingter Erkrankungen des Bewegungsapparates, rheumatischer Erkrankungen,

Rückenschmerzen, Hexenschuss und Sehnenentzündungen (z. B. „Tennisarm"). Zur akuten Behandlung ist die Pflanze nicht geeignet, da sie ihre volle Wirkung erst nach mindestens vierwöchiger Einnahme entfaltet.

Nebenwirkungen / Gegenanzeigen In den bislang publizierten Studien wurde der Kriechenden Teufelskralle eine sehr gute Verträglichkeit bescheinigt. Selten kommt es zu leichten Magen-Darm-Beschwerden, wie Übelkeit, Blähungen oder Durchfall. Nicht verwendet werden sollten die Extrakte bei bestehenden Magen- und Zwölffingerdarmgeschwüren.

Zubereitungsform Tee: Zur Behandlung von Appetitlosigkeit und Verdauungsbeschwerden wird 1 Teelöffel fein geschnittene Droge mit 300 ml kochendem Wasser übergossen und acht Stunden bei Raumtemperatur stehen gelassen. Über den Tag verteilt in drei Portionen einnehmen. Zur Behandlung von Gelenkerkrankungen sollte auf Fertigpräparate zurückgegriffen werden, um eine ausreichend hohe Dosierung zur gewährleisten.

Fertigpräparate Jucurba® forte, Dolo-Arthrosetten® H, Teufelskralle STADA®, Teltonal® u. a.

Ihren Namen verdankt die Teufelskralle ihren verholzten Früchten mit den ankerartigen Haken.

Aus den rötlichen Blüten entwickeln sich später die „Teufelskrallen"-Früchte.

Gewöhnlicher Efeu

Hedera helix

Bereits in der antiken Medizin wurde der Gewöhnliche Efeu ausführlich beschrieben und auch auf seine schädlichen Nebenwirkungen hingewiesen.

Weitere Namen Rankenefeu, Mauerefeu, Totenranke.

Familie Araliaceae / Efeugewächse.

Vorkommen Der Gewöhnliche Efeu stammt ursprünglich aus den lichten Wäldern Westeuropas, im Norden und Osten Europas findet man ihn dagegen nur vereinzelt. Auch in Vorderasien ist Efeu heimisch. Er wächst auf Felsen, Mauern und in Laubwäldern.

Aussehen Efeu ist eine wuchsfreudige, immergrüne Kletterpflanze, die bis zu 20 m hoch wachsen kann. Mithilfe von Haftwurzeln erklimmt sie Bäume, Mauern, Hecken und Zäune, sie kann sich aber ebenso gut als Bodendecker ausbreiten. Die dunkelgrünen, glänzenden Blätter wirken ledrig. Im Jugendstadium sind sie dreieckig oder drei- bis fünflappig, die alten Blätter sind eiförmig und ungelappt. Die gelbgrünen Blüten des Efeus bilden sich erst bei älteren Pflanzen. Sie sind sternenförmig, sehr klein und wachsen in halbkugelförmigen Dolden. Die Früchte sind runde, blau-schwarze Beeren, die im Frühjahr zu sehen sind.

Zu verwendende Pflanzenteile Die gelappten Blätter nicht blühender Sprosse.

Anbau & Ernte Efeu toleriert viele verschiedene Böden, in mäßig nährstoffhaltigen bis nährstoffreichen, feuchten, gut durchlässigen, basischen Böden gedeiht er jedoch am besten. Er wächst sowohl in der vollen Sonne, im Halbschatten als auch im Schatten. Von den jungen Efeutrieben lassen sich Stecklinge schneiden, die kriechend oder kletternd wachsen. Stecklinge aus älteren Trieben wachsen eher buschig. Vorsicht: Alle Pflanzenteile sind giftig!

Inhaltsstoffe Efeu enthält ein komplexes Gemisch an Triterpensaponinen, welche mit ein oder zwei Zuckerresten verknüpft sind. Hauptinhaltsstoff ist das Hederasaponin C, daneben kommen Hederagenin, Oleanolsäure und Bayogenin vor, ferner Flavonoide, Polyacetylene (z. B. Falcarinon und Falcarinol), Sterole, Phenolcarbonsäuren und geringe Mengen an ätherischem Öl.

Verwendung Die in Efeu enthaltenen Saponine wirken schleimlösend, auswurffördernd und krampflösend und eignen sich daher zur Behandlung von Katarrhen der Atemwege, chronisch-entzündlichen Bronchialerkrankungen und Keuchhusten. Die Wirksamkeit wurde in zahlreichen klinischen Studien nachgewiesen, allerdings ist noch nicht geklärt, welche Inhaltsstoffe für die krampflösende Wirkung verantwortlich gemacht werden können.
In der Volksheilkunde wurden Efeublätter ferner bei Gicht und Rheuma, äußerlich als Abkochung gegen parasitäre Erkrankungen, beispielsweise Läuse und Krätze, verwendet. Auch diese Anwendungsgebiete lassen sich teilweise auf einzelne Inhaltsstoffe zurückführen, allerdings kam es während der Behandlung nicht selten zu allergischen Reaktionen.

Nebenwirkungen / Gegenanzeigen Frische Efeublätter und insbesondere der Blattsaft können beim Berühren Kontaktallergien verursachen.

Zubereitungsform Es sollte aufgrund der besten Wirksamkeit und Unbedenklichkeit auf Fertigpräparate zurückgegriffen werden. Tee ist nicht gebräuchlich.

Fertigpräparate Hedelix®, Prospan®, Bronchoforton®, Sinuc® u. a.

Hopfen

Humulus lupulus

Weitere Namen Die Hopfenzapfen bezeichnet man auch als Hopfenblüten oder Hopfenkätzchen.

Familie Cannabaceae / Hanfgewächse.

Vorkommen Der Hopfen ist sowohl in Europa als auch in Westasien und in Nordamerika zu Hause. Er wächst wild in Wäldern, am Waldrand und im Gebüsch. Für die Herstellung von Arzneimitteln und Bier wird Hopfen in fast ganz Europa, Nordamerika und Westasien angebaut.

Aussehen Hopfen ist eine wuchsfreudige, rechtswindende Kletterstaude (bis zu 6 m) mit Rhizomen und borstigen Stängeln. Die mittelgrünen, grob gesägten Blätter wachsen ungeteilt oder drei- bis fünflappig. Hopfen ist zweihäusig: Die blassgrünen weiblichen Blüten duften aromatisch und wachsen in breit eiförmigen, nickenden Scheinähren. Mit zunehmender Reife werden sie strohgelb. Die männlichen Blüten sind unscheinbar. Die Blütezeit des Hopfens liegt zwischen Juli und August.

Zu verwendende Pflanzenteile Die getrockneten weiblichen Blütenstände (Hopfenzapfen).

Anbau & Ernte / Sammeln Hopfen benötigt nährstoffreichen, feuchten, gut durchlässigen Boden an sonnigen bis halbschattigen Standorten. Er braucht Stöcke oder Spaliere, die er umranken kann. Die Vermehrung erfolgt zum Beispiel durch krautige Stecklinge im späten Frühjahr oder Frühsommer. Bei Aussaat im Frühjahr sollte es nicht kälter als 15 °C sein. Vor dem erneuten Austrieb im Frühjahr sollten vorjährige Triebe entfernt werden.

Inhaltsstoffe Die Drüsenhaare enthalten Harz mit Hopfenbitterstoffen, wie Humulon und Lupulon, die sich relativ schnell zersetzen und in Oxidationsprodukte übergehen; daneben ein sehr komplex zusammengesetztes ätherisches Öl, welches vorwiegend aus Mono- und Sesquiterpenen besteht und aus dem bislang über 150 verschiedene Komponenten isoliert worden sind; ferner Gerbstoffe und Flavonoide, von denen besonders das

Hopfen ist seit dem 8. Jahrhundert bekannt. Nur die weiblichen Pflanzen tragen Hopfenzapfen, in denen die wirksamen Inhaltsstoffe enthalten sind.

hopfenspezifische Chalkon Xanthohumol erwähnenswert ist.

Verwendung Hopfenzapfen werden – häufig in Kombination mit anderen beruhigend wirkenden Drogen – zur Behandlung von Unruhezuständen, Übererregbarkeit, nervös bedingten Einschlafstörungen und Spannungszuständen eingesetzt. Es ist noch nicht abschließend geklärt, welche Substanzen für die Wirksamkeit verantwortlich gemacht werden können. Dennoch konnte bereits vor über 20 Jahren nachgewiesen werden, dass u. a. Methylbutenol, eine durch Oxidation aus Humulon und Lupulon entstehende Verbindung eine stark beruhigende Wirkung besitzt. Weniger bekannt, aber hochinteressant ist, dass verschiedene Hopfeninhaltsstoffe ein stark antioxidatives Potenzial besitzen und so Herz-Kreislauf- und Krebserkrankungen vorbeugen können. An erster Stelle ist hier Xanthohumol zu nennen, welches in jüngster Zeit in der Forschung großes Aufsehen erregte, und zusammen mit anderen gesundheitsfördernden Inhaltsstoffen auch im Bier enthalten ist. Was den mittelalterlichen Mönchen bereits eine Selbstverständlichkeit war, gelangte so in jüngster Zeit wieder zu ungeahnter Aktualität: Maßvoller Biergenuss ist gesund!

Nebenwirkungen / Gegenanzeigen Keine bekannt.

Zubereitungsform Tee: Etwa 1 Teelöffel zerkleinerte Hopfenzapfen werden mit 150 ml kochendem Wasser übergossen und 15 Minuten bedeckt stehen gelassen; 2- bis 3-mal täglich und insbesondere vor dem Schlafengehen eine Tasse frisch bereiteten Tee trinken.

Fertigpräparate Baldriparan® N, Moradorm® S, Nervinfant® u. a.

Zubereitungen aus Hopfenzapfen wirken beruhigend und werden zum Beispiel bei Einschlafstörungen eingesetzt.

Tüpfel-Johanniskraut

Hypericum perforatum

Weitere Namen Tüpfelhartheu, Blutkraut, Johannisblut, Herrgottsblut, Waldhopfenkraut, Walpurgiskraut, Sonnwendkraut.

Familie Hypericaceae / Johanniskrautgewächse.

Vorkommen Die Heimat von Johanniskraut ist Europa und Westasien. Es wächst auf trockenen Böden, an Böschungen, Weg- und Straßenrändern, Heiden und Trockenrasen.

Aussehen Johanniskraut ist eine aufrechte Rhizomstaude, die eine Höhe von 60 bis 110 cm und eine Breite von ca. 60 cm erreicht. Ihre leuchtend gelben, sternförmigen Blüten mit den langen Staubblättern zeigen sich von Juni bis August. Die gelben Blüten und die Blätter geben einen roten Farbstoff ab, wenn man sie zerdrückt. Die Blätter sind eiförmig bis linealisch und mittelgrün. An den durchscheinenden Drüsenpunkten auf den Blättern kann man das echte Tüpfel-Johanniskraut von anderen Arten unterscheiden.

Zu verwendende Pflanzenteile Die getrockneten blühenden oberirdischen Teile.

Anbau & Ernte / Sammeln Das winterharte Johanniskraut liebt gut durchlässigen Boden an sonnigen und halbschattigen Plätzen. Es ist ein Kaltkeimer und lässt sich durch Aussaat oder durch Teilung im Frühjahr bzw. Herbst vermehren. Während der Blütezeit kann das obere Drittel der blühenden Pflanzen geerntet werden.

Inhaltsstoffe Johanniskraut enthält Naphtodianthrone, u. a. Hypericin, Pseudohypericin und nahe verwandte Stoffe, Phloroglucin-Derivate (z. B. das antibiotisch wirksame Hyperforin und Hydroperoxycadiforin), Flavonoide, Biflavonoide, Xanthone, Gerbstoffe, wenig ätherisches Öl sowie kleine Mengen an oligomeren Procyanidinen und Gamma-Aminobuttersäure.

Verwendung Johanniskraut eignet sich zur Behandlung von leichten Depressionen, insbesondere auch in den Wechseljahren oder bei nervöser Erschöpfung. Die

Bereits die Klosterheilkunde empfahl Johanniskraut gegen Melancholie. Diese Indikation entspricht auch noch dem heutigen wissenschaftlichen Stand.

Wirksamkeit für ausreichend hoch dosierte Extrakte wurde in zahlreichen klinischen Studien nachgewiesen und lässt sich bei geringerem Nebenwirkungspotenzial mit der chemischer Antidepressiva (z. B. Amitriptylin) vergleichen. Wichtig ist, dass sich die volle Wirkung des Johanniskrauts erst nach etwa zwei bis drei Wochen regelmäßiger Einnahme entfaltet.
In der Volksmedizin verwendet man Johanniskraut auch innerlich als Mittel gegen Durchfall und als wassertreibendes Mittel (Diuretikum).
Johannisöl („Rotöl") verwendet man äußerlich bei leichten Verbrennungen und als Wundheilmittel; daneben eignen sich Cremes mit hyperforinreichen Johanniskrautextrakten zur Behandlung von Neurodermitis.

NEBENWIRKUNGEN / GEGENANZEIGEN Das in Johanniskraut enthaltene Hypericin ist photosensibilisierend, das heißt die Haut reagiert viel empfindlicher auf UV-Strahlung, weshalb man während der Therapie auf ausgeprägte Sonnenbäder und Solarium verzichten sollte. Zu beachten ist weiterhin, dass Johanniskrautpräparate bei gleichzeitiger Einnahme die Wirksamkeit zahlreicher anderer Arzneimittel beeinflussen können, weshalb vor einer Therapie gegebenenfalls Rücksprache mit dem Arzt oder Apotheker gehalten werden sollte.

ZUBEREITUNGSFORM Tee: 1 bis 2 Teelöffel Johanniskraut mit kochendem Wasser übergießen und nach 5 bis 10 Minuten abseihen. Zur Behandlung von nervöser Unruhe und Schlafstörungen über mehrere Wochen morgens und abends eine Tasse trinken.
Rotöl: Rezept siehe unten.

FERTIGPRÄPARATE Laif®, Neuroplant®, Jarsin®, Hyperforat® u. a.

ROTÖL

- *mehrere Zweige Johanniskraut*
- *Olivenöl*

Die Zweige werden in die Glasflasche gegeben, mit Olivenöl bedeckt und mehrere Wochen an einem sonnigen, warmen Ort stehen gelassen. Ist das Öl tiefrot gefärbt, wird es abgefiltert und in eine dunkle Glasflasche gefüllt.

Ysop

Hyssopus officinalis

Weitere Namen Ispenkraut, Weinespenkraut, Essigkraut, Bienenkraut, Josefkraut.

Familie Lamiaceae / Lippenblütler.

Vorkommen Ysop ist in Südeuropa und Westasien zu Hause. Er wächst vor allem in trockenen Felslagen.

Aussehen Ysop ist ein winterharter, aromatischer, immergrüner Halbstrauch. Seine tiefblauen, trichterförmigen Blüten sind zweilippig und wachsen in schlanken Scheinähren. Sie blühen von Juli bis September. Die mittelgrünen Blätter sind schmal, lanzettförmig oder länglich. Ysop wird 40 bis 60 cm hoch und 60 bis 90 cm breit. Er eignet sich im Garten besonders für Steingärten oder als niedrige Hecke.

Zu verwendende Pflanzenteile Die getrockneten oberirdischen Teile.

Anbau & Ernte Ysop bevorzugt nährstoffreichen, neutralen bis basischen Boden und einen sonnigen Standort. Zur Vermehrung wird er Anfang Mai oder im Herbst ausgesät oder im Sommer als krautige Stecklinge gepflanzt. Die Ernte des Krautes erfolgt Ende Juni, kurz vor der Blüte, indem man die Triebe etwa 10 cm über dem Boden abschneidet. Ab dem zweiten Kulturjahr kann eine zweite Ernte Anfang September erfolgen.

Inhaltsstoffe Das Kraut enthält ätherisches Öl mit Pinen, Limonen, Pinocamphon, Isopinocamphon und Pinocarvon, Flavonoide, für Lippenblütler typische Gerbstoffe (z. B. Rosmarinsäure), Diterpen-Bitterstoffe und Triterpene.

Verwendung Die Verwendung von Ysop in der Kräuterheilkunde besitzt eine lange Tradition, wobei es für die Wirksamkeit bislang keine ausreichenden Belege gibt. Bereits in der Antike bis ins späte

Ysop ist bereits in den Psalmen des Alten Testamentes erwähnt. Heutzutage wird er überwiegend als Gewürz verwendet.

Mittelalter hinein wurde die Pflanze als „Universalheilmittel" gegen beinahe alle Gebrechen genutzt. Neben seiner desinfizierenden Wirkung war in Essig gekochter Ysop im Altertum ein beliebtes Betäubungsmittel, das man Schwerverletzten zu trinken gab. Das ätherische Öl wirkt leicht entzündungshemmend, krampflösend und blähungswidrig.
In der Volksmedizin verwendet man das Kraut heute ähnlich wie Salbei, z. B. zum Gurgeln bei Entzündungen der Mundschleimhaut und des Rachens oder auch innerlich bei überhöhter Schweißsekretion. Aufgrund seines angenehmen Aromas wird Ysop häufig als Küchengewürz zum Würzen von Eintöpfen, Fleischgerichten und Salaten, aber auch als Zutat in der Likörindustrie verwendet.

Nebenwirkungen / Gegenanzeigen Das im ätherischen Öl enthaltene Pinocamphon wirkt neurotoxisch (nervenschädigend) und kann insbesondere bei Kindern rasch zu Vergiftungserscheinungen mit Krämpfen führen. Deshalb ist bei Kindern von einer regelmäßigen Einnahme insbesondere des reinen ätherischen Öls abzuraten.
In Teemischungen ist eine Beigabe von bis zu 5 % Ysopkraut als Aromastoff zulässig, auch der Gebrauch als Gewürz ist unbedenklich.

Zubereitungsform Tee zum Gurgeln: 1 Teelöffel getrocknetes Kraut mit 150 ml Wasser übergießen und nach 5 bis 10 Minuten durch ein Teesieb geben.

Ysop-Thymian-Essig

- *5 blühende Ysopzweige*
- *5 blühende Thymianzweige*
- *2 bis 3 Knoblauchzehen*
- *0,5 l milder Apfel- oder Weinessig*

Die frischen Ysop- und Thymianzweige in eine Flasche geben. Die Knoblauchzehen in feine Streifen oder Stückchen schneiden, dazugeben und mit dem Essig auffüllen. Die Flasche an einem hellen Ort stehen lassen. Nach zwei Wochen ist der Essig gebrauchsfertig. Die Kräuter können, müssen aber nicht abgeseiht werden.
Sie sollten den Essig kühl an einem dunklen Ort aufbewahren.

Gewöhnlicher Wacholder

Juniperus communis ssp. communis

Weitere Namen Machandelbeeren, Kranewitterbeeren, Kaddigbeeren, Reckholderbeeren.

Familie Cupressaceae / Zypressengewächse.

Vorkommen Wacholder ist in Europa, Nordasien und Nordamerika heimisch. Er wächst an sonnigen Hängen, in lichten Nadelwäldern, im Moor-, Heide- und Buschland oder auch in nördlich gelegenen Wäldern. Anbaugebiete befinden sich in Italien und Kroatien.

Aussehen Der winterharte Wacholder wächst als kleiner, schlanker Baum oder breiter Strauch. Wacholdersträucher werden zwischen 2 und 4 m hoch und ebenso breit. Die nadelförmigen, duftenden Blätter sind immergrün und wachsen in Dreiergruppen. Sie sind dunkel- bis blaugrün. Aus den unscheinbaren Blüten entwickeln sich

Wacholder am Naturstandort

Wacholderbeeren schmecken süßlich und aromatisch, von einem übermäßigen Verzehr ist allerdings abzuraten.

eifömige bis kugelige Beeren, die zunächst grün, später blau gefärbt sind. Im reifen Zustand, im dritten Jahr, sind sie schwarz.

Zu verwendende Pflanzenteile Die getrockneten, reifen Beerenzapfen und das getrocknete Ast-, Stamm- und Wurzelholz.

Anbau & Ernte / Sammeln Wacholder gedeiht in nahezu jedem Boden ohne Staunässe und bevorzugt sonnige bis halbschattige Standorte. Er lässt sich gut durch Steckhölzer im Herbst vermehren. Achtung: Das Laub von Wacholder kann Hautreizungen hervorrufen!

Inhaltsstoffe Die Beerenzapfen enthalten 0,5 bis 2 % ätherisches Öl, welches hauptsächlich aus Monoterpenen

und geringen Mengen an Sesquiterpenen besteht. Die Zusammensetzung des Öles hängt sowohl qualitativ als auch quantitativ vom Standort und Reifegrad der Beeren ab. Ferner enthalten die Beeren etwa 30 % Invertzucker, Flavonoide, Biflavone, Catechingerbstoffe und Leukoanthocyanidine. Das ätherische Öl des Holzes ist anders zusammengesetzt und enthält vorwiegend Sesquiterpene sowie einige Diterpene mit ungewöhnlicher Struktur.

Verwendung Die Beeren und das Holz werden in der Volksmedizin als harntreibendes Mittel zur Durchspülungstherapie bei Harnwegsinfekten, daneben auch als Blutreinigungsmittel und zur Behandlung rheumatischer Erkrankungen verwendet. Die durch das ätherische Öl hervorgerufene verstärkte Wasserausscheidung beruht möglicherweise unter anderem auf einer Nierenreizung, die bei längerer Anwendung unter Umständen zu Nierenschäden führen kann. Aus diesem Grund wird der Einsatz von Wachholderbeeren nur zur kurzfristigen Behandlung von Verdauungsbeschwerden, wie Appetitlosigkeit, Blähungen, Völlegefühl und leichten Magen-Darm-Krämpfen, empfohlen.
Aufgrund seiner durchblutungsfördernden Eigenschaften ist das ätherische Öl ferner häufig Bestandteil von hautreizenden Einreibungen und Badezusätzen gegen rheumatische Beschwerden.
Große Mengen der Droge werden außerdem als Gewürz sowie in der Spirituosenerzeugung (z. B. Gin, Genever) und Likörindustrie verwendet.

Nebenwirkungen / Gegenanzeigen Wachholderbeeren dürfen nicht in der Schwangerschaft oder bei entzündlichen Nierenerkrankungen verwendet werden. Bei längerer Anwendung oder bei Überdosierung (Veilchengeruch des Harns) kann es zu Nierenschäden kommen!

Zubereitungsform Tee: 1 knapper Teelöffel unmittelbar vor Gebrauch zerstoßener Wachholderbeeren wird mit 150 ml kochendem Wasser übergossen und nach 10 Minuten durch ein Teesieb gegeben. Bei Verdauungsstörungen 1- bis 3-mal täglich eine Tasse trinken; ohne ärztlichen Rat nicht länger als eine Woche anwenden.

Echter Lavendel

Lavandula angustifolia

FAMILIE Lamiaceae / Lippenblütler.

VORKOMMEN Lavendel ist im Mittelmeerraum, auf den Kanaren sowie von Nordafrika bis Südwestasien und Indien zu Hause. Er wächst vorwiegend in offenen, trockenen und felsigen Lagen. Er eignet sich für Steingärten und Einfassungen. Berühmt sind die Lavendelfelder der Provence, wo er im großen Stil angebaut wird.

AUSSEHEN *Lavandula angustifolia* ist eine von 25 Lavendel-Arten und wächst als gedrungener buschiger Strauch (Höhe ca. 90 cm, Breite ca. 120 cm). Die Blüten sind blass- bis tieflila und verströmen einen starken Duft. Sie wachsen röhrenförmig, zweilippig, in dichten schmalen Scheinähren. Ihre Blütezeit ist von Juni bis August. Die linealischen Blätter sind flaumig behaart und graugrün.

Der Duft des Lavendels lockt Bienen und andere Insekten in den Garten.

ZU VERWENDENDE PFLANZENTEILE Die vor der völligen Entfaltung mit dem Kelch gesammelten, getrockneten Blüten.

ANBAU & ERNTE Der winterharte Lavendel gedeiht in gut durchlässigen, mäßig nährstoffreichen Böden an vollsonnigen Standorten. Seine Vermehrung erfolgt im Frühjahr oder Frühherbst durch Aussaat oder im kalten Kasten. Halbausgereifte Stecklinge bewurzelt man im Sommer. Die Ernte der blühenden Triebspitzen erfolgt ab dem zweiten Kulturjahr von Ende Juli bis Anfang August. Nach der Blüte entfernt man verwelkte Blütenstände und schneidet die Pflanzen bis zum Blattansatz zurück.

INHALTSSTOFFE Lavendelblüten enthalten 1 bis 3 % ätherisches Öl mit den Monoterpenen Linalylacetat und Linalool als Hauptbestandteilen, daneben Cineol, Campher und Ocimen sowie das Sesquiterpen Caryophyllenepoxid; ferner Flavonoide, Cumarin-Derivate, Phytosterole, Triterpene und etwa 5 bis 10 % Lamiaceen-Gerbstoffe.

VERWENDUNG Traditionell werden Lavendelblüten zur Behandlung von Befindlichkeitsstörungen, wie Unruhezuständen, Einschlafstörungen, Appetitlosigkeit und funktionellen Oberbauchbeschwerden (besonders nervösen Magen-, Darm- und Gallen-Beschwerden und Blähungen) verwendet und sind in zahlreichen Beruhigungsteemischungen enthalten. Auch in der Aromatherapie lässt sich die beruhigende Wirkung des ätherischen Öles

Lavendelernte in Kloster Arenberg ist noch echte Handarbeit.

nutzen, wobei darauf geachtet werden sollte, dass nur reine natürliche Öle zum Einsatz kommen. Als Badezusatz wird Lavendel zur Behandlung von funktionellen Kreislaufbeschwerden eingesetzt und ist daneben häufig Bestandteil hautreizender Einreibungen. In der Volksmedizin ist Lavendel äußerst beliebt und dient in Kräuterkissen als Einschlafmittel oder zur Abwehr von Motten und anderen Insekten.

Nebenwirkungen / Gegenanzeigen Keine bekannt.

Zubereitungsform Tee: Etwa 1 bis 2 Teelöffel Lavendelblüten werden mit 150 ml heißem Wasser übergossen und ungefähr 10 Minuten zugedeckt stehen gelassen. Mehrmals täglich eine Tasse trinken.

Weitere Art Der Große Lavendel oder Speick-Lavendel *(Lavandula latifolia)* enthält im ätherischen Öl wesentlich weniger Linalool und Linalylacetat und wird hauptsächlich als schleimlösendes Mittel bei Katarrhen der oberen Atemwege verwendet.

Liebstöckel

Levisticum officinale

Weitere Namen Maggikraut, Liebstengel, Gebärmutterwurzel, Labstockwurzel, Sauerkrautwurz, Gichtstockwurzel.

Familie Apiaceae / Doldenblütler.

Vorkommen Liebstöckel stammt aus dem Gebirge im östlichen Mittelmeerraum und ist auch in West- und Kleinasien heimisch, später kam er auch nach Nordamerika. Für den arzneilichen Gebrauch wird er in Thüringen, in den Niederlanden, in Polen und einigen Balkanländern angebaut.

Aussehen Liebstöckel ist eine sehr wuchsfreudige Staude. Seine Blüten sind gelbgrün, sehr klein und sternförmig. Sie wachsen in schirmförmigen Dolden und blühen von Juli bis August. Die Blätter sind dunkelgrün gefiedert, mit dreieckigen bis rautenförmigen Blättchen. Liebstöckel erreicht eine Höhe von 2 m und wird etwa 90 cm breit.

Zu verwendende Pflanzenteile Die getrockneten unterirdischen Organe zwei- bis dreijähriger Pflanzen.

Anbau & Ernte Die Vermehrung der winterharten Pflanze geschieht durch Aussaat nach der Reife in einem Saatbeet oder durch Teilung im Frühjahr. Liebstöckel bevorzugt nährstoffreichen, feuchten, gut durchlässigen Boden. Am liebsten steht er in der Sonne, gedeiht jedoch an den verschiedensten Standorten. Die Ernte der Wurzeln ist ab dem dritten Standjahr im Herbst oder im Frühjahr möglich. Die Wurzeln werden gewaschen, zerschnitten und in der Sonne getrocknet. Vorsicht: Das Laub kann bei empfindlichen Menschen Hautreizungen hervorrufen!

Inhaltsstoffe Der charakteristische „Maggi-Geruch" kommt durch die bis zu 70 % im ätherischen Öl enthaltenen Alkylphtalide; weitere Hauptkomponenten des Öles sind Phellandren und Citronellal neben über 50 weiteren Verbindungen. Wie viele andere Doldenblütler auch enthält Liebstöckel außerdem (Hydroxy-)Cumarine und Furanocumarine sowie das Polyacetylen Falcarinol, welches allerdings nur in der frisch geernteten Wurzel nachweisbar ist.

Die kleinen gelbgrünen Liebstöckelblüten erscheinen im Sommer.

Das frisch geerntete Maggikraut ist ein beliebtes und viel verwendetes Küchengewürz.

Verwendung Man verwendet Liebstöckelwurzel gewöhnlich als harntreibendes Mittel zur Durchspülungstherapie bei entzündlichen Erkrankungen der ableitenden Harnwege, und zur Vorbeugung von Nierengrieß. Die harntreibende Wirkung des ätherischen Öles wurde in Tierversuchen nachgewiesen; da sie unter anderem durch eine Nierenreizung hervorgerufen wird, darf Liebstöckel nicht bei entzündlichen Nierenerkrankungen verwendet werden.

In der Volksmedizin wird die Droge als appetitanregendes Mittel, zur Behandlung von Verdauungsstörungen mit leichten Krämpfen und Blähungen, als leichtes Beruhigungsmittel sowie zur Ausschwemmung von Schwellungen an den Füßen, die durch Wasseransammlungen verursacht werden, verwendet.

Die frisch geernteten Blätter verwendet man in der Küche zum Würzen von Salaten und Eintöpfen, daneben wird Liebstöckel häufig zur Gewinnung von Gewürzextrakten und zur Herstellung von Kräuterschnäpsen und Bitterlikören eingesetzt.

Nebenwirkungen / Gegenanzeigen Zubereitungen von Liebstöckelwurzeln dürfen nicht verwendet werden bei entzündlichen Nierenerkrankungen und eingeschränkter Nierenfunktion. Aufgrund der äußerst geringen Wasserlöslichkeit der Furanocumarine brauchen bei der therapeutischen Anwendung als Tee keine phototoxischen Nebenwirkungen befürchtet zu werden. Die Anwendung zur Ausschwemmung von Schwellungen an den Füßen ist zu unterlassen, wenn die Ödeme durch eine eingeschränkte Herz- und Nierentätigkeit hervorgerufen werden!

Zubereitungsform Tee: 1 Teelöffel Liebstöckelwurzel wird mit kochendem Wasser übergossen und 10 bis 15 Minuten bedeckt stehen gelassen, dann durch ein Teesieb gegeben. Als harntreibendes Mittel 2- bis 3-mal mal täglich eine Tasse, als appetitanregendes Mittel eine halbe Stunde vor den Mahlzeiten eine Tasse trinken.

Fertigpräparate Canephron® N, Nephroselect® M, u. a.

Echter Lein

Linum usitatissimum

WEITERE NAMEN Flachs, Hornsamen, Leinwanzen, Haarlinsen.

FAMILIE Linaceae / Leingewächse.

VORKOMMEN Lein wurde seit jeher kultiviert – anfangs als Öl- und Faserpflanze. Heute wird er weltweit in Kulturen angebaut. Die wichtigsten Anbauländer sind Belgien, Ungarn, Marokko, Argentinien und Indien.

AUSSEHEN Die kahle Pflanze erreicht eine Höhe von 30 bis 150 cm und trägt himmelblaue, gelegentlich auch weiße Blüten, deren Blütenblätter am Rand fein gewimpert sind. Die Blätter sind lineal lanzettlich und dreinervig. Die Frucht des Leins ist eine kugelige Kapsel mit länglich eiförmigen Samen. Sie sind flach gedrückt und braun bzw. rötlichbraun (Leinsamen).

ZU VERWENDENDE PFLANZENTEILE Die getrockneten reifen Samen.

Beim Einlegen der Leinsamen in Wasser quellen sie auf das Vier- bis Achtfache ihres Volumens.

ANBAU & ERNTE Der Lein stellt geringe Ansprüche an Klima und Boden. Er wächst auch noch in 1800 m Höhe. Die Aussaat ins Freiland an Ort und Stelle erfolgt Ende März / Anfang April. Wenn sich die Samen zwischen Juli und September braun gefärbt haben, können sie geerntet werden. Die ganze Pflanze wird geschnitten, bevor sich die Kapseln öffnen. Man bündelt sie und lässt sie an der Luft trocknen. Die Samen werden ausgedroschen oder mit einem Stock herausgeklopft.

INHALTSSTOFFE Leinsamen enthalten in ihrer Epidermis bis zu 10 % Schleime, welche das bis zu 30-fache ihres Gewichtes an Wasser binden können; daneben Ballaststoffe, etwa 30 bis 45 % fettes Öl, Proteine, Phosphatide, Lignane, Triterpene, Sterole sowie geringe Mengen an cyanogenen Glykosiden.

VERWENDUNG Man verwendet Leinsamen ganz oder leicht gequetscht als mildes Abführmittel. Seine Wirkung beruht auf der Quellung der an der Oberfläche befindlichen Schleimstoffe und wird unterstützt durch die Ballaststoffe der Samenschale. Durch Erhöhung des Füllungsvolumens des Dickdarms und den dadurch ausgelösten Dehnungsreiz kommt es zu einer Anregung der Darmtätigkeit. Des Weiteren wird durch die entstehende Schleimschicht der Transport des Darminhaltes erleichtert. In Tierversuchen und in epidemiologischen Studien am Menschen konnte nachgewiesen werden, dass eine ballaststoffreiche Ernährung mit einem verminderten Brust-

und Darmkrebsrisiko einhergeht. Neben den wertvollen Ballaststoffen zeigten auch die im Leinsamen enthaltenen Lignane antikanzerogene Effekte.
In der Volksmedizin wird Leinsamen bei entzündlichen Magen-Darm-Erkrankungen eingesetzt, äußerlich wird der gepulverte Samen oder der bei der Ölpressung anfallende Pressrückstand als heißer Breiumschlag zur Behandlung von Geschwüren und Drüsenschwellungen verwendet.

Nebenwirkungen / Gegenanzeigen Ganzer Leinsamen darf nicht verwendet werden bei drohendem oder bestehendem Darmverschluss, bei Verengungen der Speiseröhre oder des Magen-Darm-Bereichs, bei akut entzündlichen Darmerkrankungen und Erkrankungen der Speiseröhre und des Mageneingangs. Zu beachten ist weiterhin, dass Leinsamen unter Umständen die Aufnahme anderer Arzneistoffe behindern kann, sodass er mindestens 30 Minuten vor oder nach anderen Medikamenten eingenommen werden sollte.
Vor allem in der Laienpresse wird häufig vor toxischen Wirkungen durch Abspaltung von Blausäure aus den cyanogenen Glykosiden gewarnt. Diese Wirkung wurde jedoch noch nie beobachtet (das für die Glykosidspaltung notwendige Enzym wird bereits im Magen zerstört) und spielt auch bei der Langzeitverwendung keine Rolle!

Zubereitungsform Bei chronischer Verstopfung nimmt man 2- bis 3-mal täglich einen Esslöffel unzerkleinerten Leinsamen mit mindestens 250 ml Flüssigkeit ein. Bei entzündlichen Erkrankungen des Magen-Darm-Traktes wird 2- bis 3-mal täglich der aus einem Esslöffel Leinsamen und 150 ml Flüssigkeit hergestellte Schleim eingenommen.
Bei einer Therapie mit Leinsamen ist unbedingt auf eine ausreichende Flüssigkeitszufuhr zu achten (mindestens 1,5 bis 2 Liter pro Tag). Um eine unnötige Kalorienbelastung durch das im Samen enthaltene fette Öl zu vermeiden, sollte man stets den ganzen Samen verwenden.

Wilde Malve

Malva sylvestris

Die Malve zählt zu den ältesten Heilpflanzen. Sie wurde schon in der Antike als innerer Schutz gegen Gifte eingesetzt.

Weitere Namen Käsepappel, Waldmalve, Rossmalve, Blaue Pappelblume.

Familie Malvaceae / Malvengewächse.

Vorkommen Die Heimat der Wilden Malve ist Europa, Asien und Nordafrika. Sie wächst an Mauern, Zäunen, Wegrändern und auf trockenen Unkrautfluren. Für den arzneilichen Gebrauch wird sie in Bulgarien, Albanien und Marokko angebaut.

Aussehen Die zweijährige Wilde Malve wird bis zu 150 cm hoch und hat eine spindeldürre Wurzel. Die rauhaarigen Stängel sind ästig, die Blätter drei- bis siebenlappig und gekerbt.
Die Wilde Malve blüht von Juni bis Oktober. Ihre Blüten sind rosarot, dunkelviolett bis weiß gefärbt. Sie haben jeweils drei freistehende Außenkelchblätter und zwei bis vier Blütenblätter in der Blattachsel.

Zu verwendende Pflanzenteile Die getrockneten Laubblätter und Blüten.

Anbau & Ernte / Sammeln Malven bevorzugen trockenen, kalkhaltigen Boden mit viel Stickstoff und sonnige Standorte. Die Vermehrung geschieht über Direktaussaat im Freiland ab Mitte April.. Die Blüten erntet man von Juni bis September als Knospen, die Blätter während der gesamten Blütezeit. Beim Auftreten von Malvenrost muss sofort geerntet werden, da die Blätter ansonsten unbrauchbar werden.

Inhaltsstoffe *Malva sylvestris* enthält über 10 % Schleimstoffe, Flavonoide, wenig Gerbstoffe, daneben in den Blüten Anthocyane, Anthocyanidine (Farbstoffe).

Verwendung Aufgrund ihres Schleimstoffgehaltes besitzen Malvenblätter und -blüten reizlindernde Wirkung;

Alkoholfreier Punsch

- *1,5 l Malventee*
- *0,75 l Orangensaft (oder Birnendicksaft)*
- *0,75 l naturreiner Apfelsaft*
- *1 Stange Zimt*

Die Malvenblüten zu einem Tee aufgießen und abseihen. Den Orangen- und Apfelsaft mischen und mit dem Tee auffüllen. Das Ganze erhitzen und mit einer kleinen Zimtstange würzen. Den Punsch heiß servieren.

sie werden in Form von Tee zur Behandlung entzündlicher Magen-Darm-Erkrankungen, bei Schleimhautentzündungen im Mund- und Rachenbereich, als hustenreizlinderndes Mittel bei Katarrhen der oberen Atemwege und in der Volksmedizin für Bäder und Umschläge bei Ekzemen und Geschwüren eingesetzt. Daneben verwendet man die Blüten aufgrund ihres Anthocyangehaltes zur Herstellung von Lebensmittelfarben.

Nebenwirkungen / Gegenanzeigen Keine bekannt.

Zubereitungsform Tee: 3 bis 4 Teelöffel Malvenblüten und/oder -blätter werden mit 150 ml kaltem Wasser angesetzt und nach 10 bis 15 Minuten kurz aufgekocht. Daneben wird auch ein Kaltauszug empfohlen, diesen sollte man 2 bis 5 Stunden unter gelegentlichem Umrühren ziehen lassen, und erst vor dem Trinken kurz aufkochen. Mehrmals täglich eine Tasse Tee trinken (bei Reizhusten besonders vor dem Schlafengehen) oder zum Gurgeln verwenden.

Weitere Art Neben der Wilden Malve lassen sich auch die Weg-Malve *(Malva neglecta)* und die Rosen-Malve *(Malva alcea)* auf die gleiche Weise verwenden.

Echte Kamille

Matricaria recutita

Weitere Namen Kleine Kamille, Deutsche Kamille, Feldkamille, Wilde Kamille.

Familie Asteraceae / Korbblütler.

Vorkommen Ihre Heimat sind europäische Tiefebenen sowie Westasien und Indien. Man findet sie auf Kultur-, Acker- und Ödland, an Wegrändern und Schuttplätzen, meist auf sandigen oder lehmigen Böden.

Aussehen Die Echte Kamille ist eine aufstrebende, dicht verzweigte, süß duftende ein- oder zweijährige Pflanze, die 15 bis 60 cm hoch und 10 bis 40 cm breit wird. Ihre frischgrünen Blätter sind gefiedert, schmal und haben spitz zulaufende Blättchen.. Die Pflanze trägt zwischen Mai und September margeritenartigen weiße Blütenkörbchen mit kegelförmiger gelber Mitte. Wird die Blüte älter, biegen sich die Blütenblätter herunter.

Zu verwendende Pflanzenteile Die getrockneten Blütenköpfchen.

Anbau & Ernte / Sammeln Die Echte Kamille bevorzugt feuchten oder trockenen, gut durchlässigen Boden, der neutral bis leicht sauer sein kann und liebt vollsonnige Standorte. Zur Vermehrung wird sie im Frühjahr oder Herbst ausgesät. Sie neigt stark zur Selbstaussaat. Die Blütenköpfe werden geerntet, sobald sie voll aufgeblüht sind. Beim Sammeln von Kamillenblüten kann man die Echte Kamille von anderen Arten unterscheiden, indem man das Köpfchen senkrecht halbiert und feststellt, ob es einen Hohlraum hat.

Inhaltsstoffe Das ätherische Öl der Blüten besteht vorwiegend aus Alpha-

Bisabolol, Bisabololoxiden, Bisabolonoxid, Chamazulen, Chamaviolin, Spathulenol, En-In-Dicycloethern und ferner aus einem Gemisch verschiedener Sesquiterpenlactone. Daneben enthält die Kamille über 30 verschiedene Flavonoide, Cumarine, Phenolcarbonsäuren sowie Polysaccharide.

Verwendung Man verwendet die Echte Kamille innerlich zur Behandlung von Menstruationsbeschwerden, Blähungen und Krämpfen im Magen-Darm-Bereich sowie entzündlichen Erkrankungen des Magen-Darm-Traktes (z. B. Gastritis, Enteritis, Colitis), äußerlich bei entzündlichen Haut- und Schleimhauterkrankungen (auch Mundhöhle und Zahnfleisch), Entzündungen und Katarrhen im Nasen-Rachen-Raum und in den Bronchien (als Inhalation). Ferner findet sie Anwendung als Bad und Spülung bei Erkrankungen des Anal- und Genitalbereiches. Die entzündungshemmende, krampflösende, beruhigende, wundheilungsfördernde, bakterizide, fungizide und vorbeugende Wirkung gegen Magengeschwüre beruht auf einem Zusammenspiel verschiedener Inhaltsstoffe und wurde in zahlreichen klinischen Studien bestätigt. Um eine optimale Wirkung zu erzielen, empfiehlt es sich in manchen Fällen, auf industriell gefertigte wässrig-alkoholische Kamillen-Extrakte zurückzugreifen, da bei der Teebereitung ein Großteil der Wirkstoffe im Rückstand bleibt. Der in Aufgussbeuteln im Lebensmittelhandel erhältliche Kamillentee ist aufgrund seines geringen Wirkstoffgehaltes nicht für arzneiliche Zwecke brauchbar!

Die Ägypter verehrten die Kamille als Blume des Sonnengottes, vermutlich wegen ihres Blütenbodens.

Nebenwirkungen / Gegenanzeigen In sehr seltenen Fällen kann es zu allergischen Hautreaktionen kommen.

Zubereitungsform Tee: 1 gehäufter Esslöffel Kamillenblüten wird mit 150 ml Wasser übergossen und 5 bis 10 Minuten bedeckt ziehen gelassen; 3- bis 4-mal täglich eine Tasse lauwarm zwischen den Mahlzeiten trinken.
Lösung zum Spülen, Gurgeln und zur Bereitung von Umschlägen: 2 bis 3 Esslöffel Kamillenblüten auf 100 ml Wasser.
Dampfbad: 2 Esslöffel Kamillenblüten auf 1 l heißes Wasser, für Teilbäder 50 g auf 10 l Wasser.

Fertigpräparate Kamillosan®, Eukamillat®, Matmille® u. a.

Echter Steinklee

Melilotus officinalis

WEITERE NAMEN Honigklee, Mottenklee, Bärenklee, Schotenklee, Malottenkraut, Melotenkraut, Melilotenklee, botanisches Synonym: *Melilotus arvensis.*

FAMILIE Fabaceae / Schmetterlingsblütler

VORKOMMEN Der Echte Steinklee ist in Europa, Nordafrika und Asien zu Hause. Er wächst bevorzugt auf trockenen Plätzen, Fluren und im Ödland. Für den arzneilichen Gebrauch wird er vor allem in Osteuropa kultiviert.

AUSSEHEN *Melilotus officinalis* ist eine schlanke zweijährige, winterharte Pflanze mit gelben Schmetterlingsblüten, die sich von Mai bis September zeigen. Sie duften nach Honig und wachsen in schlanken Trauben. Die Blätter sind mittelgrün und dreizählig. Echter Steinklee wird bis zu 120 cm hoch und 60 bis 90 cm breit.

ZU VERWENDENDE PFLANZENTEILE Die getrockneten Blätter und Blütenstände.

ANBAU & ERNTE / SAMMELN Der anspruchslose Echte Steinklee gedeiht in gut durchlässigen, neutralen oder basischen Böden und bevorzugt sonnige Standorte. Er lässt sich durch Aussaat im Frühjahr oder Herbst vermehren und neigt zur Selbstaussaat.
Die Ernte des blühenden Krautes erfolgt von Juni bis September. Dabei werden die Blütentriebe auf eine Länge von ungefähr 20 cm abgeschnitten.

Echter Steinklee duftet beim Trocknen aufgrund seines Cumarin-Gehaltes angenehm nach Heu. In der Volksmedizin wurde Echter Steinklee am häufigsten gegen Hämorrhoiden und Krampfadern eingesetzt.

Inhaltsstoffe Cumarinderivate (z. B. Melilotosid), aus denen beim Trocknen das charakteristisch nach Heu duftende Cumarin abgespalten wird, daneben Melilotin, Dihydrocumarin sowie zahlreiche andere flüchtige Inhaltsstoffe, Flavonoide (v. a. Kämpferol- und Quercetinderivate), Saponine und Phenolcarbonsäuren.

Verwendung Der Echte Steinklee wirkt entzündungshemmend, krampflösend und gegen Wasseransammlungen (antiödemativ). Er wird innerlich zur Behandlung chronischer Venenschwäche, bei Schmerzen und Schweregefühl in den Beinen, nächtlichen Wadenkrämpfen, Juckreiz und Schwellungen verwendet. Daneben eignet er sich zur unterstützenden Behandlung von Venenentzündungen, Lymphstauungen und Hämorrhoiden. Äußerlich wird er in Form von Umschlägen bei Prellungen, Verstauchungen und oberflächlichen Blutergüssen eingesetzt.

Nebenwirkungen / Gegenanzeigen In seltenen Fällen kann es bei der innerlichen Anwendung zu Kopfschmerzen kommen.

Zubereitungsform Tee: 1 bis 2 Teelöffel der fein geschnittenen Droge werden mit siedendem Wasser übergossen und nach 5 bis 10 Minuten durch ein Teesieb gegeben. Zur Venentherapie täglich 2 bis 3 Tassen frisch bereiteten Tee trinken.

Fertigpräparate Pascovenol® novo, Phlebodril® N, Presselin® VE u. a.

Melisse

Melissa officinalis

Weitere Namen Zitronenmelisse, Zitronenkraut, Frauenkraut, Herzkraut, Gartenmelisse.

Familie Lamiaceae / Lippenblütler.

Vorkommen Die Melisse ist im Mittelmeerraum und in Westasien beheimatet. Sie wächst nicht wild, sondern wird in Kulturen angebaut. Vor allem in Sachsen-Anhalt, in Thüringen und anderen süddeutschen Regionen sowie in Spanien, Südfrankreich und einigen Ländern Osteuropas wird sie für arzneiliche Zwecke kultiviert.

Aussehen Die dichte, buschige, aufrechte Staude erreicht eine Höhe von 60 bis 120 cm und wird ca. 45 cm breit. Ihre kleinen, zweilippigen, röhrenförmigen Blüten wachsen in Scheinquirlen. Sie sind anfangs blassgelb und werden später weiß oder weiß mit lila Tönung.
Die Blütezeit dauert von Juni bis August. Die stark nach Zitrone duftenden Blätter sind eiförmig, gekerbt oder gesägt, runzelig und leuchtend grün.

Zu verwendende Pflanzenteile Die frischen oder getrockneten Laubblätter.

Anbau & Ernte Melisse wächst gut in kargem bis mäßig nährstoffreichem, feuchtem, aber gut durchlässigem Boden und liebt sonnige bis absonnige Standorte. Sie lässt sich durch Aussaat im Frühjahr im kalten Kasten vermehren oder durch Teilung zu Beginn des Austriebs im Frühjahr oder im Herbst. Melisse ist winterhart, in rauen Lagen empfiehlt sich jedoch ein Winterschutz. Für Heilzwecke ernte man die Blätter vor der Blüte.

Inhaltsstoffe Melissenblätter enthalten wenig (0,05 bis 0,3%) ätherisches Öl, welches sich aus knapp 80 Komponenten zusammensetzt. Für den charakteristischen Duft sind die Monoterpenaldehyde

Geranial und Neral (zusammen als Citral bezeichnet) und Citronellal verantwortlich; weitere Bestandteile sind Caryophyllen und Caryophyllenepoxid, Methylcitronellat und Nerol. Zusammensetzung, Qualität und Gehalt des ätherischen Öles sind stark abhängig von klimatischen Bedingungen, Standort, Erntezeitpunkt und Lagerungsbedingungen. Ferner enthalten die Blätter Lamiaceen-Gerbstoffe, Phenolcarbonsäuren, Flavonoide und Triterpene.

Verwendung Melisse wird bereits seit mehr als 2000 Jahren in der Kräuterheilkunde verwendet. Die Inhaltsstoffe des ätherischen Öles besitzen beruhigende, krampflösende und antibakterielle Wirkungen, weshalb Melissenpräparate – häufig in Kombination mit anderen Heilpflanzen, wie Hopfen und Baldrian, zur Behandlung nervös bedingter Einschlafstörungen, nervöser Herzbeschwerden und funktioneller Magen-Darm-Beschwerden eingesetzt werden. Sehr häufig ist das ätherische Öl auch Bestandteil von Beruhigungsbädern und wird in Form von Einreibungen bei rheumatischen Erkrankungen und Nervenschmerzen verwendet. Interessant ist ferner eine nachgewiesene antivirale Wirkung: Mithilfe einer Creme, die einen standardisierten Melissenblätterextrakt enthielt, konnten in einer klinischen Studie die Symptome einer Lippenherpes-Infektion signifikant verbessert werden.
In der Volksmedizin werden die Blätter daneben als schweißtreibendes Mittel bei Erkältungskrankheiten, gegen Migräne und als Kräftigungsmittel verwendet.

Da echtes Melissenöl aufgrund seines niedrigen Gehaltes in den Blättern zu den teuersten ätherischen Ölen gehört, wird zur Therapie überwiegend das wesentlich billigere Citronellöl eingesetzt, welches aus verschiedenen Zitronengras-Arten (*Cymbopogon)* hergestellt wird und eine ähnliche Wirkung besitzt.

Nebenwirkungen / Gegenanzeigen Keine bekannt.

Zubereitungsform Tee: 3 bis 4 Teelöffel Melissenblätter werden mit kochendem Wasser übergossen und 5 bis 10 Minuten bedeckt stehen gelassen.

Fertigpräparate Lomaherpan® Creme (gegen Lippenherpes), Baldriparan® stark, Euvegal® forte, Sedariston®, Klosterfrau Melissengeist (enthält über 80 % Alkohol!).

Bereits in der Antike wurde die Melisse als Heilmittel gegen Hysterie eingesetzt.

Echte Pfefferminze

Mentha × piperita

Weitere Namen Katzenkraut, Mutterkraut, Prominzen, Schmecker.

Familie Lamiaceae / Lippenblütler.

Vorkommen Zur Gattung *Mentha* zählen ca. 25 Arten, die in Europa, Afrika und Asien beheimatet sind. Beispielsweise Ackerminze und Wasserminze kommen in Europa wild vor, die besonders heilkräftige Pfefferminze wird aber nur als Kulturpflanze in Bayern, Thüringen, Griechenland und Bulgarien angebaut.

Aussehen Die Pfefferminze ist eine wuchsfreudige Staude, die 30 bis 90 cm hoch wird und sich gerne ausbreitet. Die stark duftenden, dunkelgrünen Blätter sind lanzettförmig, glatt und schwach glänzend. Von Juni bis September erscheinen lilarosa Blüten, die in dichten, endständigen Ähren wachsen.

Die Echte Pfefferminze wird erstmals im Jahr 1696 in den Schriften erwähnt.

Zu verwendende Pflanzenteile Die getrockneten Blätter.

Anbau & Ernte Die winterharte Pflanze gedeiht in nährstoffreichen, feuchten Böden und bevorzugt sonnige bis halbschattige Standorte. Um eine ungewollte Ausbreitung zu verhindern, ist es ratsam, Minzen in einen Topf zu pflanzen und diesen in die Erde zu versenken oder sie in eigenen Rabatten anzupflanzen. Minzen lassen sich leicht durch Teilung oder durch Stecklinge im Frühjahr oder im Herbst vermehren. Rhizomschnittlinge wurzeln jederzeit während der Wachstumsphase.

Inhaltsstoffe Das ätherische Öl besteht hauptsächlich aus einem Gemisch verschiedener Monoterpene (z. B. Menthol, Mentholester, Menthon, Pulegon, Jasmon), daneben enthalten die Blätter typische Lamiaceen-Gerbstoffe, Flavonoide, Triterpene und wachsartige Substanzen.

Verwendung Die Pfefferminze zählt sowohl in der Schul- als auch in der Volksmedizin zu den beliebtesten Heilpflanzen. Man verwendet sie zur Therapie krampfartiger Beschwerden im Magen-Darm-Bereich sowie im Bereich der Gallenblase und -wege, bei chronischer Gastritis, chronischen entzündlichen Magen-Darm-Erkrankungen und bei Blähungen. Das Öl wirkt krampflösend im Bereich der Verdauungsorgane und führt zu einer Steigerung der Gallenproduktion. Äußerlich verwendet ruft es ein Kältegefühl auf der Haut hervor und setzt die Schmerzempfindung herab,

weshalb es auch häufig Bestandteil schmerzlindernder Einreibungen ist. Auf Stirn und Schläfe eingerieben eignet es sich zur Behandlung von Spannungskopfschmerzen. In der Volksmedizin werden die Blätter auch als Beruhigungsmittel verwendet und sind Bestandteil zahlreicher „Nerventees“. Bedeutsam ist auch die Verwendung der Pfefferminze als Geruchs- oder Aromastoff.

Nebenwirkungen / Gegenanzeigen Auch bei Dauergebrauch (d.h. nicht bei übermäßigem Gebrauch!) ist Pfefferminze frei von schädlichen Nebenwirkungen. Nicht verwendet werden darf sie bei Gallenblasenentzündungen, Verschluss der Gallenwege und schweren Leberschäden. Bei Gallensteinleiden sollte sie nur nach Rücksprache mit dem Arzt angewendet werden. Bei Säuglingen und Kleinkindern darf das ätherische Öl nicht im Bereich des Gesichtes, speziell der Nase, aufgetragen werden!

Zubereitungsform Tee: 1 Esslöffel Minzblätter mit 150 ml kochendem Wasser übergießen und 5 bis 10 Minuten zugedeckt ziehen lassen. 2- bis 4-mal täglich eine Tasse frisch zubereiteten Tee trinken.
Sehr häufig wird auch das reine ätherische Öl verwendet: Man nimmt 2- bis 3-mal täglich 3 bis 4 Tropfen auf Zucker oder in einem Glas warmem Wasser ein.

Alkoholfreie Kräuterbowle

- *3 Stängel Pfefferminze*
- *je 2 Stängel Melisse und Lavendel*
- *je 1 Stängel Thymian und Frucht-Salbei*
- *5 bis 7 Rosenblütenblätter*
- *0,75 l Apfelsaft*
- *0,75 l Wasser*

Kräuter waschen, klein schneiden, Apfelsaft und Wasser darüber gießen und die Kräuter damit bedecken. Das Ganze über Nacht kühl stellen. Am nächsten Tag abseihen und kalt servieren.

Gewöhnliche Nachtkerze

Oenothera biennis

Weitere Namen Gemeine Nachtkerze, Eierblume, Gelbe Rapunzel, Gelber Nachtschatten, Nachtschlüsselblume, Rübenwurzel, Weinblume.

Familie Onagraceae / Nachtkerzengewächse.

Vorkommen Die Nachtkerze ist im Osten Nordamerikas bis hin nach Mexiko beheimatet. Sie wächst verwildert fast weltweit. Man findet sie an Straßenböschungen und im Brachland.

Aussehen Die ein- oder zweijährige Pflanze blüht von Juni bis September mit gelben, duftenden, schalenförmigen Blüten, die in Ähren wachsen und sich erst zur Abendstunde öffnen. Ihre mittelgrünen Blätter sind länglich bis lanzettförmig und klebrig. Sie wachsen in grundständigen Rosetten.
Die Pflanzen erreichen eine Höhe von 150 cm und werden ca. 60 cm breit.

Zu verwendende Pflanzenteile
Das fette Öl der reifen Samen.

Anbau & Ernte Nachtkerzen bevorzugen vollsonnige Standorte und lieben leichten, durchlässigen, kargen Boden, gedeihen aber auch auf steinigen Böden.
Sie können im Juni in kalte Kästen oder von Juni bis August direkt ins Freiland ausgesät werden. Geerntet werden die reifen Samen im Herbst.

Inhaltsstoffe Das fette Öl der reifen Samen ist reich an ungesättigten Fettsäuren und enthält etwa 65 bis 85 % Cis-Linolsäure, 8 bis 14% Gamma-Linolensäure, daneben Ölsäure und Palmitinsäure.

Die Blüten der Nachtkerze öffnen sich am Abend und nach 24 Stunden schließen sie sich wieder. Sie sind ein bevorzugter Ort von Nachtfaltern.

Die Frucht der Nachtkerze ist eine Kapsel, in der sich zahlreiche Samen befinden. Die Nachtkerzensamen enthalten ein wertvolles Öl.

Verwendung Durch den hohen Gehalt an Gamma-Linolensäure besitzt das fette Öl der Nachtkerzensamen – äußerlich oder auch innerlich verwendet – Bedeutung bei der unterstützenden Behandlung von Neurodermitis. Schon seit langer Zeit wird vermutet, dass zumindest bei einem Teil der Neurodermitis-Patienten eine Störung des Stoffwechsels der ungesättigten Fettsäuren vorliegt. Tatsächlich wurde nachgewiesen, dass bei einigen Betroffenen die Konzentration verschiedener ungesättigter Fettsäuren (z. B. Gamma-Linolensäure) erniedrigt ist, weshalb es naheliegt, diese Störung durch externe Zufuhr der entsprechenden Fettsäuren auszugleichen. In der Natur gibt es nur wenige Quellen für Gamma-Linolensäure; u. a. ist sie in der Muttermilch enthalten (nicht in Kuhmilch), daneben im Samenöl von Borretsch, Nachtkerze und Schwarzer Johannisbeere. In der Tat konnte in einigen klinischen Studien eine Linderung der Symptome, wie Juckreiz, Hautrötungen und Entzündungen, nachgewiesen werden, wobei eine Besserung der Symptomatik frühestens nach acht bis zwölf Wochen konsequenter Therapie zu erwarten ist.
Daneben werden Nahrungsergänzungsmittel mit Nachtkerzenöl auch in anderen Indikationsgebieten eingesetzt, bei denen man einen Zusammenhang mit einem Gamma-Linolensäure-Mangel vermutet, z. B. bei durch Diabetes verursachten Nervenschädigungen, prämenstruellem Syndrom (v. a. Brustschmerzen), rheumatischen Beschwerden oder erhöhten Blutfettwerten. Die Wirksamkeit auf diesen Gebieten ist bis heute allerdings umstritten.

Nebenwirkungen / Gegenanzeigen Keine bekannt.

Fertigpräparate Efamol® 500 NA, Epogam®, Gammacur®, Promens® u. a.

Weitere Art Die Samen der Rotkelchigen Nachtkerze *(Oenothera glazioviana)* werden ebenfalls zur Ölgewinnung herangezogen.

Dorniger Hauhechel

Ononis spinosa

Weitere Namen Hechelkraut, Haudorn, Harnkraut, Stachelkraut, Ochsenbrech.

Familie Fabaceae / Schmetterlingsblütler.

Vorkommen Die Heimat des Dornigen Hauhechels ist Europa bis nach Sibirien. Er wächst auf Weiden, Trockenrasen und auf Wiesen, an Wald-, Weg- und Ackerrändern.

Aussehen Hauhechel ist ein von Grund holziger Halbstrauch, mit einer kräftigen Pfahlwurzel und behaarten, dornigen Stängeln. Die Blüten sind rosa bis weiß und blühen von Juli bis September. Aus ihnen entwickeln sich kleine, behaaarte Samenhülsen. Die Blätter des Hauhechels sind gezähnt, unten dreizählig und haben spitze bis abgerundete Blättchen, die oberen Blätter sind einfach. Hauhechel wird etwa 60 cm hoch.

Zu verwendende Pflanzenteile Die getrocknete Wurzel.

Anbau & ernte / Sammeln Hauhechel ist pflegeleicht und winterhart. Er wird in den Monaten März bis April durch Aussaat im Glaskasten vermehrt. Die Jungpflanzen setzt man im August oder September an einen sonnigen Platz ins Freiland. Eine Vermehrung ist auch im Herbst durch Teilung des Wurzelstocks möglich. Die Ernte der Wurzeln kann im November oder im Frühjahr erfolgen. Da die Wurzeln sehr tief reichen, lässt sich Hauhechel gegebenenfalls schwer aus dem Garten entfernen. Sammelzeit ist von März bis April und von September bis Oktober.

Inhaltsstoffe Die Wurzel enthält Isoflavonoide (z. B. Ononin, Formononetin, Genistein; reguläre Flavonoide sind nur in den oberirdischen Teilen enthalten) und das antibakteriell wirksame Glykosid Spinonin, Triterpene (z. B. Onocerin), Sterole, das Benzofuranderivat Medicarpin, daneben wenig ätherisches Öl mit trans-

Anethol, Menthol und Carvon als Hauptbestandteilen.

Verwendung Hauhechelwurzel wird als mildes wassertreibendes Mittel zur Durchspülungstherapie bei entzündlichen Erkrankungen der ableitenden Harnwege eingesetzt sowie zur Vorbeugung und Behandlung von Nierengrieß. Obwohl die Wirksamkeit in zahlreichen Tierexperimenten mehrfach belegt worden ist, ist es bislang noch nicht gelungen, die für die Wirkung verantwortlichen Inhaltsstoffe zu identifizieren, möglicherweise kommt sie durch ein Zusammenspiel verschiedener Inhaltsstoffgruppen zustande. In der Volksmedizin setzt man Hauhechelwurzel daneben als Blutreinigungsmittel zur Behandlung von Gicht und rheumatischen Beschwerden ein.

Nebenwirkungen / Gegenanzeigen Hauhechelwurzel eignet sich nicht zur Durchspülungstherapie bei Ödemen infolge eingeschränkter Herz- und Nierentätigkeit.

Zubereitungsform Tee: Etwa 1 Teelöffel fein geschnittene Wurzel wird mit einer Tasse kochendem Wasser übergossen und nach 20 bis 30 Minuten abgeseiht. 2- bis 3-mal täglich eine Tasse zwischen den Mahlzeiten trinken. Die Wirksamkeit lässt nach einigen Tagen nach, setzt aber nach einer Therapie-Pause wieder erneut ein.

Fertigpräparate Uvirgan® N, Harntee 400, Biofax®, Nephro-loges®, Cheplaren® S u. a.

Schön sind sie anzusehen, die rosaroten Schmetterlingsblüten. Bereits im Altertum wurde der Dornige Hauhechel als Heilmittel eingesetzt.

Passionsblume

Passiflora incarnata

Die auffällige Blüte wurde erstmals 1633 von dem Jesuiten Ferrari als symbolische Darstellung der Leiden Christi gedeutet.

Weitere Namen Fleischfarbene Passionsblume, Winterharte Passionsblume.

Familie Passifloraceae / Passionsblumengewächse.

Vorkommen Die Passionsblume stammt aus den Wäldern Nordamerikas.

Aussehen Die winterharte, rankende, krautige Kletterpflanze erreicht eine Höhe von bis zu 2 m. Die tief gelappten Blätter sind gesägt und dunkelgrün. Ihre auffälligen, wunderschönen, duftenden Blüten sind weiß und lila. Sie wachsen schalenförmig und blühen von Mai bis Juli. Die Passionsblume trägt im Herbst essbare, eiförmige, gelbe Beeren-Früchte.

Zu verwendende Pflanzenteile Das getrocknete Kraut blütentragender Triebe.

Anbau & Ernte Die Passionsblume liebt vollsonnige Standorte. Sie verträgt keine Winternässe und bevorzugt kargen, sandigen und leicht sauren Boden. Sie lässt sich durch halbausgereifte Stecklinge im

Sommer und durch Absenker im Frühjahr oder Herbst vermehren. Soll sie durch Aussaat vermehrt werden, ist eine Temperatur von 18 bis 21°C nötig.

Inhaltsstoffe Das Kraut enthält bis zu 2,5 % Flavonoide, darunter vor allem Isovitexinglucosid, Schaftosid, Vicenin und Isoorientin, verschiedene Zucker (u. a. Saccharose, Glucose, Fructose) und Polysaccharide, freie Aminosäuren und Glykoproteine, Spuren eines komplex zusammengesetzten ätherischen Öles, sowie – ebenfalls in sehr geringer Menge – das cyanogene Glykosid Gynocardin.

Verwendung Bereits die Indianer Amazoniens und Mittelamerikas verwendeten die Passionsblume zur Behandlung von Unruhezuständen. Bis heute werden ihre Zubereitungen – häufig in Kombination mit anderen Heilpflanzen, wie Baldrian, Hopfen oder Melisse – zur Behandlung nervöser Unruhe, leichter Einschlafstörungen, Prüfungsangst und nervösen Magen-Darm-Beschwerden, besonders auch bei Kindern, eingesetzt. Das Kraut scheint die Symptome ängstlich-nervöser Stimmungszustände zu bessern und eignet sich besonders auch als leichtes Beruhigungsmittel für den Tag. Tierversuche deuten zwar auf eine beruhigende Wirkung der Extrakte hin, doch steht ein Wirksamkeitsbeweis noch aus, und auch die Frage nach dem Wirkprinzip ist bislang ungeklärt.

Nebenwirkungen / Gegenanzeigen Keine bekannt.

Zubereitungsform Tee: 1 Teelöffel Passionsblumenkraut wird mit einer Tasse kochendem Wasser übergossen und nach 10 Minuten durch ein Teesieb gegeben. 2- bis 3-mal täglich und eine halbe Stunde vor dem Schlafengehen eine Tasse frisch bereiteten Tee trinken.

Fertigpräparate Passiflor®, Kytta-Sedativum® F, Nervinfant® N, Biral® forte, Vivinox® u. a.

Kapland-Pelargonie

Pelargonium sidoides

Weitere Namen Umckaloabo® („schwerer Husten").

Familie Geraniaceae / Storchschnabelgewächse.

Vorkommen Zur Gattung *Pelargonium* gehören 300 Arten – immergrüne Stauden, Halbsträucher, Sträucher und Sukkulenten, die größtenteils aus Südafrika stammen. Man findet sie dort in Wüsten und auf Gebirgshängen.

Aussehen Die Kapland-Pelargonie ist ein Strauch, der eine Höhe von 20 bis 80 cm erreicht. Seine gedrungenen Blätter sind graugrün. Er trägt feine dunkelrote bis lilafarbene Geranienblüten.

Zu verwendende Pflanzenteile Die getrocknete Wurzel.

Anbau & Ernte Die Wurzeln der Kapland-Pelagonie, die bei uns zu Umckaloabo® verarbeitet werden, stammen aus afrikanischem, biologisch kontrolliertem Plantagenanbau. Sie werden nach dreijährigem Wachstum von Hand geernte, verlesen und gewaschen.

Inhaltsstoffe Die Wurzeln enthalten Cumarine, vor allem Scopoletin und Umckalin (Hydroxydimethoxycumarin), Catechingerbstoffe und deren Vorstufen, Flavonoide, Flavan-3-ole, Proanthocyanidine, Phytosterole und wenig ätherisches Öl.

Verwendung Die Kapland-Pelargonie wird in der Volksmedizin Südafrikas seit Jahrhunderten als Mittel gegen Durchfall, Magen-Darm-Beschwerden, Lebererkrankungen, Husten und Tuberkulose verwendet. Ende des 19. Jahrhunderts gelangte

Die blühende Kapland-Pelargonie ist mit den bei uns bekannten Balkon-Geranien *(Pelargonium zonale, P. peltatum)* verwandt.

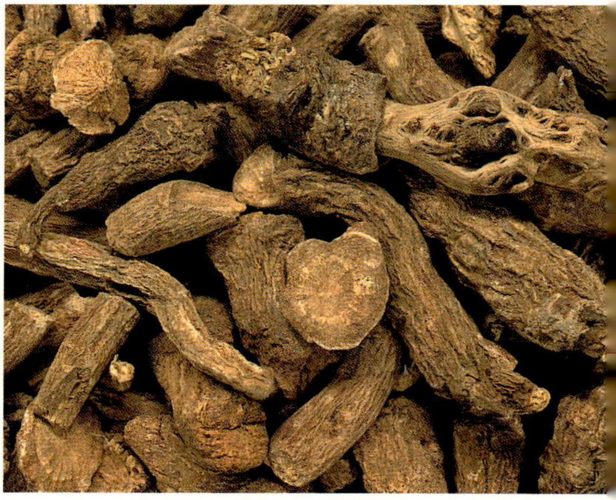

Die Wurzel der Kapland-Pelargonie wird in der afrikanischen Volksheilkunde seit Jahrhunderten zur Behandlung von Atemwegsinfekten eingesetzt.

die Pflanze erstmals nach Europa, wurde auch hier bis Mitte des 20. Jahrhunderts erfolgreich in der begleitenden Tuberkulose-Therapie eingesetzt, geriet dann aber mit der Entwicklung der Antibiotika in Vergessenheit.
Die traditionelle wie auch heutige Anwendung ergibt sich aus den ergänzenden Wirkungen der verschiedenen Inhaltsstoffgruppen. Der Wurzelextrakt – so konnte in verschiedenen pharmakologischen Untersuchungen nachgewiesen werden – wirkt antibakteriell, stimuliert das Immunsystem und verbessert den Schleimtransport aus den Bronchien durch Erhöhung der Aktivität der Flimmerhärchen. Heute werden Umckaloabo®-Extrakte zur Behandlung akuter und chronischer Infektionen der Atemwege und im Hals-Nasen-Ohren-Bereich, wie Bronchitis, Nasennebenhöhlenentzündung und Rachenentzündungen, eingesetzt. Im Gegensatz zu anderen immunstärkenden Pflanzenauszügen dürfen auch Kinder Zubereitungen der Kapland-Pelargonie zur Therapie und Prophylaxe von Atemwegserkrankungen einnehmen.

Nebenwirkungen / Gegenanzeigen Die Extrakte sind im Allgemeinen sehr gut verträglich. Personen, die mit blutgerinnungshemmenden Medikamenten behandelt werden, sollten die Einnahme mit ihrem Arzt besprechen. Als Gegenanzeigen für die Einnahme gelten schwere Lebererkrankungen. Für Schwangerschaft und Stillzeit liegen noch keine ausreichenden Erfahrungen zur Unbedenklichkeit vor.

Fertigpräparate Die getrocknete Wurzel selbst kommt nicht zum Einsatz, im Handel sind alkoholische Extrakte der Wurzel in Form von Fertigarzneimitteln: Umckaloabo®.

Gewöhnliche Pestwurz

Petasites hybridus

Weitere Namen Großblättriger Huflattich, Falscher Huflattich.

Familie Asteraceae / Korbblütler.

Vorkommen Die Heimat der Pestwurz ist Europa und Westasien. Sie wächst an Bach- und Flussufern sowie auf feuchten Wiesen mit kalkhaltigem Boden.

Aussehen Pestwurz ist eine mehrjährige Pflanze. Die zuerst – im März/April – wachsenden Blüten sind röhrenförmig und purpurrot bis weiß. In jedem Blütenkorb befinden sich 15 bis 80 Blüten. Die Hüllblätter sind rötlich gefärbt und linearnervig. Die Blätter der Pestwurz erscheinen erst am Ende der Blütezeit, sind rundlich, gezähnt und wirken an der Unterseite grau verfilzt. Sie können bis zu 100 cm lang und 60 cm breit werden.

Zu verwendende Pflanzenteile
Die unterirdischen Organe der Pflanze.

Anbau & Ernte / Sammeln Die Pestwurz vermehrt sich hauptsächlich über den Wurzelstock. Eine Vermehrung über Samen findet nur selten statt.
Die Pflanzen werden kaum angebaut, die Droge stammt fast ausschließlich aus Wildsammlungen. Vorsicht! Von einer Verwendung selbst gesammelter Pflanzen ist dringend abzuraten.

Inhaltsstoffe Die Pestwurz enthält Ester der Sesquiterpenalkohole Petasol, Neopetasol und Isopetasol mit Petasin, Neopetasin und Isopetasin, ferner Fukinon und Bakkenolid, Flavonoide, wenig ätherisches Öl, daneben Spuren von Pyrrolizidinalkaloiden (nur in den Rhizomen).

Im Mittelalter wurde Pestwurz vorzugsweise als Pestheilmittel eingesetzt.

VERWENDUNG Pestwurzzubereitungen werden bei nervösen Krampfzuständen, Krämpfen im Magen-Darm-Bereich und im Bereich der ableitenden Harnwege, Appetitlosigkeit, Kopfschmerzen sowie zur Migräne-Prophylaxe eingesetzt. Für die in den Wurzeln enthaltenen Petasine wurden krampflösende, schmerzstillende und entzündungshemmende Wirkungen nachgewiesen, eine Therapie mit Pestwurzextrakten zeigte in klinischen Studien eine signifikante Abnahme der Häufigkeit von Migräneattacken.
In der Volksmedizin wurden Pestwurzblätter früher als schweiß- und harntreibendes Mittel sowie bei Atemwegserkrankungen verwendet, äußerlich dienten die frischen Blätter zur Behandlung von Wunden und Hauterkrankungen.
Zwischenzeitlich wurde die Verwendung der wild gesammelten Pflanze aufgrund der Entdeckung der leberschädigenden und möglicherweise krebserregenden Pyrrolizidinalkaloide zu Recht stark eingeschränkt. Durch Züchtung alkaloidarmer Sorten und mithilfe spezieller Aufbereitungsarten wurden Fertigpräparate entwickelt, gegen deren – auch längerfristige – Anwendung keine gesundheitlichen Bedenken mehr bestehen.

NEBENWIRKUNGEN / GEGENANZEIGEN Die im Handel befindlichen Fertigpräparate sind im Allgemeinen sehr gut verträglich und können auch bei Kindern eingesetzt werden; in seltenen Fällen kann es nach der Einnahme zu leichten Magen-Darm-Beschwerden kommen. Schwangere und stillende Mütter sollten auf die Verwendung verzichten, da in diesem Bereich keine ausreichenden Untersuchungen vorliegen.

FERTIGPRÄPARATE Petadolex®, Petaforce® V.

Pestwurz-Pflanzen am Naturstandort

Garten-Petersilie

Petroselinum crispum

Weitere Namen Echte Petersilie, Peterleinsamen, Gartenteppichsamen.

Familie Apiaceae / Doldenblütler.

Vorkommen Petersilie ist im südöstlichen Mittelmeerraum beheimatet und wird heute weltweit angebaut. Vor allem aus Ungarn, Tschechien und der Slowakei wird sie importiert.

Aussehen Petersilie ist eine horstbildende, zweijährige, winterharte Pflanze, die eine Höhe bis zu 80 cm und eine Breite bis zu 60 cm erreicht. Ihre sehr kleinen, gelbgrünen Blüten wachsen sternförmig in flachen Dolden. Die Blütezeit ist von Juni bis Juli. Die gefiederten, frischgrünen Blätter sind gezähnt und stark gekräuselt.

Zu verwendende Pflanzenteile Die getrockneten, reifen Früchte, die getrocknete Wurzel, die ganze frisch geerntete Pflanze.

Anbau & Ernte Petersilie benötigt nährstoffreichen, feuchten, gut durchlässigen Boden und bevorzugt sonnige bis halbschattige Standorte. Sie sollte zwischen Frühjahr und Spätsommer wiederholt ausgesät werden. Damit sie schneller keimt, können die Samen vorher in warmem Wasser eingeweicht werden.

Inhaltsstoffe Die Früchte enthalten etwa 1 bis 6 % ätherisches Öl. Hauptkomponenten sind Apiol, Myristicin, Pinen, Myrcen und Phellandren, daneben fettes Öl mit Petroselinsäureglykosiden, Flavonoide und Furanocumarine. Die Wurzeln enthalten ebenfalls (wenig) ätherisches Öl, Flavonoide und Furanocumarine, daneben Phtalide als geruchsgebende Bestandteile sowie die für Doldenblütler typischen Polyacetylene Falcarinon, Falcarinolol und Falcarinol.

Verwendung Petersilienfrüchte wirken durch eine Reizung des Nierengewebes stark harntreibend, daneben krampflösend und uteruserregend (d. h. die Gebärmutter zieht sich zusammen).
In der Volksmedizin setzte man sie lange Zeit als wassertreibendes Mittel (Diuretikum) bei Erkrankungen im Bereich der ableitenden Harnwege, zur Förderung der Verdauung, bei Appetitlosigkeit und Menstruationsbeschwerden sowie äußerlich zur Behandlung von Kopfläusen ein. Darüber

Frischkräuter-Press-Saft

- *6 Stängel Petersilie*
- *3 Stängel Basilikum*
- *1 Stängel Borretsch mit Blüten*
- *etwas Schnittlauch und Pimpinelle*
- *0,5 l Wasser*

Waschen Sie die Kräuter und schneiden Sie sie grob vor. Geben Sie alles in eine Küchenmaschine und füllen es mit 0,5 l Wasser auf. Nach dem Zerkleinern werden die breiigen Kräuter abgeseiht und der Press-Saft kann serviert werden. Man trinkt täglich ein Likörgläschen davon vor einer Mahlzeit. Der Press-Saft sollte nicht länger als einen Tag im Kühlschrank aufbewahrt werden.

hinaus wurde das ätherische Öl häufig zu Abtreibungszwecken missbraucht, was jedoch schwere Vergiftungen – oft mit Todesfolge – verursachte. Aufgrund der schwerwiegenden Nebenwirkungen (u. a. Nierenreizung, Herzrhythmusstörungen, Schleimhautblutungen, Leberschäden, zentrale Erregungszustände) wird heute von einer Verwendung abgeraten.
Die Wurzeln enthalten wesentlich geringere Mengen an ätherischem Öl, weshalb ihre Verwendung zur Durchspülungstherapie bei Erkrankungen der ableitenden Harnwege als unproblematischer anzusehen ist.
Die Blätter zählen zu den beliebtesten Küchenkräutern, sie sind reich an Vitaminen und Mineralstoffen.

Nebenwirkungen / Gegenanzeigen Petersilienfrüchte und -wurzeln dürfen nicht verwendet werden in der Schwangerschaft und Stillzeit, bei entzündlichen Nierenerkrankungen sowie zur Durchspülungstherapie bei Ödemen infolge eingeschränkter Herz- und Nierentätigkeit. Insbesondere bei hellhäutigen Personen können durch Lichtsensibilisierung Hautschädigungen hervorgerufen werden.

Zubereitungsform Tee: 1 Teelöffel fein geschnittene Petersilienwurzel wird mit einer Tasse kochendem Wasser übergossen und nach 10 bis 15 Minuten abgeseiht. Als wassertreibendes Mittel 2 bis 3 Tassen über den Tag verteilt trinken.

Die Klosterheilkunde übernahm die aus der antiken Medizin überlieferten Anwendungen. Durch die Medizinschule von Salerno kamen weitere Heilgebiete dazu.

Anis

Pimpinella anisum

Weitere Namen Kleiner Anis, Süßer Kümmel.

Familie Apiaceae / Doldenblütler.

Vorkommen Anis stammt aus dem östlichen Mittelmeerraum und ist auch in Russland sowie in Mittel- und Südeuropa heimisch. Es wächst auf Wiesen, an Hecken und in Wäldern. Für den arzneilichen Gebrauch wird es sowohl in den USA, Ägypten, Indien, Spanien als auch in Deutschland angebaut.

Aussehen Anis ist eine schlanke, würzige, einjährige Pflanze. Sie wird ca. 50 cm hoch und 45 cm breit. Ihre nierenförmigen Blätter sind gezähnt oder gelappt, die Stängelblätter gefiedert und mittelgrün.
Sie trägt sehr kleine, weiße Blüten, die in lockeren Dolden wachsen und in der Zeit von Juni bis August blühen. Anisfrüchte sind länglich gerippt, blassgrün und im reifen Zustand braun.

Bereits 1500 v. Chr. wurde Anis als Arzneipflanze gegen einen Vielzahl von Erkrankungen empfohlen.

Zu verwendende Pflanzenteile Die getrockneten Früchte.

Anbau & Ernte Anis bevorzugt einen sonnigen Standort in windgeschützter Lage und ein feuchtwarmes Klima. Anissamen werden zur Vermehrung im März/April im Freiland ausgesät. Für ein gutes Wachstum braucht Anis fetten, gut durchlässigen, kalkhaltigen Boden, der schwach sauer bis schwach basisch sein sollte.
Die Ernte der Samen erfolgt zwischen August und Anfang September, sobald die Samen reif sind, aber noch nicht ausfallen.

Inhaltsstoffe Anisfrüchte enthalten 1,5 bis 5 % ätherisches Öl, welches als Geruchs- und Geschmacksträger bis zu 95 % trans-Anethol enthält; daneben Estragol, Anisaldehyd und ein Gemisch aus Monoterpen- und Sesquiterpenkohlenwasserstoffen; ferner Phenolcarbonsäuren, fettes Öl, Kohlenhydrate, Proteine und Flavonoide.

Verwendung Anisfrüchte werden – auch in der Kinderheilkunde – aufgrund ihrer schleimlösenden, auswurffördernden,

In der Klostermedizin wurden die aromatischen Anisfrüchte gleichermaßen als Gewürz - und Heilpflanze verwendet.

krampflösenden und blähungswidrigen Wirkung als Schleimlöser bei Katarrhen der oberen Atemwege und leichten krampfartigen Verdauungsbeschwerden eingesetzt. In der Volksheilkunde wird der Tee von stillenden Müttern zur Milchbildung und als Aphrodisiakum verwendet.
Äußerlich setzt man das ätherische Öl in hautreizenden Einreibungen sowie zur Ungeziefer-Bekämpfung ein.
Sehr beliebt sind Anis und Anisöl daneben als Gewürz in der Lebensmittelindustrie und als Bestandteil zahlreicher verdauungsfördernder Liköre (z. B. Ouzo, Raki, Anisette, Pernod, Pastis, Benediktine).

Nebenwirkungen / Gegenanzeigen Gelegentlich können allergische Reaktionen auftreten. Wegen des Gehaltes an Estragol sollte der Tee nicht über mehrere Wochen in extremen Mengen verwendet werden. Gegen den bestimmungsgemäßen Gebrauch von Anisfrüchten und deren Zubereitungen bestehen keine gesundheitlichen Bedenken.

Anis-Likör

- *40 g frische, zerstoßene Anissamen*
- *1 l Branntwein*
- *0,5 TL Zimt*
- *500 g Zucker*

Den Anissamen mit dem Branntwein aufgießen und Zimt und Zucker unterrühren. Das Ganze sechs Wochen stehen lassen und dann abfiltern.
Anis-Likör hilft bei Völlegefühl und Blähungen.

Zubereitungsform Tee: 0,5 Teelöffel Anisfrüchte wird kurz vor Gebrauch im Mörser zerquetscht, mit 150 ml kochendem Wasser übergossen und 10 bis 15 Minuten bedeckt stehen gelassen. Morgens und/oder abends eine Tasse frisch bereiteten Tee trinken.

Fertigpräparate Bronchoforton®, Solubifix® novo, u. a.

Spitz-Wegerich

Plantago lanceolata

WEITERE NAMEN Heilwegerich, Wundwegerich, Wegbeherrscher, Heudieb.

FAMILIE Plantaginaceae / Wegerichgewächse.

VORKOMMEN Ursprünglich sind die Wegericharten auf der nördlichen Halbkugel heimisch, inzwischen findet man sie weltweit. Obwohl der Spitz-Wegerich auf Wiesen und an Wegrändern häufig vorkommt, wird er für den arzneilichen Gebrauch angebaut, um einen hohen Wirkstoffgehalt zu gewährleisten. Vor allem in den osteuropäischen Ländern und in den Niederlanden kommt er in Kulturen vor.

AUSSEHEN Spitz-Wegerich ist eine mehrjährige Pflanze mit einem kräftigen Wurzelstock. Seine lanzettlichen, faserigen Blättern sind als Blattrosette miteinander verbunden. Die kugelige Blütenähre wächst am Ende eines blattlosen furchigen Stiels, der bis zu 40 cm hoch werden kann. An der Blüte wächst eine kleine Krone aus weißen Staubgefäßen. Die Blütezeit dauert von Mai bis September. Um die Selbstaussaat zu verringern, können die Blüten frühzeitig entfernt werden.

Die mittelalterliche Klostermedizin unterschied bereits den Spitz-Wegerich (Bild) vom Breit-Wegerich.

ZU VERWENDENDE PFLANZENTEILE Die getrockneten Blätter bzw. das ganze Kraut.

ANBAU & ERNTE / SAMMELN Obwohl Spitz-Wegerich nicht sehr anspruchsvoll ist, gedeiht er am besten auf nährstoffreichem Boden und an sonnigen Standorten. Die Pflanze ist winterhart. Spitz-Wegerich kann direkt im Freiland ausgesät werden. Obwohl in der freien Natur viel Spitz-Wegerich zu finden ist, kann es sinnvoll sein, ihn anzubauen. Die Arzneidroge darf nicht zu viele Stängelanteile und Blüten enthalten. Spitz-Wegerich wird von Mai bis Juni geerntet, bevor sich die Blüten gebildet haben.

INHALTSSTOFFE Spitz-Wegerich enthält Iridoidglykoside, deren Gehalt stark vom Erntezeitpunkt abhängig ist (in den jüngeren Blättern bis zu 9 %, in älteren Blättern nur noch in Spuren); daneben Phenylethanoide, Schleime, Flavonoide, Gerbstoffe, Phenolcarbonsäuren, das Cumarinderivat Aesculetin, geringe Mengen eines Saponins, Kieselsäure sowie Mineralstoffe mit hohem Zink- und Kaliumanteil.

Verwendung Spitz-Wegerichkraut ist ein bewährtes Hausmittel zur Behandlung von Katarrhen der oberen Atemwege und trockenem Reizhusten sowie von Schleimhautentzündungen des Mund- und Rachenraumes. Dabei ergänzen sich reizlindernde, adstringierende, antibakterielle und entzündungshemmende Wirkungen der Inhaltsstoffe.
In der Volksmedizin gilt der Press-Saft des frischen Krautes äußerlich als wundheilendes, blutstillendes und entzündungshemmendes Mittel und wird häufig zur Wundversorgung nach Insektenstichen benutzt. Die Wirksamkeit auf diesen Gebieten konnte teilweise in klinischen Studien nachgewiesen werden. Innerlich kommt das getrocknete Kraut in der Volksheilkunde zur Behandlung von Magenkrämpfen und Leberleiden zum Einsatz.

Nebenwirkungen / Gegenanzeigen Keine bekannt.

Zubereitungsform Tee: 1 Esslöffel Spitz-Wegerichblätter wird mit 150 ml kochendem Wasser angesetzt und nach 10 bis 15 Minuten durch ein Teesieb gegeben; 3- bis 4-mal täglich eine Tasse frisch bereiteten Tee trinken.
Um eine optimale bakterizide Wirkung zu erzielen (insbesondere für Spülungen und Umschläge), sollte man die Droge mit kaltem Wasser ansetzen und unter gelegentlichem Umrühren 1 bis 2 Stunden stehen lassen.

Fertigpräparate Bronchsern®, Tetesept® Hustensaft, Kneipp® Spitzwegerich-Pflanzensaft Hustentrost® u. a.

Weitere Art Der Breite oder Große Wegerich (*Plantago major* subsp. *major*) kann ebenfalls zur Behandlung von Atemwegserkrankungen eingesetzt werden, ist allerdings wesentlich schwächer wirksam.

Blutwurz

Potentilla erecta

Weitere Namen Tormentill, Ruhrwurz, Bauchwehkraut, Fingerkraut, botanisches Synonym: *Potentilla tormentilla.*

Familie Rosaceae / Rosengewächse.

Vorkommen Beheimatet ist die Pflanze auf Wiesen und in lichten Wäldern in ganz Mittel- und Nordeuropa. Für den arzneilichen Gebrauch wird sie in Osteuropa angebaut.

Aussehen Blutwurz ist eine mehrjährige, winterharte Rhizomstaude, die 10 bis 30 cm hoch wird. Sie wächst aus einem kräftigen, kriechenden Wurzelstock. Die dreizähligen, grob gezähnten Rosettenblätter sitzen direkt an den Stängeln, die ebenfalls langgestielt sind. Ihre langgestielten, gelben Blüten haben vier Kronblätter (teilweise auch fünf oder sechs) und wachsen aus den Blattachseln. Sie blühen von Mai bis Oktober.

Zu verwendende Pflanzenteile Der getrocknete Wurzelstock.

Anbau & Ernte / Sammeln Die pflegeleichte Blutwurz bevorzugt magere, saure Böden und halbschattige bis schattige Standorte, sie benötigt keine Wassergaben und muss nur wenig gedüngt werden. Die Vermehrung erfolgt am besten vom Frühjahr bis in den Herbst über eine Wurzelteilung.
Geerntet wird der Wurzelstock, indem man ihn vorsichtig ausgräbt und die Wurzeln abtrennt. Optimaler Sammelzeitpunkt ist im Frühjahr oder Herbst, kurz vor oder nach der Blüte.

Inhaltsstoffe Der Wurzelstock enthält 15 bis 20 % Catechingerbstoffe, die bei der Lagerung in schwer lösliche Phlobaphene („Tormentillrot“) übergehen; ferner Ellagtannine, Flavonoide, Phenolcarbonsäuren und Triterpensäuren, welche zum Teil mit Glucose verknüpft sind und Saponineigenschaften haben (z. B. Tormentosid).

Ihren Namen verdankt die Pflanze den Wurzeln, die sich beim Anschneiden blutrot färben.

Verwendung Aufgrund ihres hohen Gerbstoffgehaltes verwendet man einen Tee aus der getrockneten Wurzel als zusammenziehendes Mittel (Adstringens) bei akuten Durchfallerkrankungen und leichten Magen-Darm-Entzündungen, ferner als Gurgel- oder Spüllösung sowie als Pinselung bei Schleimhautentzündungen im Mund- und Rachenraum.
In der Volksheilkunde wird der Tee daneben zum Waschen von schlecht heilenden Wunden und als Sitzbad zur Behandlung von Hämorrhoiden eingesetzt.
In Laborversuchen zeigten Blutwurzextrakte eine Reihe interessanter pharmakologischer Aktivitäten: Unter anderem wurden antiallergische, antivirale und immunstimulierende Wirkungen nachgewiesen, die allerdings bislang (noch) nicht therapeutisch genutzt werden.

Nebenwirkungen / Gegenanzeigen Bei empfindlichen Patienten kommt es gelegentlich zu leichten Magenbeschwerden. Bei Durchfallerkrankungen von Säuglingen und Kleinkindern immer den Arzt aufsuchen!

Zubereitungsform Tee: Etwa 0,5 Teelöffel Blutwurz mit siedendem Wasser übergießen und nach 10 bis 15 Minuten durch ein Teesieb geben. Bei Durchfallerkrankungen 2- bis 3-mal täglich eine Tasse trinken. Bei Mund- und Rachenentzündungen mehrmals täglich mit dem lauwarmen Tee gurgeln oder spülen.

Fertigpräparate Diarrheel® S, Mundra® N, RatioGast®, Styptik® N u. a.

Weitere Art Auch das Gänse-Fingerkraut *(Potentilla anserina)* enthält Gerbstoffe und lässt sich zur Behandlung leichter Durchfallerkrankungen und leichter entzündlicher Erkrankungen im Mund- und Rachenraum einsetzen.

Als Blutwurz wurden im Mittelalter verschiedene Pflanzen bezeichnet, unter anderem auch *Potentilla erecta*.

Echte Schlüsselblume

Primula veris

Weitere Namen Wiesen-Primel, Himmelschlüsselblume, Aurikel.

Familie Primulaceae / Primelgewächse.

Vorkommen Die Heimat der Schlüsselblume ist Europa und Asien. Sie wächst vor allem auf Wiesen und an sonnigen Hängen. In Bulgarien und in der Türkei wird sie für den arzneilichen Gebrauch angebaut.

Aussehen Die Schlüsselblume ist eine immergrüne Rosettenstaude. Ihre duftenden, gelben Blüten hängen trichterförmig in Dolden und blühen von April bis Mai. Die Blätter sind länglich bis eiförmig und leuchtend grün. Schlüsselblumen werden etwa 25 cm hoch und ebenso breit.

Zu verwendende Pflanzenteile Der getrocknete Wurzelstock und die Blüten (mit oder ohne Kelch).

Anbau & Ernte / Sammeln Schlüsselblumen gedeihen in gut durchlässigem oder trockenem, neutralem bis basischem Boden in der Sonne oder im Halbschatten. Sie lassen sich durch Aussaat im Herbst oder durch Teilung nach der Blütezeit vermehren. Die winterharte Pflanze benötigt eine ausreichende Wasserversorgung.
Die Blüten werden im April und Mai geerntet, die Wurzeln im Frühjahr oder Herbst. Schlüsselblumen dürfen nicht aus Wildbeständen gesammelt werden, da sie unter Naturschutz stehen!

Im Volksglauben der alten Zeiten galt die Schlüsselblume als Schutz- und Fruchtbarkeitsmittel. Zunächst nur äußerlich angewandt, wurde sie im Mittelalter auch als innerliches Arzneimittel genutzt.

Inhaltsstoffe Die Wurzel enthält 3 bis 12 % Triterpensaponine, ferner Phenolglykoside, aus welchen beim Trocknen charakteristisch riechende Abbauprodukte gebildet werden; daneben zum Teil seltene Zucker, Zuckeralkohole und geringe Mengen an Gerbstoffen. Der Saponingehalt der Blüten ist deutlich geringer (in den Kelchblättern maximal 2 %), allerdings sind in den Kronblättern bis zu 3 % Flavonoide enthalten, daneben Spuren von ätherischem Öl.

Verwendung Die Wurzeln und Blüten enthalten Saponine, die auswurffördernd und schleimlösend wirken, und werden deshalb in Form von Tee zur Behandlung von Bronchitis, Husten, Atemwegskatarrhen und Erkältungskrankheiten eingesetzt. Die Wirkung der Wurzeln ist aufgrund ihres wesentlich höheren Saponingehaltes entsprechend stärker.
In der Volksmedizin werden die nach Honig duftenden Blüten als nervenstärkendes Mittel bei Kopf- und Nervenschmerzen, Gliederzittern und ferner als Herztonikum bei Herzschwäche verwendet, die Wurzeln auch bei Keuchhusten, Asthma und Gicht.

Nebenwirkungen / Gegenanzeigen Nur bei Überdosierung kann es vereinzelt zu Übelkeit und Brechreiz kommen.

Zubereitungsform Tee: 1 Messerspitze Schlüsselblumenwurzeln bzw. 1 bis 2 Teelöffel Schlüsselblumenblüten (mit Kelchen) werden mit einer Tasse kochendem Wasser übergossen und nach 10 bis 15 Minuten abgeseiht. Mehrmals täglich eine Tasse (mit Honig gesüßt) trinken.

Fertigpräparate Ipalat®, Bronchicum®, Bronchipret®, Melrosum®, Primotussan®, Tussiflorin® u. a.

Trauben-Eiche

Quercus petraea

Weiterer Name Winter-Eiche.

Familie Fagaceae / Buchengewächse.

Vorkommen Eichen sind in ganz Europa heimisch und vor allem in Mischwäldern zu finden. Für den arzneilichen Gebrauch werden Wildsammlungen in Deutschland sowie in Ost- und Südeuropa genutzt.

Aussehen Die Eiche ist ein bis zu 40 m hoher Baum mit einem Stammdurchmesser von bis zu 2 m und einer kräftigen Pfahlwurzel. Ihr Höchstalter liegt bei 800 bis 1000 Jahren. Die Baumkrone ist hochgewölbt mit strahlenförmig abgehenden Ästen und gleichmäßig verteiltem Laub. Die Rinde der jungen Eiche ist glatt und schwach graugrün glänzend. Mit zunehmendem Alter bildet sie eine dicke, graubraune Borke, die längs tiefe Risse aufweist. Die Zweige sind dunkelgrau, zum Teil rötlich und grau bereift. Die wechselständigen, ledrigen Blätter sind in fünf bis neun engen Buchten gelappt und wachsen an einem 1 bis 2 cm langen gelben Stiel. Sie erreichen eine Länge von 8 bis 12 cm und werden 4 bis 5 cm breit. Ihre Oberseite ist tiefgrün glänzend, auf der Unterseite sind die Blätter heller. Die Eiche bildet große, eiförmige Knospen, die zu mehreren an den Triebenden sitzen. Die einzelnen Knospen sind hell orangebraun und haben eine dunkelbraune Spitze. Die Trauben-Eiche ist getrenntgeschlechtlich. Sie blüht von April bis Mai. Die männlichen Kätzchen werden 5 bis 8 cm lang, die weiblichen Blüten sitzen zu zweit bis sechst endständig und in den jungen Trieben. Die Eicheln reifen von September bis Oktober. Sie sitzen wie in Trauben zusammen (daher der Name) und werden bis zu 3 cm lang.

Zu verwendende Pflanzenteile Die getrocknete borkenfreie Rinde junger Zweige.

Anbau & Ernte / Sammeln Trauben-Eichen werden lediglich in der Forstwirtschaft angebaut. Sie bevorzugen

Die Eiche hat als Heilpflanze von alters her ein hohes Ansehen und galt als „Königin der Bäume".

sonnige, lichte Standorte und wachsen auf trockenen, mittel- bis tiefgründigen Stein- und Lehmböden; sie kommen aber auch mit nährstoffarmen Böden aus.
Für die Selbstmedikation ist es angebracht, auf die Arzneidroge zurückzugreifen. Das eigenständige Sammeln von Baumrinden ist unüblich.

Inhaltsstoffe Eichenrinde enthält bis zu 20 % Gerbstoffe; neben Ellagtanninen handelt es sich dabei vorwiegend um oligomere Procyanidine, welche aus Catechin, Epicatechin und Gallocatechin aufgebaut sind. Der Gerbstoffgehalt ist stark abhängig vom Alter der Zweige und Erntezeitpunkt. Bei den weiteren Inhaltsstoffen handelt es sich vor allem um Triterpene und das Cyclitol Quercitol.

Verwendung Als Gerbstoffdroge wird Eichenrinde aufgrund ihrer adstringierenden und antiseptischen Wirkung hauptsächlich in Form von Bädern zur Behandlung entzündlicher Hauterkrankungen (auch Frostbeulen) und übermäßiger Schweißproduktion, als Pinselung bei leichten Entzündungen im Mund- und Rachenraum sowie als Sitzbad bei entzündlichen Erkrankungen bzw. Juckreiz im Genital- und Analbereich verwendet.
Innerlich – als Tee – kommt sie nur selten zum Einsatz als leichtes appetitanregendes Mittel und zur Behandlung unspezifischer akuter Durchfallerkrankungen.

Nebenwirkungen / Gegenanzeigen Vollbäder dürfen bei größeren Hautverletzungen und akuten Hauterkrankungen, schweren fiebrigen Infektionskrankheiten, Herzinsuffizienz und Bluthochdruck nur nach Rücksprache mit dem Arzt angewendet werden.

Zubereitungsform Lösung zum Spülen, Gurgeln und zur Bereitung von Umschlägen: 2 Esslöffel Eichenrinde werden 15 bis 20 Minuten in 500 ml Wasser gekocht. Mehrmals täglich mit der unverdünnten Abkochung spülen oder gurgeln. Teilbäder bzw. Vollbäder: Etwa 1 Esslöffel pro Liter Wasser verwenden. Einmal täglich 15 bis 20 Minuten bei 32 bis 37 °C.

Weitere Arten Auf gleiche Art lassen sich die Stiel-Eiche *(Quercus robur)* und die Gall- oder Aleppo-Eiche *(Quercus infectoria)* verwenden. Die von der Gall-Eiche gebildeten „Aleppogallen" entstehen als Gewebewucherung nach der Eiablage einer Gallwespe in die Sprossspitze. Die kugeligen Gebilde bestehen zu etwa 70 % aus Gallotanninen und werden zur industriellen Gewinnung von Tannin genutzt.

Medizinal-Rhabarber

Rheum palmatum

WEITERE NAMEN Arznei-Rhabarber, Chinesischer Rhabarber.

FAMILIE Polygonaceae / Knöterichgewächse.

VORKOMMEN Der Arznei-Rhabarber kommt ursprünglich in Nord- und Westchina sowie im Nordosten Tibets vor.

AUSSEHEN Medizinal-Rhabarber ist eine winterharte Rhizomstaude. Ihre blassgrünen bis tiefroten Blüten sind sehr klein und sternenförmig. Sie wachsen in großen Rispen und blühen von Mai bis Juni. Die gezähnten, dunkelgrünen Blätter sind handförmig gelappt, mit drei bis neun Lappen. Die Pflanze erreicht eine Höhe bis zu 250 cm und wird etwa 180 cm breit.

Seit altersher wird der Medizinal-Rhabarber in China und Tibet als Heilpflanze eingesetzt. Seit dem 18. Jahrhundert ist er auch in Europa verbreitet.

ZU VERWENDENDE PFLANZENTEILE Die getrockneten und geschälten unterirdischen Organe.

ANBAU & ERNTE Als Standort bevorzugt er sonnige bis halbschattige Plätze und einen tiefgründigen, feuchten, jedoch gut durchlässigen und nährstoffreichen Boden. Die Vermehrung von Medizinal-Rhabarber geschieht über Teilung im zeitigen Frühjahr oder Herbst. Er kann jedoch auch im Herbst im Kasten ausgesät werden. Die Wurzeln werden ab dem dritten Kulturjahr von Oktober bis November geerntet. Vorsicht: Die Blätter sind giftig!

INHALTSSTOFFE Die Wurzeln des Medizinal-Rhabarbers enthalten ein komplexes Gemisch phenolischer Inhaltsstoffe. Pharmazeutisch bedeutsam sind vor allem die Hydroxyanthracen-Derivate – etwa 60 bis 80 % Anthrachinonglykoside, neben 10 bis 25 % Dianthronglykosiden; ferner Gallotanningerbstoffe, 1-Phenylbutanonderivate der Galloylglucose, Flavonoide und Naphtolglykoside.

VERWENDUNG Die Droge wird aufgrund ihres Gehaltes an Anthrachinon- und Dianthronglykosiden vorwiegend in Form von Tee als Abführmittel bei Verstopfung, Hämorrhoiden oder Analverletzungen sowie nach operativen Eingriffen am Mastdarm (Rektum) verwendet. In niedriger Dosierung dominiert dagegen die adstringierende

Wirkung der Gerbstoffe, so dass sich Rhabarberwurzeln auch zur Behandlung von leichten Durchfallerkrankungen oder Appetitlosigkeit eignen. Alkoholische Auszüge werden daneben zur Behandlung entzündlicher Erkrankungen der Mundschleimhaut und des Zahnfleisches eingesetzt. Eine Verbindung des Gerbstoffgemisches zeigte in Laboruntersuchungen eine der Acetylsalicylsäure vergleichbare schmerzlindernde und entzündungshemmende Wirkung.

Nebenwirkungen / Gegenanzeigen Rhabarberwurzel darf keinesfalls über einen längeren Zeitraum kontinuierlich angewendet werden, da es dann zu massiven Störungen im Wasser- und Mineralstoffhaushalts kommt und schon nach relativ kurzer Zeit ein „Gewöhnungseffekt" eintritt. Aufgrund des hohen Kaliumverlustes darf die Anwendung bei gleichzeitiger Einnahme von Herzglykosiden, Diuretika und Corticosteroiden nur unter ärztlicher Kontrolle erfolgen. Bei Darmverschluss sowie in der Schwangerschaft und Stillzeit darf Rhabarberwurzel nicht verwendet werden.

Zubereitungsform Tee: 0,5 Teelöffel Rhabarberwurzel wird mit einer Tasse kochendem Wasser übergossen und 10 bis 15 Minuten ziehen gelassen. Vor dem Schlafengehen eine Tasse trinken, die Wirkung tritt nach acht bis zwölf Stunden ein.

Fertigpräparate Pyralvex® (Mundschleimhauttherapeutikum), Heelax®, Rheogen® u. a.

Weitere Art Der Gemeine Rhabarber *(Rheum rhabarbarum)*, der in der Küche zu Kompott etc. verarbeitet wird, eignet sich nicht zur pharmazeutischen Verwendung!

Schwarze Johannisbeere

Ribes nigrum

Weitere Namen Gichtbeere, Ahlbeere, Cassis.

Familie Grossulariaceae / Stachelbeergewächse.

Vorkommen Die Heimat der Schwarzen Johannisbeere ist Nord- und Mitteleuropa, wo sie auch in Kulturen angebaut wird. Sie wächst in feuchten Gebüschen, Auwäldern, Flachmooren und Sümpfen. Für den arzneilichen Gebrauch wird sie vor allem aus Polen, Ungarn und Rumänien importiert.

Aussehen Johannisbeeren wachsen an bis zu 2 m hohen Sträuchern. Ihre grünlichen Blüten bilden sich in Trauben und blühen von April bis Mai. Die Blätter sind drei- bis fünffach gelappt. Die schwarzen Beeren werden in der Zeit von Juni bis Juli reif, sie wachsen in Trauben an einem langen Stil.

Zu verwendende Pflanzenteile Die getrockneten kurz nach der Blüte geernteten Laubblätter und die frischen oder getrockneten Früchte.

Anbau & Ernte Schwarze Johannisbeeren werden als Büsche angebaut. Sie sind robust und stellen geringe Ansprüche an den Boden. Allerdings dürfen sie nicht in staunassem Boden stehen. Sie bevorzugen sonnige bis halbschattige Standorte. In den ersten Jahren sollte man ausreichend mit Stickstoff düngen, damit sie gut in den Wuchs kommen. Zur Zeit der Blüte darf kein Stickstoff zugeführt werden, um das Ausrieseln der Beeren zu verhindern.

Inhaltsstoffe Die Blätter enthalten Flavonoide, daneben oligomere Proanthocyanidine, Phenolcarbonsäuren sowie Spuren eines überwiegend aus Mono- und Sesquiterpenen zusammengesetzten ätherischen Öles. Die reifen Früchte sind reich an Anthocyanen, Polyphenolen, Pektinen und Vitamin C (höchster Gehalt aller Gartenfrüchte). Das fette Öl der Samen enthält Gamma-Linolensäure (siehe auch Nachtkerze, Seite 162).

Verwendung Die getrockneten Blätter werden überwiegend in der Volks-

Die Schwarze Johannisbeere fand durch die mittelalterliche Klosterheilkunde den endgültigen Durchbruch in die Medizin.

heilkunde verwendet, und zwar als harntreibender, blutreinigender Tee, Mittel bei Gicht und rheumatischen Beschwerden, daneben aber auch bei Durchfallerkrankungen (Diarrhöen), Krampfhusten und zur äußerlichen Behandlung von kleineren Wunden und Insektenstichen. Für einige Inhaltsstoffe konnten in Laborversuchen entzündungshemmende und stark antioxidative Effekte nachgewiesen werden, welche jedoch bislang nicht therapeutisch genutzt werden. Häufig werden Johannisbeerblätter wegen ihres angenehmen Geschmacks Blasen- und Nierenteemischungen und Haustees beigemischt. Aufgrund ihres hohen Gehaltes an Vitaminen und phenolischen Verbindungen besitzen die Beeren einen erheblichen Gesundheitswert. Den Aufguss oder den mit Wasser verdünnten Beerensaft verwendet man ebenfalls in der Volksmedizin als Gurgellösung bei Entzündungen im Mund- und Rachenraum, den reinen Saft trinkt man zur Stärkung des Immunsystems bei beginnenden Erkältungskrankheiten.

Nebenwirkungen / Gegenanzeigen Der Tee darf nicht zur Ausschwemmung von Ödemen infolge eingeschränkter Herz- und Nierentätigkeit verwendet werden.

Zubereitungsform Tee: 1 bis 2 Teelöffel Schwarze Johannisbeerblätter werden mit 150 ml siedendem Wasser übergossen und nach etwa 10 Minuten durch ein Teesieb gegeben. Mehrmals täglich eine Tasse frisch bereiteten Tee zwischen den Mahlzeiten trinken.

Weitere Art Die Rote Johannisbeere (*Ribes rubrum*, Bild rechts) ist ebenfalls sehr reich an Vitamin C, Mineralstoffen und Polyphenolen, wird allerdings nicht therapeutisch verwendet.

Die Rote Johannisbeere ist aufgrund ihres hohen Gehaltes an Mineralstoffen und Vitamin C ein äußerst gesundes Nahrungsmittel.

Rizinus

Ricinus communis

Die Rizinus-Samen sehen attraktiv aus, sind aber hochgiftig.

WEITERE NAMEN Wunderbaum, Christuspalme, Läusebaum, Kreuzbaum, Hundsbaum.

FAMILIE Euphorbiaceae / Wolfsmilchgewächse.

VORKOMMEN Der Rizinus stammt aus Nordafrika, Westasien, wo er an Felshängen wächst. Heute wird er in wärmeren Ländern wie Indien, China und Brasilien angebaut.

AUSSEHEN Rizinus wächst als aufrechter, mehrjähriger, stark verzweigter Strauch (2 bis 3 m hoch, ca. 90 cm breit). In unseren Regionen findet man ihn oft als einjährig gezogene Pflanze. Seine glänzenden Blätter sind handförmig gelappt, grün, häufig aber dunkel bronzefarben getönt. Rizinus blüht von August bis Oktober. Die männlichen Blüten sind grünlichgelb, die weiblichen rot. Beide sind klein, kugelförmig und ohne Blütenblätter. Die Früchte sind eiförmige, stachelige Kapseln mit glänzenden, cremefarben gesprenkelten Samen.

ZU VERWENDENDE PFLANZENTEILE Das fette Öl der Samen.

ANBAU & ERNTE Rizinus braucht nährstoffreichen, feuchten, durchlässigen Boden und einen vollsonnigen Standort. Er kann durch Aussaat vorgequollener Samen vermehrt werden, wobei die Temperaturen mindestens 21 °C betragen sollten. Er ist frostempfindlich, kann aber bei einer Tem-

Rizinusöl wird bereits seit 1500 v. Chr. als Abführmittel verwendet und in der Klostermedizin als Mittel zur inneren Reinigung bezeichnet.

peratur bis 0 °C im Kübel überwintern. Aus den reifen Früchten werden zur Erntezeit die ölhaltigen Samen aus den Fruchtkapseln herausgeschleudert. Die Gewinnung des Samens eignet sich nicht für die Selbstmedikation.
Vorsicht: Sämtliche Pflanzenteile, besonders die Samen, sind ausgesprochen giftig! Das Laub kann Hautreizungen hervorrufen.

Inhaltsstoffe Die Samen enthalten fettes Öl mit Triglyceriden der Ricinolsäure, daneben das hochgiftige Lectin Ricin, welches bereits in einer Menge von 0,25 mg tödlich sein kann und bei der Aufbereitung des Öles vollständig entfernt werden muss, ferner das ebenfalls giftige Pyridinalkaloid Ricinin, Vitamin E und Enzyme (Lipasen).

Verwendung Rizinusöl besitzt eine stark abführende Wirkung, welche auf der nach der Einnahme im Dünndarm freigesetzten Ricinolsäure beruht. Sie stimuliert eine vermehrte Sekretion von Wasser und Elektrolyten in den Darm und hemmt gleichzeitig deren Rückresorption.
Durch diese Volumenvergrößerung des Darminhaltes kommt es zu einer verstärkten Darmbewegung (Peristaltik) und verkürzten Passagezeit, wozu auch die Erhöhung der Gleitfähigkeit durch die ölige Beschaffenheit beiträgt. Man verwendet das Öl als Darmreinigungsmittel vor Untersuchungen und bei akuter Verstopfung, es ist keinesfalls für den Langzeitgebrauch geeignet.

Nebenwirkungen / Gegenanzeigen Das Öl soll nicht verwendet werden bei chronischer Verstopfung, akutentzündlichen Darmerkrankungen, Bauchschmerzen unbekannter Ursache und in der Schwangerschaft. Auch als Gegenmittel bei Vergiftungen ist es nicht geeignet, da es unter Umständen die Aufnahme des Giftes in den Körper beschleunigen kann.

Zubereitungsform 1 bis 2 Esslöffel Rizinusöl auf nüchternen Magen einnehmen – die Wirkung tritt nach etwa 2 bis 4 Stunden ein.

Fertigpräparate Ramend® Abführ-Kapseln, Börnolax®, Laxopol®, Primalax u. a.

Hunds-Rose

Rosa canina

WEITERE NAMEN Hecken-Rose, Hiefen, Rosenbeere, Dornapfel, Hainbutten, Hetscherln, Arschkratzerl, Butterfässlein.

FAMILIE Rosaceae / Rosengewächse.

VORKOMMEN Die Heimat der Hecken-Rose reicht von Mitteleuropa bis zum Kaukasus.

AUSSEHEN Die Hecken-Rose ist ein mehrjähriger, winterharter Strauch, der einige Meter hoch wird und dunkelgrüne, gefiederte, eiförmige Blätter trägt. Er hat stark überhängende, dornige Äste. Seine ungefüllten, weißen bis rosaroten Blüten öffnen sich im Juni; sie duften nicht.
In den leuchtend roten, kugel- bis eiförmigen Hagebutten-Früchten (Scheinfrüchte) stecken Schließfrüchte (Samen) mit Borstenhaaren.

Die Bezeichnung „Hunds-Rose" leitet sich vom griechischen Wort *kynosbatos* ab (*kynos* = Hund, *batos* = Strauch).

ZU VERWENDENDE PFLANZENTEILE Die reifen, geöffneten, von Haaren befreiten Scheinfrüchte – mit oder ohne Früchte.

ANBAU & ERNTE / SAMMELN Die Hecken-Rose gedeiht in nährstoffreichem, feuchtem, jedoch gut durchlässigem Boden und bevorzugt sonnige Standorte. Sie lässt sich im Herbst durch Steckhölzer vermehren. Die Ernte der Hagebutten erfolgt im Oktober bei beginnender Reife, solange die Scheinfrüchte noch fest sind. Hagebuttenfrüchte können reichlich in der freien Natur gesammelt werden.

INHALTSSTOFFE Hagebuttenschalen sind reich an Vitaminen (v. a. Vitamin C) und enthalten bis zu 15 % Pektin; daneben Fruchtsäuren, Gerbstoffe (Gallussäurederivate), wenig Flavonoide und Anthocyane, Spuren von ätherischem Öl sowie Carotinoide wie Isomere des Rubixanthins, Lycopin und die Vitamin-A-Vorstufe Beta-Carotin. Die Nussfrüchtchen enthalten bis zu 10 % fettes Öl, etwa 0,3 % ätherisches Öl und Mineralstoffe.

VERWENDUNG Hagebuttenschalen kommen hauptsächlich in der Volksmedizin zum Einsatz. Aufgrund ihres hohen

Bei der Hagebutte handelt es sich um eine Scheinfrucht, welche die eigentlichen, steinartigen Früchtchen in sich birgt.

Vitamin-C-Gehaltes sind sie beliebt bei der Therapie und Prophylaxe von Erkältungskrankheiten. Daneben werden sie als schwaches harntreibendes und abführendes Mittel verwendet, wobei die Wirkung in diesen Gebieten umstritten ist.
Das fette Öl der Früchte enthält hohe Konzentrationen an ungesättigten Fettsäuren und wird in der Kosmetikindustrie eingesetzt, da es die Narben- und Faltenrückbildung positiv beeinflussen soll.
Wesentlich größere Bedeutung besitzen die Hagebutten im Lebensmittelbereich. Hier sind sie aufgrund ihres angenehmen süßsäuerlichen Geschmacks Bestandteil vieler Teemischungen und werden zu wohlschmeckender, Vitamin-C-reicher Marmelade (Hegenmus) verarbeitet.

NEBENWIRKUNGEN / GEGENANZEIGEN
Keine bekannt.

ZUBEREITUNGSFORM Tee: 1 Teelöffel zerkleinerte Hagebutten mit 150 ml kochendem Wasser übergießen und 10 bis 15 Minuten lang ziehen lassen. Mehrmals täglich eine Tasse, eventuell mit Honig gesüßt, trinken.

WEITERE ARTEN Auf die gleiche Art lassen sich auch die (Schein-)Früchte der Alpen-Rose *(Rosa pendulina)* und der Kartoffel-Rose *(Rosa rugosa)* verwenden. Alpen-Rosen wachsen in den mittel- und südeuropäischen Gebirgsregionen. Die Kartoffel-Rose ist in Ostasien beheimatet, man trifft sie aber häufig als Zierpflanze in Mitteleuropa.

Rosmarin

Rosmarinus officinalis

Weitere Namen Krankraut, Kranzenkraut, Rosmarein.

Familie Lamiaceae / Lippenblütler.

Vorkommen Die Heimat des Rosmarins ist der Mittelmeerraum und Afrika. Er wächst im trockenen Buschland, in Felslagen und lichten Wäldern.

Aussehen Rosmarin wächst als immergrüner, dichter, buschiger, aufrechter (bis 2 m) oder rundlicher Halbstrauch. Die Blütenfarbe reicht je nach Sorte von Weiß über Rosa, unterschiedlichen Blautönen bis zu tiefem Lila. Die röhrenförmigen Lippenblüten wachsen in den Blattachseln wie Trauben heran. Ihre Blütezeit ist von Mai bis Juli. Die stark duftenden, lederartigen, linealischen Blätter sind meist auf der Oberseite dunkelgrün und auf der Unterseite weißfilzig.

Erst die Klosterheilkunde hat Rosmarin als Arzneipflanze entdeckt. Mönche haben sie vom Süden in den Norden Europas gebracht.

Zu verwendende Pflanzenteile Die getrockneten Laubblätter.

Anbau & Ernte Rosmarin gedeiht in durchlässigem, neutralem bis basischem Boden, der nicht zu viel Stickstoff enthalten sollte. Er liebt vollsonnige Standorte. Nördlich der Alpen ist Rosmarin nicht winterhart. Deshalb sollte man die Pflanzen im Winter abdecken. Rosmarin wird im Frühjahr durch Aussaat im Gewächshaus vermehrt, im Sommer kann auch eine Vermehrung über Stecklinge erfolgen. Die Blätter und Triebspitzen können ganzjährig geerntet werden.

Inhaltsstoffe Rosmarin enthält bis zu 2,5 % ätherisches Öl mit Cineol, Campher, Pinen, Verbenon (verantwortlich für den charakteristischen Geruch) und weiteren Monoterpenen als Hauptbestandteilen; daneben phenolische Bitterstoffe, Lamiaceen-Gerbstoffe, Flavonoide, Triterpene, Sterole, Lipide, säurelabile Polysaccharide sowie Spuren von Salicylaten.

Verwendung Innerlich werden Rosmarin-Zubereitungen aufgrund ihres Gehaltes an ätherischem Öl und Bitterstoffen zur Behandlung von Verdauungsstörungen, Blähungen, Völlegefühl, leichten

störungen, ist aber auch in zahlreichen anregend wirkenden Badezusätzen und Bronchialbalsamen enthalten.
In der Volksmedizin setzt man die Droge für Umschläge bei schlecht heilenden Wunden und Ekzemen und als Insektenvertilgungsmittel ein.
Nicht zuletzt spielt Rosmarin eine große Rolle als Küchenkraut. Besonders in Frankreich und Italien ist er ein beliebtes Gewürz und wird aufgrund seiner antibakteriellen Wirkung als Konservierungsmittel für Wurst und Fleisch verwendet.

Nebenwirkungen / Gegenanzeigen Bei bestimmungsgemäßem Gebrauch sind keine Nebenwirkungen zu befürchten, Rosmarinzubereitungen sollten jedoch nicht in der Schwangerschaft verwendet werden.

Zubereitungsform Tee: 1 Teelöffel Rosmarinblätter wird mit einer Tasse heißem Wasser übergossen und 10 bis 15 Minuten abgedeckt ziehen gelassen.
Badezusatz: 50 g Droge werden kurz mit 1 l Wasser aufgekocht und 30 Minuten lang bedeckt stehen gelassen, die abgeseihte Flüssigkeit wird dem Badewasser zugesetzt.
Rosmarinwein: 20 g Droge werden in 1 l Wein unter gelegentlichem Umschütteln 5 Tage stehen gelassen. Dann abseihen und täglich ein Likörgläschen voll zu sich nehmen.

Fertigpräparate Ätherisches Rosmarinöl ist in über 100 Salben, Einreibungen und Bädern enthalten.

krampfartigen Beschwerden im Magen-Darm-Bereich und Appetitlosigkeit eingesetzt. Äußerlich wird vorwiegend das ätherische Öl verwendet. Es ist wegen seiner hautreizenden, durchblutungsfördernden Wirkungen sehr häufig Bestandteil von Hautölen und Einreibungen zur Behandlung von Nervenschmerzen, Muskel- und Gelenkrheumatismus und Durchblutungs-

Brombeere

Rubus fruticosus

Weitere Namen Brohmbeere, Kratzbeere, Schwarzbeere.

Familie Rosaceae / Rosengewächse.

Vorkommen Die Brombeere ist in Europa, Nordafrika und Vorderasien beheimatet. Sie gedeiht in lichten Wäldern und an sonnigen Hängen. Für den arzneilichen Gebrauch wird sie aus ost- und südeuropäischen Ländern importiert.

Aussehen Brombeeren sind stachelige Kletterpflanzen, die eine Höhe von 50 bis 300 cm erreichen können. Erst im zweiten Jahr bildet die Pflanze Seitentriebe, an deren Ende sich die Blüten befinden. Jede der weißen (selten auch rosafarbenen) Blüten hat jeweils fünf Kelch- und Kronblätter. Sie blühen zwischen Juni und August. Die blauschwarzen Früchte, die sich ab Juli bilden, sind keine Beeren, sondern Sammelsteinfrüchte.
Die immergrünen Blätter sind wechselständig unpaarig und drei-, fünf- oder siebenzählig gefiedert.

Zu verwendende Pflanzenteile Die getrockneten Blätter.

Anbau & Ernte / Sammeln Brombeeren vermehren sich stark über Ausläufer und Absenker. Sie lieben kalkarme, feuchte Böden und gedeihen sowohl in schattigen Wäldern als auch in sonnigen Hanglagen. Die Blätter werden vor der Blütezeit von Mai bis Juni, die Früchte von Juli bis Oktober geerntet.
Bei einem Anbau im Garten ist zu bedenken, dass die Pflanzen wegen ihres starken Ausbreitungsdrangs viel Platz und Pflege benötigen. Leiten Sie die Ranken regelmäßig an einem Spalier hoch und kürzen sie sie ein. Nach der Beerenernte werden die alten Ruten bodennah abgeschnitten. Im Frühjahr beim Neuaustrieb lässt man nur die stärksten Triebe stehen.

Inhaltsstoffe Brombeerblätter enthalten vorwiegend Gerbstoffe vom

Frühstückstee

- *3 TL Zitronenmelisse*
- *1 TL Brombeerblätter*
- *1 TL Himbeerblätter*
- *1 TL Erdbeerblätter*
- *1 TL Pfefferminzblätter*
- *1 TL Malvenblüten*
- *1 TL Hibiskusblüten*
- *1 TL Lindenblüten*

Mischen Sie die Kräuter und übergießen Sie 2 TL der Mischung mit 250 ml kochendem Wasser. Lassen Sie den Tee 10 Minuten ziehen.

Gallotannin-Typ, daneben dimere Ellagtannine, Pflanzensäuren (z. B. Citronen- und Isocitronensäure), Flavonoide und Triterpensäuren.

Verwendung Brombeerblätter können aufgrund ihres Gerbstoffgehaltes als leichtes Mittel gegen unspezifische Durchfallerkrankungen und als Gurgellösung zur Behandlung entzündlicher Erkrankungen im Mund- und Rachenraum eingesetzt werden. Wegen ihres angenehmen Geschmacks und ihrer guten Verträglichkeit sind sie Bestandteil zahlreicher Teemischungen, beispielsweise dem „Deutschen Haustee", und können auch über längere Zeit bedenkenlos getrunken werden. Um einen dem Schwarzen Tee ähnlichen Geschmack zu erzielen, werden die Blätter oftmals fermentiert, wobei sie eine schwarze Färbung annehmen.

Nebenwirkungen / Gegenanzeigen Keine bekannt.

Zubereitungsform Tee: 2 bis 3 Teelöffel fein zerschnittene Brombeerblätter werden mit einer Tasse kochendem Wasser übergossen und nach 10 bis 15 Minuten durch ein Teesieb gegeben. Mehrmals täglich zwischen den Mahlzeiten trinken, bei Entzündungen im Mund- und Rachenraum mehrmals täglich mit dem lauwarmen Aufguss spülen.

Weitere Art Ebenso wie die Blätter der Brombeere lassen sich auch die Himbeerblätter *(Rubus idaeus)* verwenden.

Die äußerst gesunden Brombeerfrüchte eignen sich zur Herstellung von Marmelade, Saft oder Kompott, können aber auch roh verzehrt werden.

Weide

Salix-Arten

Weitere Namen Fieberweide, Maiholz, Weißfelber, Hartrinde, Knackrinde, Fellhornrinde, Kamprinde.

Familie Salicaceae / Weidengewächse.

Vorkommen Die Heimat der Weiden ist Europa und Nordafrika bis nach Zentralasien. Man findet sie an Bächen und Seen und in Überflutungsgebieten in Ufergebüschen.

Aussehen Weiden wachsen als Bäume oder Sträucher. Es gibt Baumarten, die bis zu 30 m hoch werden können und Zwergsträucher, die nur 3 cm hoch werden. Weiden bilden kräftige Wurzeln, die sich stark verzweigen und das Erdreich festigen. Ihre Blüten (Weidenkätzchen) sind je nach Art besonders auffällig. Sie erscheinen manchmal schon vor oder gleichzeitig mit den Blättern. Es gibt Weiden mit dicken, eiförmigen Kätzchen oder mit walzenförmigen, grünlich gefärbten. Auch die Blätter der Weiden sind sehr unterschiedlich geformt. Sie können kreisrund bis schmal lanzettförmig sein. Oft sind sie hellgrün und auf der Blattunterseite stark behaart. Die Weidenrinde ist weiß oder rötlich, biegsam, zäh und faserig.

Der botanische Gattungsname *Salix* wird von dem indogermanischen Wort *sal*=grau abgeleitet.

Zu verwendende Pflanzenteile Die getrocknete Rinde junger Zweige verschiedener Weiden-Arten, z. B. *Salix alba, S. daphnoides, S. fragilis* und *S. purpurea*,

Anbau & Ernte / Sammeln Weiden bevorzugen periodisch überschwemmte, nährstoffreiche, basische Böden und lieben sonnige Standort. Sie wachsen aber auch auf kalkhaltigen bis mäßig sauren, sandigen Tonböden oder reinen Schlickböden. Die meisten Weiden pflanzen sich durch Samen fort, einige vermehren sich über Stecklingen: Bei Hochwasser werden abgebrochene Zweige ans Ufer geschwemmt und schlagen Wurzeln. Zum Ernten werden mitteldicke Weiden verwendet, deren Rinde im Frühjahr abgeschält und getrocknet wird. Für den arzneilichen Gebrauch empfiehlt es sich allerdings, die Droge in der Apotheke zu kaufen.

Inhaltsstoffe Weidenrinde enthält 1,5 bis über 11 % als Salicylate bezeichnete Salicylalkoholderivate, ferner phenolische Verbindungen, aromatische Alkohole, Aldehyde und Säuren (z. B. Salicylalkohol, Syringaaldehyd und Salicylsäure), Flavonoide, das Flavanolol Ampelopsin und das Chalkon Isosalipurposid sowie 8 bis 20 % Gerbstoffe.

VERWENDUNG Die in der Weidenrinde enthaltenen Salicylate wirken fiebersenkend, schmerzlindernd, antirheumatisch und antiseptisch, weshalb die Droge zur Behandlung leichter fieberhafter Erkältungs- und Infektionskrankheiten, rheumatischer Beschwerden, leichten Kopfschmerzen und entzündlichen Erkrankungen eingesetzt wird. Da die Inhaltsstoffe erst nach der Einnahme in der Leber in ihre „Wirkform" Salicylsäure umgewandet werden, kann es bis zum Wirkungseintritt unter Umständen einige Stunden dauern. Deshalb eignen sich die Extrakte weniger zur Behandlung akuter Schmerzen. Die enzymatisch aus den Salicylaten gebildete Salicylsäure wurde Ende des 19. Jahrhunderts von Chemikern zur besser verträglichen Acetylsalicylsäure umgewandelt, welche 1899 als Aspirin® auf den Markt kam und bis heute das weltweit am meisten verkaufte Fertigarzneimittel darstellt. Diese Entwicklung ist ein gutes Beispiel dafür, wie fruchtbar die Zusammenarbeit zwischen Chemie und Pflanzenheilkunde sein kann. Wie die Acetylsalicylsäure hemmt auch die Salicylsäure im Körper ein Enzym, welches für die Bildung von Schmerz- und Entzündungsbotenstoffen verantwortlich ist. Zu Zeiten der Arzneimittelknappheit wurden mit Weidenrinde in der Schmerzbehandlung beachtliche Erfolge erzielt.

NEBENWIRKUNGEN / GEGENANZEIGEN Bei empfindlichen Patienten kann es aufgrund der Gerbstoffe zu Magenbeschwerden kommen. Vorsicht ist geboten bei bekannter Überempfindlichkeit gegenüber Salicylaten.

ZUBEREITUNGSFORM Tee: Etwa 2 Teelöffel fein geschnittene oder gepulverte Weidenrinde werden mit kaltem Wasser angesetzt, zum Sieden erhitzt und nach 5 Minuten durch ein Teesieb gegeben. 3- bis 5-mal täglich eine Tasse trinken.

FERTIGPRÄPARATE
Painex® Weidenrinde Schmerzdragees u. a.

Echter Salbei

Salvia officinalis

Weitere Namen Edelsalbei, Königssalbei, Gartensalbei, Würzsalbei.

Familie Lamiaceae / Lippenblütler.

Vorkommen Salbei ist ursprünglich im gesamten Mittelmeerraum beheimatet. Für den arzneilichen Gebrauch wird er in südosteuropäischen Ländern angebaut.

Aussehen Zur Gattung des Salbeis gehören etwa 900 verschiedene Arten. Der Echte Salbei ist ein mehrjähriger, immergrüner Halbstrauch, der bis zu 90 cm hoch und 60 cm breit werden kann. Seine aromatisch duftenden Blüten stehen in Scheinquirlen und sind violett-bläulich, rosarot oder weiß gefärbt. Sie blühen in der Zeit von Juni bis August. Die länglichen oder eiförmigen Blätter werden bis zu 10 cm lang und 3 cm breit. Die Blattoberseite färbt sich olivgrau bis -grün und ist stark behaart.

Zu verwendende Pflanzenteile Die getrockneten Laubblätter kurz vor der Blüte.

Anbau & Ernte Salbei gedeiht in trockenen, gut durchlässigen, neutralen bis basischen Böden an warmen, sonnigen Standorten. Er kann im Februar unter Glas ausgesät und ab Mitte Mai im Freiland ausgepflanzt werden. Im Frühjahr oder Sommer ist auch eine Vermehrung über Stecklinge möglich. In rauen Lagen ist ein Winterschutz empfehlenswert.
Die jungen Blatttriebe können ab dem zweiten Jahr geerntet werden. Die Erntezeit reicht von Juni bis zum Spätsommer. Wenn man die Blätter im Frühsommer vor der Blüte erntet, kann die Pflanze ein zweites Mal austreiben und geerntet werden.

Inhaltsstoffe Salbeiblätter enthalten bis zu 2,5 % ätherisches Öl mit Thujon als Hauptbestandteil, ferner 3 bis 7 % Gerbstoffe, Diterpen-Bitterstoffe, Flavonoide und Triterpene, darunter vor allem Oleanolsäure und deren Derivate.

Verwendung Salbeizubereitungen werden als Gurgellösung bei Erkältungskrankheiten, zur Behandlung entzündlicher Erkrankungen im Mund- und Rachenraum, aber auch als Tee gegen Blähungen und entzündliche Erkrankungen der Darmschleimhaut eingesetzt. Interessanterweise lassen sich Salbeipräparate auch als schweißhemmende Mittel (Antihydrotika) bei übermäßiger Schweißproduktion verwenden.
In der Volksmedizin wird Salbei aufgrund seiner die Milchsekretion hemmenden Wirkung zum Erleichtern des Abstillens verwendet, daneben wird ihm eine menstruationsfördernde und blutzuckersenkende Wirkung nachgesagt, was jedoch bislang experimentell nicht nachgewiesen werden konnte.

Nebenwirkungen / Gegenanzeigen Salbeizubereitungen dürfen nicht in der Schwangerschaft verwendet werden. Aufgrund ihres hohen Thujongehaltes sollten insbesondere alkoholische Extrakte sowie das reine ätherische Öl nicht über einen längeren Zeitraum und in hohen Dosen verwendet werden, da es zu zentralnervösen Nebenwirkungen kommen kann.

Zubereitungsform Gurgellösung: 1 bis 2 Teelöffel Salbeiblätter mit einer Tasse kochendem Wasser übergießen und 10 bis 15 Minuten ziehen lassen. Zur Behandlung entzündlicher Erkrankungen im Mund- und Rachenraum mehrmals täglich mit dem lauwarmen Tee spülen oder gurgeln.
Tee: 1 Teelöffel Salbeiblätter mit einer Tasse kochendem Wasser übergießen und 10 bis 15 Minuten ziehen lassen. Bei überhöhter Schweißsekretion und Verdauungsbeschwerden 3- bis 4-mal täglich eine Tasse trinken.

Fertigpräparate Sweatosan®, Salviathymol®; Salvysat® u. a.

Weitere Art Der Dreilappige Salbei *(Salvia triloba)* enthält deutlich weniger Thujon und lässt sich ebenfalls zur Behandlung entzündlicher Erkrankungen der Mund- und Rachenschleimhaut sowie innerlich bei Magen-Darm-Beschwerden anwenden.

Seit der Antike galten die Blätter des Echten Salbeis als Sinnbild für das Ewige Leben und wurden entsprechend vielseitig eingesetzt.

Schwarzer Holunder

Sambucus nigra

Weitere Namen Holderblüten, Aalhornblüten, Fliedertee, Hollerblüten, Zickenblüten, Schwitztee, Betscheletee.

Familie Caprifoliaceae / Geißblattgewächse.

Vorkommen Schwarzer Holunder stammt aus Europa, Nordafrika und Südwestasien. Man findet ihn bei uns in Wäldern, Dickichten und auf Lichtungen. Für den arzneilichen Gebrauch wird er in einigen osteuropäischen Ländern angebaut.

Aussehen Holunder ist ein winterharter, wuchsfreudiger, buschiger Strauch, der bis zu 6 m hoch und breit werden kann. Die mittelgrünen Blätter sind gefiedert, gesägt und eiförmig. Seine cremeweißen, duftenden Blüten wachsen in Trugdolden und blühen von Juni bis Juli. Die runden schwarzlila Holunderbeeren werden im Herbst reif.

Zu verwendende Pflanzenteile Die getrockneten, von den Stielen befreiten Blüten und die reifen Beeren.

Anbau & Ernte / Sammeln Holunder bevorzugt feuchte, gut durchlässige Böden, gedeiht aber auch auf anderen Bodenarten. Er fühlt sich sowohl in der Sonne als auch im Halbschatten wohl. Eine Vermehrung kann im Winter durch Stecklinge erfolgen. Die Blüten können von Juni bis Juli in der Natur gesammelt und getrocknet werden. Die Ernte der Beeren geschieht im Oktober, wenn die Früchte ausgereift sind.
Vorsicht: Blätter und rohe Beeren sind giftig.

Inhaltsstoffe Die Blüten enthalten Flavonoide mit Rutin als Hauptkomponente neben Isoquercitrin, Hyperosid und Quercitrin; ferner ätherisches Öl, welches durch seinen hohen Anteil an freien Fettsäuren butterartige Konsistenz besitzt, Phenolcarbonsäuren, Triterpene, Gerbstoffe, Schleime, Spuren des cyanogenen Glykosids Sambunigrin und einen bemerkenswert hohen Gehalt an Kaliumsalzen (bis zu 9 %).

Holunder wird in der mittelalterlichen Klosterheilkunde „Universalmedizin“ genannt.

Die Holunderbeeren sollten nicht roh, sondern nur gekocht verzehrt werden!

Die Beeren enthalten ebenfalls ein komplex zusammengesetztes Flavonoid-Gemisch, ätherisches Öl, Zucker, Fruchtsäuren, Vitamine (v. a. Vitamin B2, C und Folsäure) sowie im Samen cyanogene Glykoside.

VERWENDUNG Traditionell werden Holunderblüten in der Volksheilkunde häufig als schweißtreibendes Mittel bei fiebrigen Erkältungskrankheiten eingesetzt, wobei die Wirksamkeit auf diesem Gebiet aufgrund widersprüchlicher Ergebnisse klinischer Studien bislang umstritten ist; ferner wird dem Tee eine leicht fördernde Wirkung auf die Bronchialsekretion nachgesagt. Aufgrund des angenehmen Geschmacks werden Holunderblüten oftmals unangenehm schmeckenden Arzneiteemischungen als Aromastoff zugesetzt. Die Beeren werden wegen ihres hohen Vitamin- und Mineralstoffgehaltes in der Volksmedizin als Saft und Mus (gekocht!) ebenfalls zur Therapie und Vorbeugung von Erkältungskrankheiten verwendet, daneben zur Behandlung rheumatischer Erkrankungen und roh als Abführmittel. Sowohl Blätter als auch Rinde sind giftig, weshalb von ihrer therapeutischen Verwendung dringend abgeraten wird.

NEBENWIRKUNGEN / GEGENANZEIGEN In roher und auch unreifer Form erzeugen die Beeren Übelkeit und Erbrechen, weshalb unbedingt darauf zu achten ist, dass sie vor Gebrauch ausreichend erhitzt werden.

ZUBEREITUNGSFORM Tee: 2 Teelöffel getrocknete Holunderblüten werden mit kochendem Wasser übergossen und nach 5 bis 10 Minuten durch ein Teesieb gegeben. Zur Behandlung von Erkältungskrankheiten mehrmals täglich eine Tasse frisch bereiteten Tee möglichst heiß trinken.

Mariendistel

Silybum marianum

Weitere Namen Fieberdistel, Marienkörner, Stechkörner, Frauendistelfrüchte, Magendistelsamen, Stichsaat, botanisches Synonym: *Carduus marianus*.

Familie Asteraceae / Korbblütler.

Vorkommen Die Heimat der Mariendistel ist Südeuropa, Nordafrika und Kleinasien. Sie wächst in steinigen Lagen an warmen Plätzen. In Europa wird sie für den arzneilichen Gebrauch kultiviert.

Aussehen Die Mariendistel ist eine rosettenbildende, zweijährige, winterharte Staude. Sie trägt von Juni bis September purpurrote, distelartige Körbchen. Die Früchte sind länglich, eiförmig und von gelblicher bis brauner Färbung. Auffallend ist ihre kurze Haarkrone aus weißen Borsten. Die dornigen Blätter sind buchtig gelappt, glänzend dunkelgrün und weiß marmoriert. Mariendisteln erreichen eine Höhe von 90 bis 120 cm und werden 60 bis 90 cm breit.

Zu verwendende Pflanzenteile Die reifen, vom Pappus befreiten Früchte und die oberirdischen Teile.

Anbau & Ernte Mariendisteln lassen sich durch Freilandaussaat im Frühjahr vermehren. Sie gedeihen am besten in kargem bis mäßig nährstoffreichem, durchlässigem und nicht zu saurem Boden an vollsonnigem Standort. Zum Ernten der Blüten schneidet man die Blütenköpfe ab, sobald sie weiße Spitzen zeigen. Das Kraut wird zu Beginn der Blüte geerntet.

Inhaltsstoffe Die Früchte enthalten in der Fruchtschale 1,5 bis 3 % Silymarin, ein Gemisch verschiedener Flavonolignane, daneben weitere Flavonoide, etwa 20 bis 30 % fettes Öl, Tocopherol, Sterole, Eiweiß und Schleim. Das Kraut enthält vorwiegend Flavonoide, Sterole, Polyacetylene und Fumarsäure.

Verwendung Zubereitungen von Mariendistelfrüchten sind ein effektives Mittel zur Therapie und Vorbeugung von Leberschäden, wie sie beispielsweise durch Einfluss von Alkohol und Gewerbegiften hervorgerufen werden, zur Behandlung chronisch degenerativer Lebererkrankungen, wie Leberzirrhose und Fettleber, sowie zur Nachbehandlung von Leberentzündungen. Die vorbeugende Gabe ist dabei effektiver als die therapeutische Gabe nach einer Leberschädigung. Da Silymarin

Mittelalterliche Mönche verhalfen der Mariendistel zu ihrem heutigen Ansehen.

Reife Früchte mit Pappus (Haarkranz)

sehr schlecht wasserlöslich ist, eignet sich die Tee-Therapie nicht zur Behandlung von Lebererkrankungen, es sollte dagegen auf alkoholische Extrakte oder Fertigarzneimittel zurückgegriffen werden. Teezubereitungen von Früchten und Kraut können lediglich zur Therapie leichter Verdauungsstörungen und zur unterstützenden Behandlung von Gallenbeschwerden eingesetzt werden. Mariendistelkraut wird ausschließlich in der Volksmedizin zur Behandlung von Leber- und Gallenleiden verwendet, eine Wirksamkeit konnte bislang nicht nachgewiesen werden, die Teezubereitung ist wenig gebräuchlich.
Bei akuten Beschwerden, die länger als eine Woche andauern oder periodisch wiederkehren, muss unbedingt Rücksprache mit dem Arzt gehalten werden!

Nebenwirkungen / Gegenanzeigen Keine bekannt.

Zubereitungsform Tee: 1 Teelöffel Mariendistelfrüchte werden im Mörser zerstoßen, mit 150 ml siedendem Wasser übergossen und nach etwa 10 bis 15 Minuten durch ein Teesieb gegeben. Bei leichten Verdauungsstörungen, zur Vorbeugung von Leberschäden und zur unterstützenden Behandlung von Gallenbeschwerden mehrmals täglich eine Tasse frisch bereiteten Tee vor den Mahlzeiten trinken.
Zur Teebereitung von Mariendistelkraut nimmt man einen halben Teelöffel getrocknetes Kraut auf 1 Tasse kochendes Wasser und lässt es 10 bis 15 Minuten ziehen. Bei leichten Gallenbeschwerden über den Tag verteilt 2 bis 3 Tassen trinken.

Fertigpräparate Legalon®, Silymarin von ct®, Alepa® forte, hepa-loges® u. a.

Echte Goldrute

Solidago virgaurea

WEITERE NAMEN Goldwundkraut, Heidnisch Wundkraut, Edelwundkraut, Goldrautenkraut, Schoßkraut.

FAMILIE Asteraceae / Korbblütler.

VORKOMMEN Die Echte Goldrute ist in Europa beheimatet und in Wäldern, Gebüschen, auf Heiden und Wiesen zu finden.

AUSSEHEN Die Echte Goldrute ist eine winterharte Rhizomstaude, die etwa 80 cm hoch und 60 cm breit wird. Ihre gelben Blüten bilden kleine, margeritenartige Körbchen, die in Trauben oder Rispen wachsen. Sie blühen von Juli bis Oktober. Die Blätter sind ei- bis lanzettförmig, gezähnt und mittelgrün.

ZU VERWENDENDE PFLANZENTEILE Die zur Blütezeit gesammelten, getrockneten oberirdischen Teile.

ANBAU & ERNTE / SAMMELN Goldrute gedeiht auf kargen bis mäßig nährstoffreichen, sandigen, feuchten, gut durchlässigen Böden. Sie steht am liebsten in der Sonne. Zur Vermehrung können vorhandene Pflanzen im Frühjahr oder Herbst geteilt werden. Eine Aussaat im Frühjahr ist ebenfalls möglich. Ab Juli kann das blühende Kraut geerntet werden.

INHALTSSTOFFE Goldrutenkraut enthält ein Gemisch von Flavonoiden mit Rutin als Hauptkomponente, Triterpensaponine vom Oleanan-Typ, Diterpene, ätherisches Öl (bestehend aus etwa 45 % Cadinen sowie weiteren Mono- und Sesquiterpenen), Benzoesäurebenzylester, Phenolcarbonsäuren (u. a. auch Salicylsäure), Catechingerbstoffe und Polysaccharide.

VERWENDUNG Goldrutenkraut wirkt harntreibend, entzündungshemmend, schmerzstillend und krampflösend, weshalb es zur Durchspülungstherapie bei ent-

zündlichen Erkrankungen der ableitenden Harnwege sowie zur Therapie und Vorbeugung von Harnsteinen und Nierengrieß eingesetzt wird. Die Wirksamkeit in diesen Therapiegebieten wurde in klinischen Studien nachgewiesen. In der Volksmedizin wird die Pflanze zudem als Blutreinigungsmittel bei Gicht, Rheuma, Gelenkentzündungen (Arthritis), Ekzemen und anderen Hauterkrankungen verwendet. Äußerlich werden Goldrutenzubereitungen als zusammenziehendes, blutstillendes Heilmittel (Adstringens) bei Entzündungen im Mund- und Rachenraum und zur Behandlung schlecht heilender Wunden verwendet.

Nebenwirkungen / Gegenanzeigen Goldrutenkraut eignet sich nicht zur Durchspülungstherapie bei Ödemen infolge nachlassender Herz- und Nierentätigkeit. Bei chronischen Nierenerkrankungen sollte vor der Anwendung der Arzt befragt werden!

Zubereitungsform Tee: 1 Teelöffel fein zerschnittenes Kraut wird mit einer Tasse kochendem Wasser übergossen und nach 5 bis 10 Minuten durch ein Teesieb gegeben. Zur Durchspülungstherapie 3- bis 5-mal täglich eine Tasse frisch bereiteten Tee trinken.

Fertigpräparate Cystinol®, Canephron®, Solubitrat®, Nieron® u. a.

Weitere Arten Auch die Kanadische Goldrute (*Solidago canadensis*) und die Riesen-Goldrute (*Solidago gigantea*) eignen sich zur Durchspülungstherapie, wirken allerdings im Gegensatz zur Echten Goldrute weder entzündungshemmend noch krampflösend.

Im Gegensatz zu den anderen *Solidago*-Arten ist die Echte Goldrute eine bei uns heimische Pflanze.

Die kleinen gelben Blüten der Echten Goldrute zeigen sich von Juli bis Oktober.

Gewöhnlicher Beinwell

Symphytum officinale

Weitere Namen Wallwurz, Waldwurz, Schwarzwurz, Wundallheil, Beinwurzel, Beinbruchwurzel, Heilwurzel, Schadheilwurzel, Wundwurzel, Milchwurzel, Schneewurzel, Schmeerwurz.

Familie Boraginaceae / Raublattgewächse.

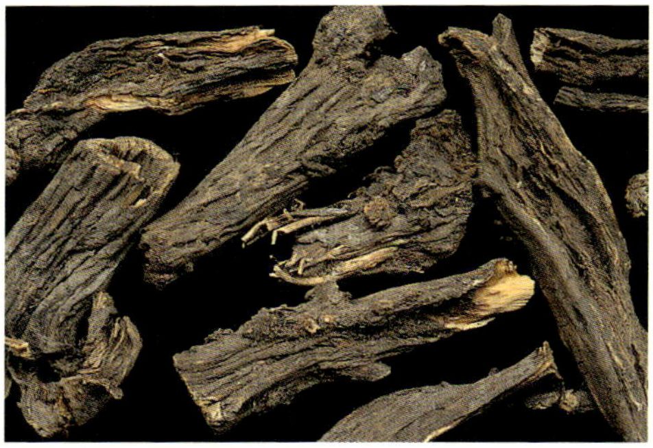

Beinwell-Wurzelstücke

Vorkommen Beinwell ist in Europa und Westasien beheimatet. Für den arzneilichen Gebrauch wird er in Osteuropa in Kulturen angebaut.

Aussehen Der Gemeine Beinwell ist eine winterharte, wuchsfreudige Pflanze (bis 150 cm hoch und 200 cm breit) mit einem rübenförmigen Wurzelstock. Sie trägt von Mai bis September rosafarbene, violette oder blassgelbe Blüten, die als nickende Trugdolden wachsen. Die Blätter sind borstig behaart, ei- bis lanzettförmig und mittel- bis dunkelgrün.

Zu verwendende Pflanzenteile Die getrockneten Wurzeln.

Anbau & Ernte / Sammeln Beinwell gedeiht in jedem feuchten Boden in sonniger oder halbschattiger Lage. Er neigt zu Wucherung und kann leicht durch Aussaat im Frühjahr oder Herbst oder durch Teilung im Frühjahr vermehrt werden. Die Ernte der Wurzeln erfolgt im Frühjahr, bevor sich die Blüten bilden oder im Spätherbst. Vorsicht: Blätter und Wurzeln sind giftig, das Laub kann Hautreizungen hervorrufen.

Inhaltsstoffe Beinwellwurzeln enthalten 0,6 bis 0,8 % Allantoin, hohe Konzentrationen an Pflanzenschleimen, Gerbstoffe, Triterpene und Triterpensaponine, Sterole, neben weiteren Aminosäuren etwa 1 bis 3 % Asparagin sowie 0,04 bis 0,6 % Pyrrolizidin-Alkaloide.

Verwendung Man verwendet Beinwellzubereitungen äußerlich in Form von Umschlägen und Pasten zur Behandlung von Gelenkentzündungen, Knochenreizungen, Sehnenscheidenentzündungen, stumpfen Verletzungen, Drüsenschwellungen, schlecht heilenden Wunden und Furunkeln, daneben auch zur Nachbehandlung von Knochenbrüchen. Ferner setzt man Abkochungen als Mundwasser und Gurgellösung bei Parodontose und entzündlichen Erkrankungen des Mund- und Rachenraumes ein. Die abschwellende, schmerzstillende, wundheilungsfördernde Wirkung von Beinwellextrakten beruht auf einem Zusammenspiel verschiedener Inhaltsstoffe.
In der Volksmedizin wurde die Droge darüber hinaus auch innerlich verwendet bei

Rheuma, Bronchitis und Durchfallerkrankungen (siehe Nebenwirkungen).

Nebenwirkungen / Gegenanzeigen Da die leberschädigenden und möglicherweise krebserregenden Pyrrolizidin-Alkaloide – auf die intakte Haut aufgetragen – kaum resorbiert werden, wird die zeitlich begrenzte äußerliche Anwendung (vier bis sechs Wochen pro Jahr) im Rahmen einer festgesetzten Tageshöchstdosis als unbedenklich angesehen. Viele der im Handel erhältlichen Fertigpräparate enthalten inzwischen Extrakte alkaloidfreier Rassen und können ohne Einschränkung verwendet werden. Von einer innerlichen Verwendung ist dagegen abzuraten.

Zubereitungsform Abkochung zur Bereitung von Umschlägen zur äußerlichen Anwendung: 10 g Beinwellwurzeln werden mit 1 l Wasser zum Sieden erhitzt und nach 10 Minuten abgeseiht.
Breiumschlag: 2 bis 4 Esslöffel pulverisierte Beinwellwurzeln werden mit etwas Wasser zu einem Brei verrührt, auf ein Tuch gestrichen und auf die zu behandelnde Stelle gelegt.

Fertigpräparate Kytta-Plasma® F, Kytta-Salbe® F, Kytta-Balsam® F, Syviman® N u. a.

Der botanische Name *Symphytum* bedeutet so viel wie „zusammenwachsen lassen", was ein Hinweis auf die Heilung von Knochenbrüchen sein kann.

Mutterkraut

Tanacetum parthenium

WEITERE NAMEN Mutterkamille, Frauenminze, Bertram, Falsche Kamille, Fieberkraut, Jungfernkraut, botanisches Synonym: *Chrysanthemum parthenium.*

FAMILIE Asteraceae / Korbblütler.

VORKOMMEN Mutterkraut ist in den nördlichen, gemäßigten Teilen Europas beheimatet und wächst auf trockenen Böschungen, Wiesen und Gebirgshängen.

AUSSEHEN Das Mutterkraut ist eine kurzlebige, am Grund verholzende Staude, die 45 bis 60 cm hoch und 30 cm breit wird. Die weißen Blüten mit ihrer gelben Mitte haben margeritenartige Körbchen und wachsen in dichten Doldenrispen. Ihre Blütezeit erstreckt sich von Juni bis September. Die aromatisch duftenden, frischgrünen Blätter wachsen fiederteilig.

ZU VERWENDENDE PFLANZENTEILE Das zur Blütezeit geerntete, getrocknete Kraut.

ANBAU & ERNTE Die winterharte Pflanze liebt gut durchlässigen, auch sandigen Boden und sonnige Standorte. Sie neigt zur Selbstaussaat. Mutterkraut wird im Frühjahr bei 10 bis 18°C ausgesät oder durch Stecklinge oder Teilung des Wurzelballens im Frühjahr und Herbst vermehrt.
Das Kraut mit den Blüten wird von Juni bis September geerntet.

Vorsicht! Das Laub kann Hautreizungen hervorrufen.

INHALTSSTOFFE Etwa 0,15 % ätherisches Öl mit Campher und Chrysanthenylacetat als geruchsbestimmenden Komponenten, daneben Sesquiterpenlactone (z. B. Parthenolid, Artemorin und Costunolid), ferner Flavonoide (u. a. Cosmosiin und Tanetin) und Sterole.

Verwendung Besonders in der Volksheilkunde war und ist Mutterkraut beliebt zur Behandlung verschiedener Frauenleiden, wie Menstruationsbeschwerden (z. B. schmerzhaften Regelblutungen) und Wehenschwäche. Ferner wird es als Kräftigungsmittel, bei Fieber, Verdauungsstörungen, rheumatischen Erkrankungen, Schwindel und Ohrensausen eingesetzt. Äußerlich setzt man Abkochungen als Umschläge bei Quetschungen und Schwellungen ein. Besonders in Großbritannien ist der Einsatz der Droge (unter dem Namen „Feverfew") in der Selbstmedikation der Migräne weit verbreitet. In der Tat konnte in klinischen Studien gezeigt werden, dass die regelmäßige Einnahme von Mutterkrautzubereitungen zu einer Reduktion von Anzahl und Schwere der Migräneattacken führen kann. Die Extrakte und besonders das Parthenolid zeigten eine entzündungshemmende und schmerzstillende Wirkung und reduzierten zudem die Serotonin-Freisetzung, was als wesentlicher Faktor für die Antimigränewirkung angesehen wird. In vielen der aufgeführten Indikationsgebieten steht ein Wirksamkeitsnachweis jedoch bislang noch aus.

Nebenwirkungen / Gegenanzeigen Von einer Verwendung in der Schwangerschaft und Stillzeit wird abgeraten; gelegentlich kann es nach dem Hautkontakt mit der frischen Pflanze zu allergischen Reaktionen kommen.

Zubereitungsform Tee: 1 bis 2 Teelöffel Mutterkraut werden mit 150 ml kochendem Wasser übergossen und nach

Die bitteren Blätter des Mutterkrauts werden in manchen Ländern zum Würzen von Ostergebäck gebraucht (jüdisches Passahfest).

10 bis 15 Minuten durch ein Teesieb gegeben. 2- bis 3mal täglich eine Tasse frisch zubereiteten Tee trinken. Die Abkochung eignet sich auch zur Herstellung von Umschlägen.

Fertigpräparate Mutterkraut mit Magnesium (Atlantis-pharm®) u. a.

Weitere Art Der von Juni bis September blühende, in Deutschland weit verbreitete Rainfarn (*Tanacetum vulgare)* wurde früher zur Behandlung von Wurmerkrankungen eingesetzt, kann allerdings zu Vergiftungserscheinungen führen, sodass man heute von der Verwendung abrät.

Gewöhnlicher Löwenzahn

Taraxacum officinale

Weitere Namen Kuhblumenkraut, Butterblumenkraut, Kettenblumenkraut, Ackerzichorienkraut, Wiesenlattich, Pfaffendistel, Bettseicher.

Familie Asteraceae / Korbblütler.

Vorkommen Die Heimat des Löwenzahns ist Europa und die gemäßigten Klimazonen Indiens. Er wächst auf Wiesen und Weiden, in Gärten und Parks. Für den arzneilichen Gebrauch wird er in Bulgarien, Rumänien, Ungarn und Polen angebaut.

Aussehen Der winterharte Löwenzahn zählt zu den mehrjährigen Korbblütlern und hat einen mehrköpfigen Wurzelstock. Die Blütenköpfe mit den goldgelben Zungenblüten wachsen auf etwa 40 cm hohen Stängeln, von April bis September. Die schmal-lanzettlichen Blätter sind fiederspaltig geformt und wachsen in einer Grundrosette.

Löwenzahnwiese in voller Blüte

Die ersten schriftlichen Überlieferungen von Löwenzahn finden wir im 11. Jahrhundert in den Schriften eines arabischen Arztes.

Zu verwendende Pflanzenteile Die getrocknete, im Frühjahr vor der Blüte geerntete, ganze Pflanze.

Anbau & Ernte / Sammeln Löwenzahn ist üppig in der freien Natur zu finden. Von April bis Mai können die Wurzeln mit den Blättern geerntet werden. Wenn man nur die Wurzeln ernten möchte, so ist die Erntezeit entweder im Herbst oder im Frühjahr, bevor die Blüten erscheinen.

Inhaltsstoffe Löwenzahn enthält Sesquiterpenlacton-Bitterstoffe vom Eudesmanolid- und Germacranolid-Typ, Triterpene und dessen Derivate, Sterole, Flavonoide, Phenolcarbonsäuren, Cumarine, Schleim, Mineralstoffe (v. a. Kalium) sowie – besonders im Herbst in den Wurzeln – große Mengen des Speicher-Kohlenhydrates Inulin.

Verwendung Die im Löwenzahn enthaltenen Bitterstoffe wirken verdauungsfördernd, indem sie die Magensaft- und Gallensekretion anregen. Man verwendet die Pflanze als Tee bei Appetitlosigkeit, Blähungen, Völlegefühl, Gallenschwäche und mangelhafter Fettverdauung. Daneben wurde in Tierversuchen eine harntreibende Wirkung nachgewiesen, die vermutlich auf dem ungewöhnlich hohen Kalium-Gehalt beruht.
In der Volksheilkunde wird Löwenzahn häufig in Frühjahrskuren als Tee, Salat oder Press-Saft zur „Blutreinigung“ und zur Behandlung rheumatischer Erkrankungen, Gicht und verschiedenen Hauterkrankungen genutzt. Die inulinreichen Wurzeln können geröstet als Kaffee-Ersatz verwendet werden.

Nebenwirkungen / Gegenanzeigen Nicht verwendet werden darf Löwenzahn bei einem Verschluss der Gallenwege und bei Darmverschluss (Ileus). Bei Gallensteinleiden ist Rücksprache mit dem Arzt erforderlich. In seltenen Fällen kommt es bei der Berührung mit dem Milchsaft zu Kontaktallergien; bedingt durch den Bitterstoffgehalt können bei empfindlichen Personen Magenbeschwerden auftreten.

Zubereitungsform Tee: 1 bis 2 Teelöffel der fein geschnittenen Droge mit kaltem Wasser anesetzen, kurz aufkochen und nach etwa 10 Minuten abseihen. Morgens und abends eine Tasse frisch bereiteten Tee trinken.

Fertigpräparate Aristochol® N, Cefachol® N, Gallemolan® forte, Nieron® S u. a.

Echter Thymian

Thymus vulgaris

Weitere Namen Garten-Thymian, Gemeiner Thymian, Kuttelkraut.

Familie Lamiaceae / Lippenblütler.

Vorkommen Thymian ist im westlichen Teil des Mittelmeerraums beheimatet und hat sich in Europa, Nordamerika, Indien, Süd- und Ostafrika ausgebreitet. Er kommt vor allem in Felslagen und auf Trockenwiesen vor. Die Gattung *Thymus* umfasst etwa 350 verschiedene Arten.

Aussehen *Thymus vulgaris* ist ein winterfester, polsterbildender Halbstrauch. Er wird 30 bis 45 cm hoch und ca. 60 cm breit. Seine kleinen Blättchen sind linealisch bis eiförmig, fein behaart und graugrün. Die Farbe der kleinen Blüten erstreckt sich von Weiß bis Purpurrot. Sie sind zweilippig und wachsen röhrenförmig in ährigen Scheinquirlen. Thymian blüht von Juni bis September.

Zu verwendende Pflanzenteile Die von Stängeln befreiten, getrockneten Laubblätter und Blüten.

Anbau & Ernte Thymian braucht gut durchlässigen, neutralen bis basischen Boden und vollsonnige Standorte. Er eignet sich besonders für Kübel, Steingärten und zur Begrünung von Mauern. Die Vermehrung erfolgt im Frühjahr durch Aussaat in Töpfen (unter Glas) oder über krautige Stecklinge. Bewurzelte Ausläufer nimmt man im Frühjahr oder Sommer ab und topft sie ein.
Die Blätter und Blüten werden zu Beginn der Blüte im Juni und September geerntet.

Inhaltsstoffe Das Kraut enthält bis zu 2,5 % ätherisches Öl, dessen Zusammensetzung stark abhängig ist von Herkunft und Erntezeitpunkt. Hauptbestandteile sind Thymol und Carvacrol, daneben sind weitere Monoterpene (z. B. Cymen, Terpinen, Linalool, Campher) enthalten. Ferner enthält Thymian Lamiaceen-Gerbstoffe, Triterpene, Flavonoide und antiperoxidativ wirksame Biphenyle.

Thymian erfreut sich seit mehr als 4000 Jahren großer Beliebtheit als Gewürz- und Arzneipflanze.

Verwendung Das im Thymian enthaltene ätherische Öl wirkt krampflösend, steigert die Bronchialsekretion, beschleunigt den Abtransport des Sekretes aus den Bronchien und wirkt zudem antiseptisch und antibakteriell. Die Wirkung wird durch einen direkten Einfluss auf die Bronchialschleimhaut erzielt, da das ätherische Öl teilweise direkt über die Lunge ausgeschieden wird. Innerlich verwendet eignet sich die Droge aufgrund dieser „Dreifachwirkung" sehr gut zur Behandlung von akuter und chronischer Bronchitis, Keuchhusten und Katarrhen der oberen Luftwege. Daneben ist Thymian aufgrund seiner durchblutungsfördernden, desinfizierenden und desodorierenden Wirkung häufig Bestandteil von hautreizenden Einreibungen, Badezusätzen, Kräuterkissen oder Gurgellösungen. Die Volksmedizin nutzt die Pflanze zudem zur Behandlung von leichten Verdauungsstörungen und Appetitlosigkeit, als Wurmmittel, als wassertreibendes Mittel und zur Harndesinfektion.
Auch die Verwendung als Gewürz und zur Likörherstellung ist weit verbreitet.

Nebenwirkungen / Gegenanzeigen Thymianzubereitungen sind bei bestimmungsgemäßem Gebrauch auch für Kinder gut verträglich und ungefährlich, in seltenen Fällen kann es zu allergischen Reaktionen kommen. Bei Säuglingen und Kleinkindern sollten Zubereitungen mit Thymianöl nicht im Nasenbereich aufgetragen werden.
Reines Thymol wird in der Volksmedizin gelegentlich innerlich als Wurmmittel verwendet, kann aber zu starken Leibschmerzen bis hin zum Kollaps führen; es darf keinesfalls von Schwangeren oder Patienten mit Herzinsuffizienz eingesetzt werden!

Zubereitungsform Tee: 1 Teelöffel Thymiankraut wird mit einer Tasse kochendem Wasser übergossen und 10 bis 15 Minuten bedeckt stehen gelassen. Mehrmals täglich eine Tasse frisch bereiteten Tee trinken. Badezusatz: 100 g Droge werden mit 1 l kochendem Wasser übergossen, nach 10 bis 15 Minuten abgeseiht und dem Badewasser zugegeben. Zur Durchblutungsförderung nimmt man ein 10- bis 20-minütiges Vollbad.

Fertigpräparate Pertussin® N, Soledum®, Thymipin®, Aspecton®, Bronchipret® u. a.

Weitere Arten Auf die gleiche Weise lässt sich auch der Spanische Thymian *(Thymus zygis)* verwenden. Der bei uns bekannte Feld-Thymian oder Quendel *(Thymus pulegioides)* enthält wesentlich geringere Mengen an ätherischem Öl, ist daher auch deutlich schwächer in der Wirkung.

Sommer-Linde

Tilia platyphyllos

Hildegard von Bingen schrieb den Wurzeln und dem Holz der Linde beinahe magische Kräfte zu. Erst im 18. Jahrhundert wurden die Blüten als Arzneimittel entdeckt.

Weitere Namen Graslinde, Frühlinde.

Familie Tiliaceae / Lindengewächse.

Vorkommen Linden sind in ganz Europa, Kleinasien und China beheimatet. Sie wachsen in Laubmischwäldern und haben früher als „Baum der Liebe" einen besonderen Platz im Dorf eingenommen.

Aussehen Die Linde ist ein breiter, säulenförmiger Baum, der bis zu 25 m hoch und 15 m breit werden kann. Die kleinen, blassgelben Blüten haben längliche Hochblätter und wachsen in Trugdolden. Sie verbreiten einen intensiven Duft. Ihre Blütezeit ist von Juni bis Juli. Die Linden haben rundliche, spitz zulaufende Blätter, deren Basis herzförmig ist. Sie sind dunkelgrün und haben eine blaugrüne Unterseite.

Zu verwendende Pflanzenteile Die getrockneten Blütenstände mit den Hochblättern.

Anbau & Ernte / Sammeln Linden bevorzugen nährstoffreichen, feuchten, jedoch gut durchlässigen Boden, der neutral bis basisch sein sollte.
Die Lindenblüten mit den Hochblättern werden während der Blütezeit von Juni bis Juli in der freien Natur gesammelt.

Inhaltsstoffe Lindenblüten enthalten über 1 % Flavonoide (z. B. Rutin, Hyperosid, Quercitrin, Astragalin und Tilirosid), etwa 10 % eines überwiegend aus Arabinogalactanen bestehenden Schleims, Gerbstoffe, Leukoanthocyanidine, Phenolcarbonsäuren sowie geringe Mengen eines komplex zusammengesetzten ätherischen Öles.

Verwendung Lindenblüten zählen wohl mit zu den bekanntesten Hausmitteln bei der Behandlung von Erkältungskrankheiten. Man setzt sie als hustenreizlinderndes Mittel ein, was durch den hohen

Lindenblüten-Bad

- *2 Hände voll Lindenblüten und -blätter*
- *2 Hände voll Johanniskraut*

Die Lindenblüten- und -blätter zusammen mit dem Johanniskraut in Wasser 10 Minuten kochen lassen, abseihen und ins Badewasser gießen.
Sie können auch frische Lindenblüten in einen Waschlappen füllen, gut zubinden, ins Badewasser legen und sich damit abreiben.
Das Lindenblüten-Bad beruhigt und fördert das Einschlafen.

Gehalt an Schleimstoffen erklärt werden kann. Umstritten ist jedoch bis heute die angeblich schweißtreibende Wirkung bei fiebrigen Infekten, welche vermutlich lediglich auf der Aufnahme größerer Mengen heißen Wassers beruht.
In der Volksmedizin verwendet man die Blüten daneben auch zur Appetitanregung, als harntreibendes Mittel sowie Beruhigungsmittel. In der Tat konnte in Tierversuchen nachgewiesen werden, dass das ätherische Öl nach Inhalation leicht beruhigend (sedierend) wirkt.

Nebenwirkungen / Gegenanzeigen Keine bekannt.

Zubereitungsform Tee: 1 Teelöffel Lindenblüten werden mit 150 ml kochendem Wasser übergossen und nach 10 bis 15 Minuten durch ein Teesieb gegeben. 1- bis 2-mal täglich eine Tasse frisch bereiteten Tee trinken.

Weitere Arten Neben der Sommer-Linde werden auch die Blüten der Winter-Linde (*Tilia cordata*) zur Drogengewinnung verwendet.

Rot-Klee

Trifolium pratense

Weitere Namen Wiesen-Klee.

Familie Fabaceae / Schmetterlingsblütler.

Vorkommen Rot-Klee ist in Europa, Nordafrika und Asien beheimatet. Er wächst auf Wiesen, Weiden und an Wegrändern.

Aussehen Rot-Klee ist eine winterharte, mehrjährige Wiesenpflanze mit einem büscheligen Wurzelstock. Aus der grundständigen Blattrosette wächst ein aufrechter kantiger Stängel, der mit wechselständigen, dreizähligen Blättern besetzt ist. Die Blättchen haben auf der Oberseite einen charakteristischen pfeilförmigen weißen Fleck. Rot-Klee blüht von Juni bis September. Seine rotvioletten Blütenköpfe sind breit eiförmig, die oberste Blütenkrone ist rosarot. Die Frucht ist eine Hülse mit ein bis zwei Samen.

Zu verwendende Pflanzenteile Die getrockneten Blütenköpfchen.

Anbau & Ernte / Sammeln Die Vermehrung von Rot-Klee geschieht durch Aussaat im September, in der Natur wird er von langrüsseligen Hummelarten bestäubt. Rot-Klee gedeiht am besten auf kräftigem, kalkreichem Boden. Er wird vor allem in der Landwirtschaft als Futterpflanze eingesetzt oder im Sinne der Fruchtfolge, weil er in der Lage ist, Stickstoff aus der Atmosphäre zu binden und dem Boden zuzuführen. Rot-Kleeblüten können von Juni bis September auf Wiesen gesammelt werden.

Inhaltsstoffe Rot-Klee enthält ein Gemisch aus Isoflavonen (z. B. Formononetin, Genistein, Biochanin A und Daidzein), ferner ätherisches Öl mit Methylsalicylat und Eugenol und geringe Mengen an cyanogenen Glykosiden.

Verwendung Traditionell wird Rot-Klee in der Volksheilkunde zur Behandlung von chronischen Hauterkrankungen und Keuchhusten verwendet.

Rotkleeblüten-Honig

- *500 ml abgezupfte Blütenblätter*
- *500 ml Wasser*
- *2 Zitronenscheiben*
- *500 g Zucker*

Die Blütenblätter werden mit den Zitronenscheiben ca. 20 Minuten in Wasser leicht gekocht und nach 5 Minuten, wenn alles etwas abgekühlt ist, durch ein Tuch gegossen. Der Saft wird mit dem Zucker etwa 1 Stunde eingekocht und in vorgewärmte Gläser gefüllt.

In den letzten Jahren erregte die Pflanze jedoch in der Öffentlichkeit großes Aufsehen, weil man in ihr eine nebenwirkungsärmere Alternative zur klassischen Hormonersatztherapie bei Wechseljahrsbeschwerden vermutete und ihr vorbeugende Effekte bei der Entstehung verschiedener Krebsarten zusprach. Dies lag insofern nahe, da die im Rot-Klee enthaltenen Isoflavone in der Tat eine östrogene Wirkung besitzen (siehe auch Soja, S. 128).
In mehreren klinischen Studien konnte jedoch kein Wirksamkeitsnachweis in diesen Indikationsgebieten erbracht werden, dagegen zeigten sich vielmehr ähnliche unerwünschte Wirkungen wie bei der klassischen Hormonersatztherapie, sodass von einer Verwendung abzuraten ist.

Nebenwirkungen / Gegenanzeigen Hochdosierte Rot-Kleepräparate dürfen keinesfalls von Frauen mit hormonabhängigen Tumoren verwendet werden.

Fertigpräparate Menovital®, Bad Heilbrunner Meno Stabil® Kapseln u. a.

Rot-Klee ist eine beliebte Pflanze bei den Landwirten. Sie wird häufig eingesetzt, um den Boden wieder fruchtbarer zu machen.

Große Kapuzinerkresse

Tropaeolum majus

Weitere Namen Salatblume, Gelbes Vögerl, Kapernblume.

Familie Tropaeolaceae / Kapuzinerkressengewächse.

Vorkommen Die Heimat der Kapuzinerkresse ist Südamerika – von Bolivien bis Kolumbien.

Aussehen Kapuzinerkresse ist eine wuchsfreudige, einjährige Pflanze, die gerne klettert (bis 3 m) oder kriecht. Ihre roten, orangen oder gelben Blüten sind trichterförmig und haben einen langen Sporn. Sie blühen von Juli bis Oktober. Die hellgrünen Blätter sind nierenförmig und haben einen gewellten Rand.

Zu verwendende Pflanzenteile Die frischen oder getrockneten oberirdischen Pflanzenteile.

Anbau & Ernte Kapuzinerkresse wird ab Mai (bei 13 bis 16 °C) ins Freiland ausgesät. Die jungen Pflanzen sollten erst ausgepflanzt werden, wenn keine Frostgefahr mehr besteht. Kapuzinerkresse braucht mäßig nährstoffreichen, gut durchlässigen Boden und einen sonnigen Standort. Ist der Boden zu fett, entstehen viele Blätter, aber wenig Blüten. Kapuzinerkresse eignet sich gut als Bodendecker. Die Ernte erfolgt während der Blütezeit von Juli bis Oktober.

Inhaltsstoffe Kapuzinerkresse enthält Senfölglykoside, aus welchen beim Kauen oder Zerreiben enzymatisch scharf schmeckende Senföle gebildet werden, daneben Flavonoide, Carotinoide und Vitamin C. Die Früchte enthalten ferner bitter schmeckende, giftige Cucurbitacine.

Verwendung In erster Linie handelt es sich bei der Kapuzinerkresse um ein angenehm kresseartig schmeckendes, gesundes Küchengewürz. Man nutzt die Blüten und Blätter als Salatbeigabe oder zur Aromatisierung von Quark, Frischkäse und Soßen. Die in Essig eingelegten Knospen werden auch als „falsche Kapern" bezeichnet. Pharmazeutisch interessant sind die beim Verzehr aus den Senfölglykosiden gebildeten Senföle, welche gegen Bakte-

Die Kapuzinerkresse stammt aus Südamerika und gelangte Anfang des 17. Jahrhunderts nach Europa.

rien, Viren und Pilzbefall wirksam sind; möglicherweise besitzen Zubereitungen der Kapuzinerkresse daneben auch eine stimulierende Wirkung auf das Immunsystem. Aus diesem Grund wird die Pflanze – vorwiegend in der Volksmedizin – zur Behandlung von Katarrhen der oberen Atemwege und Harnwegsinfekten eingesetzt, äußerlich in Form von Umschlägen zur Durchblutungsförderung bei leichten Muskelschmerzen und Prellungen.

Nebenwirkungen / Gegenanzeigen Auf den Genuss größerer Mengen frischer Pflanzenteile sollte verzichtet werden, da es zu Schleimhautreizungen im Magen-Darm-Trakt kommen kann. Säuglinge und Kleinkinder sowie Patienten mit Magen-Darm-Geschwüren sollten nicht mit Zubereitungen aus Kapuzinerkresse behandelt werden.

Zubereitungsform Teebereitung ist nicht gebräuchlich, vielmehr werden Blüten und Blätter frisch verzehrt. Umschläge: Etwa 30 g frische Blätter werden 5 Minuten in 1 l Wasser gekocht. Die gekochten Blätter werden in ein feines Leinentuch gegeben und auf die betroffenen Stellen gelegt.

Kapuzinerkresse-Blütenessig

- *4 bis 6 Blüten*
- *500 ml Weißweinessig*
- *1 Knoblauchzehe*
- *etwas Salz*

Blüten mit Essig, Knoblauch und etwas Salz ansetzen und zwei Wochen ziehen gelassen. Gelegentlich schütteln.

Huflattich

Tussilago farfara

Weitere Namen Brandlattich, Brustlattich, Pferdefuß, Heilblatt.

Familie Asteraceae / Korbblütler.

Vorkommen Ganz Europa, Westasien und Nordafrika sind die Heimat des Huflattichs. Er wächst auf Unkrautfluren, an Bahndämmen, Kiesgruben, Acker- und Wegrändern. Für den arzneilichen Gebrauch wird Huflattich aus Wildsammlungen in Italien und Osteuropa verwendet.

Aussehen Huflattich ist eine mehrjährige, winterharte Pflanze, die nur 15 bis 20 cm hoch wird. Bevor die Blätter erscheinen, zeigt sich zuerst die Blüte (Februar/März). Die leuchtend gelben Blütenköpfe duften nach Honig. Die Blütenstängel sind schuppig und behaart. Erst wenn die Blüte verblüht ist, erscheinen die runden, herzförmigen Blätter, die am Rand leicht gezähnt sind. Die Blätter sind an der Oberseite dunkelgrün und an der Unterseite weißfilzig.

Zu verwendende Pflanzenteile Die getrockneten Laubblätter.

Anbau & Ernte / Sammeln Huflattich bevorzugt lehmigen, tonigen Boden und sonnige bis halbschattige Standorte. Die Vermehrung geschieht über Aussaat im Frühjahr direkt ins Freiland.
Die Blätter werden in den Monaten Mai bis Juni geerntet.
Blätter aus Wildbeständen sollten jedoch nicht verwendet werden (siehe Verwendung und Nebenwirkungen).

Inhaltsstoffe Die Blätter enthalten 6 bis 10 % saure Schleimpolysaccharide, Gerbstoffe, Pflanzensäuren, Sterole sowie wenig Flavonoide. Bedeutsam ist ferner das Vorkommen geringer Mengen an Pyrrolizidinalkaloiden.

Verwendung Die im Huflattich enthaltenen Schleimstoffe überziehen die Schleimhäute mit einer Schicht, die sie vor chemischen und physikalischen Reizen schützt und lindern auf diese Weise den Hustenreiz. Bereits seit dem Altertum wird Huflattich zur Behandlung von akuten und chronischen Reizzuständen des Mund- und Rachenraums, bei Katarrhen der oberen Atemwege, Heiserkeit und trockenem Reizhusten verwendet. Problematisch ist das Vorkommen von Pyrrolizidinalkaloiden (siehe Nebenwirkungen), jedoch ist es inzwischen gelungen, alkaloidfreie Sorten zu züchten und anzubauen, sodass die in Apotheken erhältlichen Tees bedenkenlos verwendet werden können.

Nebenwirkungen / Gegenanzeigen Die in Wildbeständen vorkommenden Pyrrolizidinalkaloide wirken lebertoxisch und begünstigen möglicherweise die Entstehung von Krebserkrankungen. In Österreich und Dänemark ist es aufgrund dieser schädlichen Wirkungen seit einigen Jahren verboten, Huflattichblätter in Verkehr zu bringen, in Deutschland hat man sich dagegen nach Abwägung der Risiken auf eine Tageshöchstdosis von 4 bis 6 g Droge und eine Höchstanwendungsdauer von vier bis sechs Wochen pro Jahr geeinigt. Schwangere, stillende Mütter, Säuglinge und Kleinkinder sollten nicht mit Huflattichtee behandelt werden.

Zubereitungsform Tee: 1,5 Teelöffel Huflattichblätter werden mit siedendem Wasser übergossen und nach 5 bis 10 Minuten durch ein Teesieb gegeben. 3- bis 4-mal täglich eine Tasse frisch bereiteten Aufguss trinken.

Die herzförmigen Blätter des Huflattichs erscheinen erst nach den Blüten. Sie haben Ähnlichkeit mit einem Rosshuf.

Der botanische Name des Huflattichs geht auf die lateinische Bezeichnung *tussis* = Husten und *agere* = vertreiben zurück.

Große Brennnessel

Urtica dioica

Weitere Namen Nesselkraut, Haarnesselkraut, Hanfnesselkraut.

Familie Urticaceae / Brennnesselgewächse.

Vorkommen Brennnesseln wachsen in ganz Europa in gemäßigtem Klima. Für den Arzneimittelgebrauch werden sie vorwiegend aus Wildvorkommen in Mittel- und Osteuropa gesammelt. Man findet sie vor allem an Schuttplätzen, Gräben, Wegrändern und Zäunen.

Aussehen Brennnesseln sind zweihäusige Pflanzen mit Brennhaaren. Sowohl die weiblichen als auch die männlichen Blütenstände sind rispenartig und meist länger als die Blütenstile. Die herzförmigen Blätter wachsen gegenständig und sind am Rand grob gesägt. Die Große Brennnessel kann bis zu 150 cm hoch werden.

Zu verwendende Pflanzenteile
Die getrockneten oberirdischen Teile, die unterirdischen Organe und die reifen, getrockneten Früchte.

Anbau & Ernte / Sammeln Die Aussaat erfolgt im April oder Mai im Freiland. Für den Hausgebrauch ist es wenig sinnvoll, Brennnesseln anzubauen. Sie finden sich reichlich in der Natur und vermehren sich von selbst. Geerntet wird das blühende Kraut von Mai bis Juli. Die Wurzeln werden im Frühjahr oder Herbst ausgegraben, die Brennnesselfrüchte werden im Herbst gesammelt und getrocknet.

Inhaltsstoffe Die Blätter und das Kraut enthalten 1 bis 4 % Mineralstoffe (z. B. Kieselsäure und Kaliumsalze), Flavonoide, Scopoletin, Sitosterol, Phenolcarbonsäuren, Proteine und Spuren von Nicotin. In den Brennhaaren finden sich kleine Mengen an Acetylcholin, Histamin, Serotonin und Ameisensäure. Die oftmals fälschlicherweise als „Samen" bezeichneten Früchte enthalten Proteine, Schleime und bis zu 30 % fettes Öl mit einem hohen Gehalt an Linolsäure und Vitamin E.
Charakteristisch für die Wurzeln ist das Vorkommen eines brennnesselspezifischen

Im Laufe der Jahrhunderte wurden der Brennnessel immer mehr Heilwirkungen zugeschrieben.

Lectins, welches säureresistent und hitzeunempfindlich ist; daneben enthalten sie Lignane, Ceramide, Beta-Sitosterol, Scopoletin und Polysaccharide.

Verwendung Die Brennnessel zählt zu den am häufigsten verwendeten Arzneipflanzen. Die Blätter werden zur Durchspülungstherapie bei entzündlichen Erkrankungen der ableitenden Harnwege sowie zur Vorbeugung und Behandlung von Nierengrieß eingesetzt. In der Volksmedizin werden Tee und Frischpflanzenpress-Saft auch als „blutbildendes Mittel", zur Förderung der Wundheilung und Anregung des Stoffwechsels genutzt. Äußerlich werden Brennnesselzubereitungen als Einreibung bei rheumatischen Beschwerden sowie in Haarwässern gegen Schuppen und fettiges Haar verwendet. Die jungen Blätter sind als Salat bzw. als Gemüse essbar. Die Früchte werden nahezu ausschließlich in der Volksmedizin eingesetzt, und zwar äußerlich als Auflage bei Hautleiden und rheumatischen Erkrankungen, innerlich als Kräftigungstonikum und zur Milchbildung bei stillenden Müttern. Die Wurzeln werden neuerdings in Form von Fertigpräparaten zur Behandlung von Beschwerden in Zusammenhang mit einer gutartigen Prostatavergrößerung verwendet, wobei der Wirkmechanismus bislang nicht endgültig geklärt werden konnte.

Nebenwirkungen / Gegenanzeigen Die Pflanze eignet sich nicht zur Ausschwemmung von Ödemen infolge eingeschränkter Herz- und Nierentätigkeit.

Zubereitungsform Tee: 3 bis 4 Teelöffel Brennnesselkraut werden mit 150 ml heißem Wasser übergossen und nach 10 Minuten abgeseiht. 3- bis 4-mal täglich eine Tasse frisch bereiteten Tee trinken.
Tinktur/Einreibung: Im Frühjahr ausgegrabene, frische Brennnesselwurzeln in eine Flasche füllen, mit 40%igem Alkohol übergießen und nach ca. 14 Tagen durch ein Sieb geben. Zur Behandlung rheumatischer Beschwerden 1- bis 2-mal täglich einige Tropfen auf die betroffenen Stellen massieren (Wirksamkeit nicht belegt).
Haarwasser: 50 ml Tinktur mit 150 ml Wasser verdünnen. Bei Schuppen und fettigem Haar Kopfhaut regelmäßig, etwa 2- bis 3-mal pro Woche, damit einmassieren.

Fertigpräparate Bazoton® uno, Prostaforton®, Pro-Sabona® uno, Prostagalen® Hevert, Kneipp Brennnessel-Haarwasser, Rheuma-Hek® u. a.

Weitere Art Auf die gleiche Weise lässt sich auch die Kleine Brennnessel *(Urtica urens)* verwenden.

Heidelbeere

Vaccinium myrtillus

Weitere Namen Blaubeere, Schwarzbeere, Bickbeere.

Familie Ericaceae / Heidegewächse.

Vorkommen Die Heidelbeere ist in Europa beheimatet und wächst in unseren Wäldern.

Aussehen Die Heidelbeere ist ein buschiger Strauch, der etwa 50 cm hoch wird. Kulturpflanzen hingegen können eine Höhe von 180 bis 200 cm erreichen. Das Holz ist glatt und rötlich grün, die kleinen, derben Blätter sind wechselständig angeordnet. Heidelbeeren tragen von April bis Mai reinweiße Blüten. Die blauschwarzen Beeren wachsen in Dolden und reifen von Sommer bis Herbst immer von oben nach unten.

Zu verwendende Pflanzenteile Die getrockneten reifen Früchte.

Anbau & Ernte / Sammeln Heidelbeeren gedeihen auf sauren, moorhaltigen Böden und bevorzugen halbschattige Standorte. Wenn sich die Pflanzen akklimatisiert haben, wachsen sie auch auf anderen Bodenarten. Sie lassen sich gut im Garten anbauen. Die Pflanzung sollte im Herbst erfolgen. Heidelbeeren bringen einen höheren Ertrag, wenn zwei Pflanzen nebeneinander stehen. Die ersten Beeren können bereits Ende Juni gepflückt werden. Nach dem Welken können die Beeren bei warmer Temperatur getrocknet werden. Der Vorrat sollte öfter kontrolliert werden. Durch das Nachreifen erstreckt sich die Ernte bis zum Herbst.

Inhaltsstoffe Die Blätter enthalten bis zu 7 % Catechingerbstoffe, Flavonoide, Phenolcarbonsäuren, Iridoide, geringe Mengen an Chinolizidinalkaloiden, Spuren von Arbutin und Hydrochinon. In den Früchten sind bis zu 10 % Catechingerbstoffe enthalten neben Proanthocyanidinen, Anthocyanidinen, Flavonoiden, Phenolcarbonsäuren, Fruchtsäuren und Invertzucker.

Verwendung Heidelbeerblätter finden in der Volksmedizin Verwendung als blutzuckersenkendes Mittel und sind daher häufig Bestandteil sogenannter „antidiabetischer Tees". Die Wirksamkeit in diesem Indikationsgebiet konnte jedoch bislang nicht belegt werden, sodass aufgrund der

Heidelbeersaft

- *1,75 l Wasser*
- *500 g Heidelbeeren*
- *250 g feiner Zucker*
- *50 ml Apfelessig*
- *0,5 Zitrone (unbehandelt)*

Heidelbeeren waschen und mit der klein geschnittenen Zitrone und den übrigen Zutaten in ein Gefäß geben. 2 bis 3 Tage kühl stellen.
Heidelbeeren durch ein Tuch seihen und den Saft in Flaschen füllen. Mit einem Tuch abdecken und 2 Tage in die Sonne stellen. Dann verkorken und noch einige Wochen ruhen lassen.

Risiken und Nebenwirkungen von einer Anwendung abgeraten wird.
Größere Bedeutung besitzen dagegen die getrockneten Früchte, welche aufgrund ihres hohen Gerbstoffgehaltes ein beliebtes Mittel zur Behandlung unspezifischer, akuter Durchfallerkrankungen sind. Daneben eignen sich Abkochungen oder der verdünnte Fruchtsaft als Gurgelmittel bei leichten entzündlichen Erkrankungen im Mund- und Rachenraum.
In Nahrungsergänzungsmitteln („Augenvitamine") werden Heidelbeerextrakte neuerdings wegen ihres Gehaltes an Anthocyanidinen zur Vorbeugung und Therapie von Netzhauterkrankungen (beispielsweise infolge Diabetes mellitus) und Störungen des Nacht- und Dämmerungssehens eingesetzt.

Nebenwirkungen / Gegenanzeigen Heidelbeerblätter können in höherer Dosierung oder bei längerem Gebrauch akute Erregungszustände hervorrufen.

Zubereitungsform Tee: 1 Esslöffel getrocknete Heidelbeeren werden mit einer Tasse kaltem Wasser angesetzt, etwa 10 Minuten lang gekocht und noch heiß abgeseiht. Mehrmals täglich eine Tasse frisch bereiteten Tee trinken; bei entzündlichen Erkrankungen im Mund- und Rachenraum mehrmals täglich mit der Abkochung gurgeln.
Saft: Siehe nebenstehendes Rezept.

Die frischen Heidelbeerfrüchte besitzen aufgrund ihres Gehaltes an Anthocyanidinen und Vitaminen einen hohen Gesundheitswert.

Echter Baldrian

Valeriana officinalis

Weitere Namen Arznei-Baldrian, Katzenwurzel, Balderbrackenwurzel.

Familie Valerianaceae / Baldriangewächse.

Vorkommen Der Echte Baldrian ist in Europa und Asien heimisch und wächst auf feuchten Wiesen und in Wäldern. Für den arzneilichen Gebrauch wird er vorwiegend in England, Belgien, Deutschland und osteuropäischen Ländern angebaut.

Aussehen Baldrian ist eine winterharte, horstbildende Rhizomstaude. Seine gefiederten Blätter haben gezähnte, lanzettförmige Blättchen in sattem Grün. Die kleinen Blüten erscheinen von Mai bis August in Weiß bis Rosa und wachsen in Trugdolden. Baldrian erreicht eine Höhe von bis zu 150 cm und wird 40 bis 80 cm breit.

Zu verwendende Pflanzenteile Die getrockneten unterirdischen Organe.

Anbau & Ernte Baldrian gedeiht gut auf feuchten Böden in sonnigen bis halbschattigen Lagen. Zur Vermehrung eignet sich eine Teilung vorhandener Pflanzen im Frühjahr oder Herbst bzw. eine Aussaat ab April im offenen Kasten.
Die Ernte der Wurzeln erfolgt von Oktober bis November des zweiten Jahres.

Inhaltsstoffe Die Wurzel enthält etwa 0,3 bis 0,7 % ätherisches Öl, dessen Zusammensetzung je nach Herkunft stark variiert: Hauptbestandteile sind die Sesquiterpene Valeranon, Valerenal und die (geruchsbestimmenden) Monoterpene Bornylacetat und Bornylisovalerianat; daneben auch nichtflüchtige Sesquiterpencarbonsäuren, Valepotriate (Iridoide), welche beim Trocknen zu sogenannten Baldrinalen

Baldrian galt lange Zeit als Allheilmittel, das sogar zum Schutz vor der Pest angewandt wurde.

Der markante Geruch der Baldrianwurzel lockt Katzen an, noch bevor das erste Grün zu sehen ist.

abgebaut werden sowie Spuren von Pyridinalkaloiden. Für die Wirkung bedeutsam ist ferner das Vorkommen von Lignanen und Derivaten des Olivils, Massoniresinols und Berchemols.

Verwendung Seit der Antike wird Baldrian innerlich und äußerlich in der Volksheilkunde zur Behandlung von Nervosität, geistiger Überanstrengung und Schlafstörungen eingesetzt, wobei es trotz intensiver Untersuchungen nicht gelang, den Wirkmechanismus und die für die Wirkung verantwortlichen Inhaltsstoffe nachzuweisen. Dies änderte sich erst vor einigen Jahren, als man – eher zufällig – entdeckte, dass einige der im Baldrian enthaltenen Lignane im Gehirn an sogenannte Adenosin-Rezeptoren andocken und dadurch die Einschlafzeit verkürzen. Auf diese Weise sind sie auch in der Lage, die anregende Wirkung von Koffein zu neutralisieren, welches an der gleichen Stelle angreift. Inzwischen hat die pharmazeutische Industrie auf diese Studien reagiert und neue Fertigpräparate mit Baldrian-Spezialextrakten auf den Markt gebracht, in welchen diese wirkbestimmenden Inhaltsstoffe angereichert vorliegen. Neben den Lignanen sind vermutlich auch das ätherische Öl, die Valepotriate und Valerensäure an der beruhigenden Wirkung beteiligt.

Nebenwirkungen / Gegenanzeigen Keine bekannt.

Zubereitungsform Tee: 1 Teelöffel Baldrianwurzel wird mit einer Tasse kochendem Wasser übergossen und nach 10 bis 15 Minuten abgeseiht. Eine halbe Stunde vor dem Schlafengehen, eventuell auch tagsüber 2 bis 3 Tassen frisch bereiteten Tee trinken.
Vollbad: 100 g Baldrianwurzel werden 10 Minuten in 3 l Wasser gekocht, anschließend durch ein Sieb gegeben und dem Badewasser zugefügt. Vor dem Schlafengehen 10 bis 20 Minuten bei 34 bis 37 °C baden.

Fertigpräparate Alluna®, Baldrian-ratiopharm®, Valdispert®, Baldriparan® stark u. a.

Großblütige Königskerze

Verbascum densiflorum

Weitere Namen Wollblume, Wollkraut, Himmelbrandstee, Windblume.

Familie Scrophulariaceae / Rachenblütler.

Vorkommen Ihre Heimat ist Mitteleuropa, sie hat sich aber inzwischen auch in Südeuropa und Nordafrika ausgebreitet. Die Großblütige Königskerze wächst auf trockenen Wiesen, Schuttplätzen und an Waldrändern. Für den arzneilichen Gebrauch wird sie in Ägypten, Bulgarien, Tschechien und in der Slowakei angebaut.

Aussehen Die Großblütige Königskerze ist eine wuchsfreudige, wollig behaarte, rosettenbildende, zweijährige Pflanze mit einer Pfahlwurzel. Sie erreicht eine Höhe von 120 bis 200 cm und wird etwa 50 cm breit. Die länglich, eiförmigen Blätter sind ebenfalls stark behaart und graugrün.
Ihre gelben Blüten sind tellerförmig und wachsen in langen Ähren. Sie blühen erst im zweiten Jahr (nach einem winterlichen Frost) von Juli bis September.

Zu verwendende Pflanzenteile Die getrockneten Blütenkronen mit Staubblättern ohne Kelche.

Anbau & Ernte / Sammeln Königskerzen neigen dazu, sich selbst auszusäen. Sie können aber auch im späten Frühjahr oder im Herbst im Freiland ausgesät werden. Sie bevorzugen basischen Untergrund, gedeihen jedoch in den meisten gut durchlässigen Böden an sonnigen Standorten und sind für den Anbau in Naturgärten geeignet. Die Blüten werden von Juli bis September am späten Vormittag geerntet, wenn sie ganz trocken sind. Sie lassen sich auch gut in der freien Natur sammeln.

Sr. M. Josefa bei der Ernte im Klostergarten

Inhaltsstoffe Die Blüten enthalten etwa 3 % Schleimstoffe, Iridoide (z. B. Aucubin), Catapol und deren Derivate, Triterpensaponine, Verbascosaponin, das Phenylethanoidglykosid Verbascosid, Phenolcarbonsäuren, Flavonoide, Digiprolacton, Sterole und etwa 11 % Invertzucker.

Verwendung Durch die Kombination an reizmildernden Schleimstoffen und auswurffördernden Saponinen eignen sich Königskerzenblüten als milder Schleimlöser (Expectorans) zur Behandlung von Katarrhen der oberen Atemwege und Reizhusten. In Laboruntersuchungen zeigten Extrakte der Königskerze daneben auch entzündungshemmende und antivirale Eigenschaften, die sehr wahrscheinlich auf das antioxidativ wirksame Verbascosid und die Flavonoide zurückzuführen sind.
Die Volksmedizin verwendet die Droge darüber hinaus als harntreibendes Mittel, Antirheumatikum sowie äußerlich zur Bereitung von Umschlägen bei schlecht heilenden Wunden.

Nebenwirkungen / Gegenanzeigen Keine bekannt

Zubereitungsform Tee: 2 Teelöffel Königskerzenblüten werden mit einer Tasse siedendem Wasser übergossen und nach 10 bis 15 Minuten durch ein Teesieb gegeben. Bei Reizhusten und Atemwegsbeschwerden 3- bis 4-mal täglich eine Tasse trinken.

Fertigpräparate Eres® N, Equisil® u. a.

Weitere Arten Neben der Großblütigen Königskerze lassen sich auch die Blüten der Kleinblütigen Königskerze *(Verbascum thapsus)* und der Windblumen-Königskerze *(Verbascum phlomoides)* verwenden.

Im Mittelalter nutzte man den Stängel der Königskerze als Fackel oder Lampendocht.

Gewöhnliches Eisenkraut

Verbena officinalis

Weitere Namen Katzenblutkraut, Taubenkraut, Sagenkraut.

Familie Verbenaceae / Eisenkrautgewächse.

Vorkommen Das Echte Eisenkraut ist in Nordafrika, Westasien und Europa beheimatet. Es wächst auf Weiden, an Hecken, Mauern und im Ödland. Für den arzneilichen Gebrauch werden Wildsammlungen aus Südosteuropa verwendet.

Aussehen Eisenkraut ist eine winterharte, mehrjährige Staude, die am Grund verholzt und aufrecht buschig, stark verzweigend wächst. Sie hat winzige, rosa bis blasslila Blüten in schlanken Ähren, deren Blütezeit von Juli bis September liegt. Die dunkelgrünen, ebenfalls winzigen gegenständigen Blätter sind eiförmig, mehrfach fiederteilig und gezähnt. Eisenkraut wird etwa 80 bis 100 cm hoch und 60 cm breit.

In der Antike bezeichnete man Eisenkraut bisweilen als „Wunderdroge".

Eisenkraut-Gurgelwasser

- *2 EL Eisenkraut*
- *0,5 l Wasser*

Das getrocknete Eisenkraut mit kaltem Wasser übergießen und zugedeckt etwa 10 Stunden stehen lassen. Anschließend das Kraut abseihen und mit dem Wasser gurgeln – hilft bei Entzündungen im Mund und Rachenraum.

Zu verwendende Pflanzenteile Die getrockneten Blätter und oberen Stängelabschnitte.

Anbau & Ernte / Sammeln Eisenkraut benötigt trockenen, durchlässigen, mäßig nährstoffreichen Boden und sonnige Standorte. Vorhandene Pflanzen können im Frühjahr oder auch Herbst zur Vermehrung geteilt werden oder man sät im Herbst bzw. Frühjahr den Samen direkt im Freiland aus. Die Pflanze ist sehr anspruchslos. Ein Rückschnitt erfolgt am besten bei der Ernte im August / September oder später im Herbst.

Inhaltsstoffe Eisenkraut enthält Iridoidglykoside (z. B. Verbenalin, Dihydrocornin und Hastatosid), Phenylethanoidglykoside (z. B. Martynosid, Verbascosid und Isoverbascosid), Flavonoide, Triterpene

(z. B. Ursolsäure und Lupeol), das Oligosaccharid Stachyol sowie Spuren an ätherischem Öl.

Verwendung Vor allem in der Volksmedizin ist das Echte Eisenkraut beliebt zur Behandlung von Frauenleiden, wie Wechseljahrs- und Menstruationsbeschwerden, sowie zur Förderung der Milchbildung bei stillenden Müttern. Wenn auch ein endgültiger Wirksamkeitsnachweis noch aussteht, so zeigten Eisenkrautextrakte doch in Laboruntersuchungen einen gewissen Einfluss auf den Hormonhaushalt. Daneben setzt die Volksmedizin die Pflanze zur Behandlung von Katarrhen der oberen Atemwege, Nervosität, Erschöpfungszuständen, Verdauungsstörungen, Leber- und Gallenerkrankungen, Erkrankungen der Niere und ableitenden Harnwegen sowie äußerlich als Umschlag bei schlecht heilenden Wunden, Geschwüren und Brandwunden ein. Die Wirksamkeit in diesen Indikationsgebieten gilt bislang als nicht ausreichend belegt.

Nebenwirkungen / Gegenanzeigen Keine bekannt.

Zubereitungsform Tee: 1 Teelöffel Eisenkraut wird mit 150 ml kochendem Wasser übergossen und nach 5 bis 10 Minuten abgeseiht (eignet sich auch zur Herstellung von Umschlägen zur äußerlichen Anwendung); 2- bis 3-mal täglich eine Tasse zwischen den Mahlzeiten trinken.

Fertigpräparate Sinupret® u. a.

Wildes Stiefmütterchen

Viola tricolor

Weitere Namen Ackerveilchen, Ackerstiefmütterchenkraut, Dreifaltigkeitskraut, Freisamkraut.

Familie Violaceae / Veilchengewächse.

Vorkommen Europa, Nordafrika, Westsibirien und Asien sind die Heimat des Wilden Stiefmütterchens. Es wächst sowohl im Ödland als auch in grasbewachsenen Lagen.

Die Unterscheidung des Stiefmütterchens von den üblichen Veilchen ist erst im 16. Jahrhundert durch Leonhart Fuchs belegt.

Aussehen Wilde Stiefmütterchen sind winterharte, einjährige oder zweijährige Pflanzen, die in Büscheln wachsen. Ihre mehrfarbigen Blüten zeigen sich in Purpurn, Violett, Lila, Weiß und Gelb. Sie sind flach und haben einen kurzen Sporn. Die Blütezeit dauert von April bis September. Die mittelgrünen Blätter sind ei- bis herzförmig und gezähnt. Wilde Stiefmütterchen werden 10 bis 30 cm hoch und 10 bis 15 cm breit.

Zu verwendende Pflanzenteile Die blühenden oberirdischen Teile in getrocknetem Zustand.

Anbau & Ernte / Sammeln Wilde Stiefmütterchen brauchen feuchten, jedoch gut durchlässigen Boden. Sie bevorzugen sonnige bis halbsonnige Standorte. Zur Vermehrung kann der Samen ab April im Freiland ausgesät werden oder vorhandene Pflanzen werden im Herbst geteilt. Die Ernte des blühenden Krautes erfolgt von Mai bis Mitte September.

Inhaltsstoffe Das Kraut enthält bis zu 0,3 % Salicylsäure und deren Abkömmlinge, daneben weitere Phenolcarbonsäuren (z. B. Cumarsäure, Protocatechusäure und Gentisinsäure); ferner etwa 10 % Schleime, Flavonoide, Anthocyanidinglykoside, Carotinoide, Cumarine, Xanthinderivate, hämolytisch wirksame Peptide, Ascorbinsäure und Alpha-Tocopherol.

Verwendung Stiefmütterchenkraut wird vor allem äußerlich verwendet zur

Behandlung leichter Hauterkrankungen mit Juckreiz und Schuppenbildung, Akne und Milchschorf bei Kindern. Tatsächlich wurden in Tierversuchen Hinweise auf eine Wirksamkeit in diesen Indikationsgebieten gefunden.
Die Volksmedizin setzt die Droge darüber hinaus bei rheumatischen Erkrankungen, Gicht und Arteriosklerose, als Diuretikum und schweißtreibendes Mittel sowie bei Katarrhen der oberen Atemwege und fiebrigen Erkältungskrankheiten ein. Diese Anwendungsweisen lassen sich teilweise durch den Gehalt an Salicylsäurederivaten und Schleimstoffen erklären.

Nebenwirkungen / Gegenanzeigen Keine bekannt.

Zubereitungsform Tee: 2 Teelöffel Stiefmütterchenkraut werden mit 150 ml heißem Wasser übergossen und nach 10 Minuten durch ein Teesieb gegeben. Zur Behandlung von Katarrhen der Atemwege 3-mal täglich eine Tasse trinken, bei Hauterkrankungen sollte der Teeaufguss mehrmals täglich für Waschungen und Umschläge bereitet werden.

Fertigpräparate Antipsoricum N Truw®, Befelka® u. a.

Weitere Art Das Acker-Stiefmütterchen *(Viola arvensis)* kann auf die gleiche Weise verwendet werden. Das im Frühjahr blühende Duft-Veilchen *(V. odorata)* enthält in den Blüten ätherische Öle, die für den betörenden Duft verantwortlich sind. Es gilt in der Küche als Delikatesse, enthält viel Vitamine und Mineralstoffe und wird daneben unter anderem zur Behandlung von Husten und Erkältungskrankheiten eingesetzt.

Mistel

Viscum album

Weitere Namen Vogelmistel, Leimmistel, Hexenbesen, Drudenfuß, Mistelsenker.

Familie Loranthaceae / Mistelgewächse.

Vorkommen Die weißbeerigen Misteln sind in ganz Europa sowie in den gemäßigten Klimazonen Asiens und Japans beheimatet. Als Halbschmarotzer findet man sie an den Ästen von Laub- und Nadelbäumen.

Aussehen Die Mistel ist ein ausdauernder, immergrüner kugeliger Halbschmarotzer mit einem Durchmesser von bis zu 1 m. Sie haben lanzettlich schmale, dunkelgrüne Blätter. Die knäuelig wachsenden, gelbgrünen Blüten sind eingeschlechtlich und fast unscheinbar. Sie blühen von Februar bis Mai. Die Früchte sind runde weiße Scheinbeeren.

Zu verwendende Pflanzenteile Die getrockneten jungen Zweige mit Blättern, Blüten und Früchten.

Anbau & Ernte / Sammeln Die Vermehrung von Misteln geschieht über die typische Verdauungsverbreitung durch Vögel. Als Halbschmarotzer (Hemiparasiten) entziehen sie dem Baum, auf dem sie wachsen, Wasser und Nährsalze. Für die Photosynthese sorgen sie im Gegensatz zu Vollschmarotzern selbst. Auch wenn Misteln die Bäume nicht zum Absterben bringen, so können doch einzelne Äste bei starkem Befall vertrocknen. Das Sammeln von Misteln ist möglich, sofern sie an den Bäumen erreichbar sind.

Inhaltsstoffe Mistelkraut enthält Lectine, toxische Polypeptide (Viscotoxine), Flavonoide, Lignane, Phenolcarbonsäuren, biogene Amine und Cyclitole (z. B. Viscumitol), deren Zusammensetzung von der Wirtspflanze abhängig ist.

Verwendung Die Mistel spielte schon in der Mythologie der Germanen und Kelten eine bedeutende Rolle als „unheilabweisende Pflanze“. In der Volks-

Insbesondere in nordischen Ländern ist es Brauch, zur Wintersommerwende Misteln als Schutzgaranten zum Julfest zu nutzen.

Um Misteln ranken sich zahlreiche Mythen. Die Germanen glaubten, die Misteln seien vom Himmel gefallen und betrachteten sie deshalb als heilig.

medizin verwendet man wässrige Auszüge der Blätter zur unterstützenden Therapie bei Bluthochdruck und Schwindelgefühl, wobei in diesen Bereichen trotz zahlreicher intensiver Untersuchungen keine Wirkung nachgewiesen werden konnte. Ebenfalls kritisch zu bewerten ist der Einsatz bei der Behandlung chronisch-degenerativer Gelenkerkrankungen, bei dem Mistelextrakte unter die Haut injiziert werden, um durch die dadurch ausgelösten starken Entzündungen die eigentliche Erkrankung günstig zu beeinflussen.
Wesentlich bedeutsamer ist dagegen die (dem Arzt vorbehaltene) Injektionstherapie mit isolierten Mistelinhaltsstoffen. Sie spielt in der begleitenden Therapie von gutartigen und bösartigen Tumoren und besonders bei der Vorbeugung der Metastasenbildung eine große Rolle. Für die Wirkung verantwortlich sind die Lectine, welche im Tierversuch in sehr niedrigen Konzentrationen in der Lage waren, die Metastasenbildung zu hemmen.

Nebenwirkungen / Gegenanzeigen Mistelzubereitungen dürfen nicht verwendet werden bei bestehender Eiweiß-Unverträglichkeit sowie bei chronischen Infektionen (z. B. Tuberkulose). Bei der Injektionstherapie muss mit starken Nebenwirkungen, wie Schüttelfrost, hohem Fieber, Kopfschmerzen, Herz- und Kreislaufstörungen und allergischen Reaktionen, gerechnet werden. Bei der Injektion unter die Haut entstehen lokale Entzündungen, die bis zum Absterben des Gewebes führen können. Dagegen wird die Einnahme von Misteltee in der Regel gut vertragen.

Zubereitungsform Tee: 1 Teelöffel Mistelkraut wird mit einer Tasse kaltem Wasser übergossen, bei Raumtemperatur 10 bis 12 Stunden stehen gelassen und anschließend abgeseiht. 1 bis 2 Tassen täglich trinken.

Fertigpräparate Helixor®, Iscador®, Plenosol® u. a.

Mönchspfeffer

Vitex agnus-castus

Weitere Namen Keuschlamm, Keuschbaum, Tanis. Ihren Namen verdankt die Pflanze ihrem Einsatz in den Klöstern des Mittelalters, um die „fleischliche Anfechtung" der Mönche und Nonnen zu vertreiben und ihnen so die Einhaltung des Keuschheitsgelübdes zu erleichtern (lateinisch: *agnus* = Lamm, *castus* = keusch).

Familie Verbenaceae / Eisenkrautgewächse.

Vorkommen Mönchspfeffer stammt aus dem Mittelmeerraum und Zentralasien. Er wächst in Gebüschen und Wäldern, an feuchten Standorten. Für den arzneilichen Gebrauch werden die Früchte verwendet, die vorwiegend aus Wildsammlungen in Albanien und Marokko stammen.

Reifende Mönchspfeffer-Früchte

Aussehen Mönchspfeffer ist ein breitwüchsiger, dicht verästelter Strauch mit schlanken Trieben. Er kann 2 bis 5 m hoch und ebenso breit werden. Seine duftenden Blüten sind lila bis dunkelblau gefärbt. Sie wachsen röhrenförmig in schmalen Ähren. Ihre Blütezeit ist von September bis Oktober. Die fünf- bis siebenfach gefingerten Blätter verbreiten ebenfalls einen aromatischen Duft. Sie sind schmal eiförmig, zugespitzt und dunkelgrün. Die Früchte sind klein, fleischig und rötlich-schwarz. Sie reifen im Oktober.

Zu verwendende Pflanzenteile Die reifen, getrockneten Früchte („Mönchspfeffer").

Anbau & Ernte Die Pflanzen brauchen gut durchlässigen Boden und windgeschützte, vollsonnige Standorte. Durch Aussaat im Frühjahr oder Herbst lässt sich der Mönchspfeffer vermehren. Im Sommer können auch halbausgereifte Stecklinge eingepflanzt werden. Die Früchte werden im Oktober gesammelt, getrocknet und dunkel aufbewahrt.

INHALTSSTOFFE Die Früchte enthalten etwa 1 % Iridoidglykoside (z. B. Agnusid und Aucubin), lipophile Flavonoide, darunter Casticin, sowie bis zu 1,8 % ätherisches Öl mit Cineol, Limonen und Bornylacetat, daneben strukturell ungewöhnliche Diterpene, wie Rotundifuran und Vitexilacton, und fettes Öl.

VERWENDUNG Wässrig-alkoholische Auszüge der Pflanze sind in zahlreichen Fertigpräparaten enthalten, die zur Behandlung von Frauenleiden, wie zeitlich unregelmäßiger Monatsblutung, prämenstruellen Beschwerden, Kopfschmerzen, Stimmungsschwankungen sowie Spannungsgefühl in den Brüsten, eingesetzt werden. Inzwischen vermutet man, dass die Wirkung des Extraktes auf einem Zusammenspiel verschiedener Inhaltsstoffe beruht. Vor Kurzem konnte in Laborversuchen gezeigt werden, dass die Diterpene in der Lage sind, im Gehirn die Ausschüttung von Prolactin zu hemmen, einer Substanz, deren erhöhte Plasmakonzentration zu den oben genannten Menstruationsbeschwerden führen kann. Für eine erfolgreiche Therapie mit Mönchspfefferextrakten ist eine Gabe über mehrere Monate erforderlich, wobei vor Therapiebeginn unbedingt ein Arzt aufgesucht werden sollte, um eine organische Ursache der Beschwerden auszuschließen.

In den Klostergärten des Mittelalters durfte Mönchspfeffer nicht fehlen.

NEBENWIRKUNGEN / GEGENANZEIGEN Die Extrakte sind allgemein sehr gut verträglich, gelegentlich kann es jedoch zu juckenden Hautausschlägen kommen und in Einzelfällen zu Unruhezuständen.

FERTIGPRÄPARATE Agnucaston®, Agnolyt®, Mastodynon®, Feminon®, Hevertogyn®, Mönchspfeffer-ratiopharm® u. a.

Uzara

Xysmalobium undulatum

FAMILIE Asclepiadaceae / Schwalbenwurzgewächse.

VORKOMMEN Uzara ist in Südafrika und an der Schwarzmeerküste beheimatet.

AUSSEHEN Uzara ist eine mehrjährige, milchsaftführende Staude, die etwa 50 cm hoch wird. Sie trägt kurz gestielte, bis zu 13 cm lange und 1 cm breite Blätter, die an den Rändern eingerollt sind und bildet knollenförmige Speicherwurzeln aus. Ihre grüngelben, doldenförmigen Blüten zeigen sich am Naturstandort zwischen September und Februar.

Wie ein Wunder der Natur wirken die feinen doldenartig angelegten Uzarablüten.

ZU VERWENDENDE PFLANZENTEILE Die getrockneten unterirdischen Teile zwei- bis dreijähriger Pflanzen.

ANBAU & ERNTE Uzara kann in unseren Klimazonen nicht angebaut werden. Die Uzarawurzeln können erst ab dem zweiten Anbaujahr geerntet werden und müssen zur Herstellung industriell gefertigter Extrakte für den arzneilichen Gebrauch nach Europa importiert werden.

INHALTSSTOFFE Uzarawurzel enthält Steroidglykoside, beispielsweise Uzarin und Xysmalorin, daneben Phytosterole und Gerbstoffe sowie geringe Mengen an Pregnanderivaten.

VERWENDUNG In Südafrika wurde die Wurzel neben Durchfallerkrankungen und Verdauungsbeschwerden auch gegen Malaria eingesetzt. Anfang des 20. Jahrhunderts brachten Forschungsreisende die in der traditionellen Medizin Südafrikas genutzte Pflanze erstmals nach Deutschland. Rasch zeigte sich, dass sich die Wurzelextrakte hervorragend zur Behandlung von Magen-Darm-Erkrankungen eigneten, was – wie sich später herausstellte – auf einer Kombination verschiedener Wirkungen beruht. Die Steroidglykoside Uzarin und Xysmalorin dämpfen die krankhaft gesteigerte Darmtätigkeit, wirken krampflösend und beruhigen gleichzeitig Übelkeit und Brechreiz. Bemerkenswert ist weiterhin, dass sich einige im Handel erhältliche (alkoholfreie) Fertigpräparate auch zur Behandlung von Durchfallerkrankungen bei Säuglingen und

Die wertvollen Inhaltsstoffe der Uzara sind in ihrer Wurzel enthalten.

Kleinkindern eignen, wobei in diesen Fällen allerdings prinzipiell vor einer Selbstmedikation Rücksprache mit dem Arzt gehalten werden sollte.
Die Verwendung als Tee ist – nicht zuletzt aufgrund des äußerst bitteren Geschmacks – nicht gebräuchlich.

Nebenwirkungen / Gegenanzeigen Bei gleichzeitiger Einnahme von herzwirksamen Glykosiden sollte auf die Therapie mit Uzarawurzel verzichtet werden, da hier mit unerwünschten Wirkungen gerechnet werden muss. Für die Schwangerschaft und Stillzeit liegen (noch) keine ausreichenden Untersuchungen zur Unbedenklichkeit vor.
Trotz einer engen chemischen Verwandtschaft zu den beispielsweise im Roten Fingerhut enthaltenen äußerst giftigen Herzglykosiden besitzen die in der Uzarawurzel enthaltenen Steroidglykoside keine Wirkung auf den Herzmuskel, sodass bei bestimmungsgemäßer Anwendung keine gefährlichen Nebenwirkungen zu befürchten sind.

Fertigpräparate Uzara® Saft, Uzara® Lösung, Uzara® Dragees u. a.

Ingwer

Zingiber officinale

WEITERE NAMEN Ingberwurzel, Ginger.

FAMILIE *Zinigiberaceae* / Ingwergewächse.

VORKOMMEN Die Heimat des Ingwers ist der tropische Regenwald Asiens. Er wird seit Jahrhunderten in China, Malaysia und Indien angebaut.

AUSSEHEN Ingwer ist eine Rhizomstaude. Die lanzettförmigen Blätter wachsen an aufrechten bis zu 150 cm hohen Trieben und sind frischgrün. Ihre gelbgrünen, dreiblättrigen Blüten haben purpurrote, gelb gefleckte Lippen. Die Blütezeit dauert von Juli bis September. Als Früchte bilden sich fleischige Kapseln, die generell nur selten erscheinen.

ZU VERWENDENDE PFLANZENTEILE Der getrocknete, von der Korkschicht befreite Wurzelstock.

ANBAU & ERNTE Bei uns wachsen Ingwerpflanzen im Kübel unter Glas (hohe Luftfeuchtigkeit) in nährstoffreichem, feuchtem, gut durchlässigem, neutralem bis basischem Boden. Sie lieben sonnige bis halbschattige Standorte. Ingwer benötigt eine zehnmonatige Wachstumsperiode und kann durch Teilung des Wurzelstocks (Rhizoms) im späten Frühjahr vermehrt werden. Die Kultur ist anspruchsvoll. Man darf nur wenig gießen: Staunässe und Ballentrockenheit werden nicht vertragen. Reichliche Düngung ist wichtig. Auch im Winter muss die Pflanze warm und hell stehen. Die Ernte des Rhizoms kann während der Wachstumszeit erfolgen.

INHALTSSTOFFE Ingwerwurzeln enthalten bis zu 3 % ätherisches Öl, dessen Zusammensetzung je nach Herkunft stark variieren kann. Hauptbestandteile der meisten Herkünfte sind die Sesquiterpene Zingiberen, Curcumen, Bisabolon und Farnesen sowie die Sesquiterpenalkohole Sesquiphellandrol und Zingiberol, welche den charakteristischen Geruch ausmachen; im ätherischen Öl des australischen Ingwers überwiegen dagegen Monoterpene, wie Campher, Phellandren und Geranial; insgesamt wurden bislang mehr als 150 Komponenten identifiziert. Von Bedeutung sind ferner nichtflüchtige Scharfstoffe, wie Gingerole und Shogaole, welche zur Gruppe der Arylalkane zählen sowie Diarylheptanoide (z. B. Gingerenon A und B).

Verwendung Im Fernen Osten wird Ingwer bereits seit über 3000 Jahren als Gewürz und Heilmittel hoch geschätzt, aber auch in Europa ist die Pflanze seit dem Altertum bekannt. Verwendet wird Ingwer hauptsächlich als Gewürz und gesundes Nahrungsmittel, daneben wird er zur Behandlung verschiedenster Verdauungsbeschwerden, wie Appetitlosigkeit, Blähungen und Völlegefühl, in der Ayurvedischen Medizin auch als Migräne-Therapeutikum genutzt.
Seit Neuestem werden Fertigarzneimittel mit Ingwer-Extrakten mit Erfolg gegen die Symptome der See- und Reisekrankheit sowie Übelkeit nach einer Zytostatika-Therapie oder Operationen eingesetzt. Über eine Erregung der Wärmerezeptoren der Mundschleimhaut regen die Scharfstoffe reflektorisch die Speichel- und Magensaftproduktion an und beschleunigen die Magenentleerung. Daneben zeigten verschiedene Inhaltsstoffe in Laborversuchen entzündungshemmende, schmerzlindernde, antimikrobielle und blutgerinnungshemmende Effekte.

Nebenwirkungen / Gegenanzeigen Zum Einsatz in der Schwangerschaft liegen keine ausreichenden Untersuchungen zur Unbedenklichkeit vor, daher sollte Ingwer nicht während der Schwangerschaft eingenommen werden. Bei Gallensteinleiden sollte Ingwer nur nach Rücksprache mit dem Arzt angewendet werden.

Zubereitungsform Tee: 2 bis 3 frische etwa 1 cm große Ingwerstücke werden mit kochendem Wasser übergossen und 5 bis 8 Minuten ziehen gelassen. Der Tee eignet sich vor, während oder nach den Mahlzeiten getrunken, gleichermaßen als Mittel gegen Verdauungsbeschwerden wie als gesundes Genussmittel.
Ingwermilch: 250 ml Milch werden mit 1 TL Ingwerpaste oder einer Messerspitze Ingwerpulver aufgekocht, bei Bedarf mit Honig gesüßt und möglichst heiß getrunken (zur Vorbeugung von Erkältungskrankheiten).

Ingwer gehört in der Klosterheilkunde zu den am häufigsten genannten Heilpflanzen. In der unscheinbaren Wurzelknolle, die sich als Gewürz und als Heilmittel eignet, stecken zahlreiche Vitamine und Mineralstoffe.

Fertigpräparate Zintona®, Imbak® u. a.

Beschwerden und Pflanzen, die dagegen helfen

Gegen (fast) jede Krankheit ist ein Kraut gewachsen. Die heilkräftigsten Pflanzen, die bei häufig auftretenden Beschwerden helfen, haben wir hier für Sie zusammengestellt. So finden Sie schnell die richtige Seite, auf der Sie Wirkung und Zubereitung der entsprechenden Pflanze nachlesen können.

Beschwerden	Pflanze	Botanischer Name	Seite
Analbereich: Entzündungen, Juckreiz, Verletzungen	Echte Kamille	*Matricaria recutita*	154
	Trauben-Eiche	*Quercus petraea*	182
	Medizinal-Rhabarber	*Rheum palmatum*	184
Appetitlosigkeit	Wiesen-Schafgarbe	*Achillea millefolium*	42
	Echte Engelwurz	*Angelica archangelica*	56
	Echter Wermut	*Artemisia absinthium*	64
	Kümmel	*Carum carvi*	78
	Tausendgüldenkraut	*Centaurium erythraea*	80
	Benediktenkraut	*Cnicus benedictus*	94
	Gelber Enzian	*Gentiana lutea*	124
	Ingwer	*Zingiber officinale*	240
Blähungen und Völlegefühl	Echte Engelwurz	*Angelica archangelica*	56
	Echter Wermut	*Artemisia absinthium*	64
	Kümmel	*Carum carvi*	78
	Tausendgüldenkraut	*Centaurium erythraea*	80
	Römische Kamille	*Chamaemelum nobile*	84
	Gewürz-Fenchel	*Foeniculum vulgare* ssp. *vulgare* var. *dulce*	118
	Gelber Enzian	*Gentiana lutea*	124
	Echte Kamille	*Matricaria recutita*	154
	Ingwer	*Zingiber officinale*	240
Durchfall, leichter	Garten-Möhre	*Daucus carota* ssp. *sativus*	102
	Blutwurz	*Potentilla erecta*	178
	Medizinal-Rhabarber	*Rheum palmatum*	184
	Brombeere	*Rubus fruticosus*	194
	Heidelbeere	*Vaccinium myrtillus*	224
	Uzara	*Xysmalobium undulatum*	238

Beschwerden	Pflanze	Botanischer Name	Seite
Einschlafstörungen	Hopfen	*Humulus lupulus*	138
	Tüpfel-Johanniskraut	*Hypericum perforatum*	140
	Echter Lavendel	*Lavandula angustifolia*	146
	Passionsblume	*Passiflora incarnata*	166
	Echter Baldrian	*Valeriana officinalis*	226
	Melisse	*Melissa officinalis*	158
Erkältungskrankheiten	Isländisches Moos	*Cetraria islandica*	82
	Purpurroter Sonnenhut	*Echinacea purpurea*	104
	Eukalyptus	*Eucalyptus globulus*	110
	Echtes Mädesüß	*Filipendula ulmaria*	116
	Gewöhnlicher Efeu	*Hedera helix*	136
	Echte Kamille	*Matricaria recutita*	154
	Kapland-Pelargonie	*Pelargonium sidoides*	168
	Weide	*Salix*	196
	Echter Salbei	*Salvia officinalis*	198
	Schwarzer Holunder	*Sambucus nigra*	200
	Sommer-Linde	*Tilia platyphyllos*	214
Frauenleiden	Trauben-Silberkerze	*Cimicifuga racemosa*	90
	Echte Kamille	*Matricaria recutita*	154
	Tüpfel-Johanniskraut	*Hypericum perforatum*	140
	Gewöhnliche Nachtkerze	*Oenothera biennis*	162
	Passionsblume	*Passiflora incarnata*	166
	Echter Salbei	*Salvia officinalis*	198
	Mönchspfeffer	*Vitex agnus-castus*	236
Genitalbereich: Entzündungen, Juckreiz	Echte Kamille	*Matricaria recutita*	154
	Trauben-Eiche	*Quercus petraea*	182
Gürtelrose, Nachbehandlung	Cayenne-Pfeffer	*Capsicum frutescens*	76
	Tüpfel-Johanniskraut	*Hypericum perforatum*	140
Harnwegsentzündungen, -infekte	Echte Bärentraube	*Arctostaphylos uva-ursi*	60
	Hänge-Birke	*Betula pendula*	66
	Acker-Schachtelhalm	*Equisetum arvense*	108
	Dorniger Hauhechel	*Ononis spinosa*	164
	Garten-Petersilie	*Petroselinum crispum*	172
	Echte Goldrute	*Solidago virgaurea*	204
	Große Brennnessel	*Urtica dioica*	222

Beschwerden	Pflanze	Botanischer Name	Seite
Herzbeschwerden	Weißdorn	*Crataegus monogyna*	96
Husten und Bronchial-erkrankungen	Echter Eibisch	*Althaea officinalis*	52
	Isländisches Moos	*Cetraria islandica*	82
	Gewürz-Fenchel	*Foeniculum vulgare* ssp. *vulgare* var. *dulce*	118
	Süßholz	*Glycyrrhiza glabra*	130
	Gewöhnlicher Efeu	*Hedera helix*	136
	Wilde Malve	*Malva sylvestris*	152
	Echte Kamille	*Matricaria recutita*	154
	Kapland-Pelargonie	*Pelargonium sidoides*	168
	Anis	*Pimpinella anisum*	174
	Spitz-Wegerich	*Plantago lanceolata*	176
	Echte Schlüsselblume	*Primula veris*	180
	Echter Thymian	*Thymus vulgaris*	212
	Sommer-Linde	*Tilia platyphyllos*	214
	Huflattich	*Tussilago farfara*	220
	Großblütige Königskerze	*Verbascum densiflorum*	228
Insektenstiche, entzündete	Berg-Arnika	*Arnica montana*	62
	Spitz-Wegerich	*Plantago lanceolata*	176
Kopfschmerzen / Migräne	Eucalyptus	*Eucalyptus globulus*	110
	Echte Pfefferminze	*Mentha × piperita*	160
	Gewöhnliche Pestwurz	*Petasites hybridus*	170
	Weide	*Salix*	196
	Mutterkraut	*Tanacetum parthenium*	208
Leber- und Gallenerkran-kungen	Schöllkraut	*Chelidonium majus*	86
	Gewöhnliche Wegwarte	*Cichorium intybus*	88
	Gewöhnlicher Erdrauch	*Fumaria officinalis*	120
	Echte Pfefferminze	*Mentha × piperita*	160
	Mariendistel	*Silybum marianum*	202
	Gewöhnlicher Löwenzahn	*Taraxacum officinale*	210
Magen-Darm-Erkran-kungen, entzündliche	Echter Eibisch	*Althaea officinalis*	52
	Isländisches Moos	*Cetraria islandica*	82
	Süßholz	*Glycyrrhiza glabra*	130
	Echter Lein	*Linum usitatissimum*	150
	Echte Kamille	*Matricaria recutita*	154
	Wiesen-Schafgarbe	*Achillea millefolium*	42

Beschwerden	Pflanze	Botanischer Name	Seite
Magen-Darm-Beschwerden / Verdauungsprobleme	Wiesen-Schafgarbe	*Achillea millefolium*	42
	Echter Eibisch	*Althaea officinalis*	52
	Echte Engelwurz	*Angelica archangelica*	56
	Echter Wermut	*Artemisia absinthium*	64
	Kümmel	*Carum carvi*	78
	Tausendgüldenkraut	*Centaurium erythraea*	80
	Isländisches Moos	*Cetraria islandica*	82
	Römische Kamille	*Chamaemelum nobile*	84
	Gewöhnliche Wegwarte	*Cichorium intybus*	88
	Benediktenkraut	*Cnicus benedictus*	94
	Artischocke	*Cynara cardunculus*	100
	Gewürz-Fenchel	*Foeniculum vulgare* ssp. *vulgare* var. *dulce*	118
	Gelber Enzian	*Gentiana lutea*	124
	Süßholz	*Glycyrrhiza glabra*	130
	Echter Lavendel	*Lavandula angustifolia*	146
	Echter Lein	*Linum usitatissimum*	150
	Wilde Malve	*Malva sylvestris*	152
	Echte Kamille	*Matricaria recutita*	154
	Melisse	*Melissa officinalis*	158
	Echte Pfefferminze	*Mentha × piperita*	160
	Anis	*Pimpinella anisum*	174
	Blutwurz	*Potentilla erecta*	178
	Uzara	*Xysmalobium undulatum*	238
	Ingwer	*Zingiber officinale*	240
Mund-und Rachenraum: Entzündungen	Echter Eibisch	*Althaea officinalis*	52
	Berg-Arnika	*Arnica montana*	62
	Ringelblume	*Calendula officinalis*	74
	Isländisches Moos	*Cetraria islandica*	82
	Wilde Malve	*Malva sylvestris*	152
	Echte Kamille	*Matricaria recutita*	154
	Medizinal-Rhabarber	*Rheum palmatum*	184
	Echter Salbei	*Salvia officinalis*	198
Nervenschmerzen	Berg-Arnika	*Arnica montana*	62
	Cayenne-Pfeffer	*Capsicum frutescens*	76
	Gewöhnlicher Beinwell	*Symphytum officinale*	206

Beschwerden	Pflanze	Botanischer Name	Seite
Nervosität / Unruhe / depressive Stimmung	Hopfen	*Humulus lupulus*	138
	Tüpfel-Johanniskraut	*Hypericum perforatum*	140
	Echter Lavendel	*Lavandula angustifolia*	146
	Melisse	*Melissa officinalis*	158
	Passionsblume	*Passiflora incarnata*	166
	Echter Baldrian	*Valeriana officinalis*	226
Prellungen / Verstauchungen / Quetschungen	Berg-Arnika	*Arnica montana*	62
	Ringelblume	*Calendula officinalis*	74
	Cayenne-Pfeffer	*Capsicum frutescens*	76
	Gewöhnlicher Beinwell	*Symphytum officinale*	206
Prostatabeschwerden	Kürbis	*Cucurbita pepo*	98
	Große Brennnessel	*Urtica dioica*	222
Rheumatische Erkrankungen	Berg-Arnika	*Arnica montana*	62
	Weihrauchbaum	*Boswellia carteri*	70
	Cayenne-Pfeffer	*Capsicum frutescens*	76
	Kriechende Teufelskralle	*Harpagophytum procumbens*	134
	Rosmarin	*Rosmarinus officinalis*	192
	Weide	*Salix*	196
	Große Brennnessel	*Urtica dioica*	222
Venenleiden / Gefäßleiden	Rosskastanie	*Aesculus hippocastanum*	46
	Berg-Arnika	*Arnica montana*	62
	Ringelblume	*Calendula officinalis*	74
	Echter Buchweizen	*Fagopyrum esculentum*	114
	Ginkgo	*Ginkgo biloba*	126
Verbrennungen, leichte	Ringelblume	*Calendula officinalis*	74
	Tüpfel-Johanniskraut	*Hypericum perforatum*	140
Verstopfung	Echter Lein	*Linum usitatissimum*	150
	Medizinal-Rhabarber	*Rheum palmatum*	184
	Rizinus	*Ricinus communis*	188
Wundbehandlung / Hauterkrankungen	Berg-Arnika	*Arnica montana*	62
	Ringelblume	*Calendula officinalis*	74
	Echte Kamille	*Matricaria recutita*	154
	Gewöhnliche Nachtkerze	*Oenothera biennis*	162
	Spitz-Wegerich	*Plantago lanceolata*	176
	Gewöhnlicher Beinwell	*Symphytum officinale*	206
	Wildes Stiefmütterchen	*Viola tricolor*	232

Literatur / Adressen

Literatur zum Weiterlesen von Kosmos

Braun-Bernhart, Mann: Kräuter & Gewürze. 2004/2006

Laske: Die Kosmos Heilpflanzen-Apotheke. 2006

Hensel: Welche Heilpflanze ist das? 2007

Schönfelder: Der neue Kosmos-Heilpflanzenführer. 2001

Schönfelder: Das neue Handbuch der Heilpflanzen. 2004

Treml: Kräuter aus dem Garten. 2007

Kloster- und Heilpflanzengärten

(nach PLZ)

Kloster St. Marienstern
Cisinskistraße 35
01920 Panschwitz-Kuckau
Telefon: 03 57 96 / 971-21
www.ekz-marienstern.de

Apothekergarten Leipzig
Botanischer Garten der
Universität Leipzig
Liebigstraße 28
04103 Leipzig
Telefon: 03 41 / 9 73 68 50

Botanischer Garten für Arznei- und
Gewürzpflanzen Oberholz
Störmthaler Weg 2
04463 Großpösna-Oberholz
Telefon: 03 42 97 / 4 12 49

Evangelische Kirchengemeinde
Klostermansfeld
Kirchstraße 2
06308 Klostermansfeld
www.ev-kloster-kirche.de

Klostergarten in Donndorf
Kloster 6
06571 Donndorf
Telefon: 03 46 72 / 85 10
E-Mail: lhvhs.kloster.donndorf@t-online.de

Botanischer Garten Berlin Dahlem
Königin-Luisen-Straße 6-8
14191 Berlin
Telefon: 0 30 / 838-50027
www.botanischer-garten-berlin.de

Apothekergarten Hamburg
Planten un Blomen
Petersburger Straße 28
20355 Hamburg

Heilpflanzengarten im Botanischen
Garten der Universität Oldenburg
Philosophenweg 39/41
26121 Oldenburg
Telefon: 04 41 / 77 76 54
E-Mail: bot.garten@uni-oldenburg.de

Zisterzienser-Kloster Ihlow
26632 Ihlow
Telefon: 0 49 29 / 89-0

Heilpflanzengarten Celle
Wittinger Straße 76
29223 Celle
Telefon: 0 51 41 / 20 81 73
www.heilpflanzen-garten.de

Kloster Isenhagen
Klosterstraße 2
29386 Hankensbüttel
Telefon: 0 58 32 /313
www.kloster-isenhagen.de

Heilpflanzen- und Kräutergarten
Karlsbaderstraße 2-4
34308 Bad Emstal
E-Mail: gemeinde@bad-emstal.de

Benediktinerinnenabtei zur
Heiligen Maria
Nonnengasse 16
36037 Fulda
Telefon: 06 61 / 9 02 45-31
www.abtei-fulda.de

Kloster Amelungsborn
37643 Negenborn bei Hildesheim
www.kloster-amelungsborn.de

Arzneipflanzengarten
TU Braunschweig
Mendessohnstraße 1
38106 Braunschweig

Klostergarten der Stiftung
Kloster Michaelstein
Michaelstein 3
38881 Blankenburg
Telefon: 0 39 44 / 90 30-0
www.kloster-michaelstein.de

Böerde-Museum Burg Ummendorf
Meyendorffstraße 4
39365 Ummendorf
Telefon: 03 94 09 / 522
www.boerde-museum-burg-ummendorf.de

Apothekergarten im
Botanischen Garten Mönchengladbach
Bettrather Straße 82
41061 Mönchengladbach

Heilkräutergarten
Botanischer Garten Rombergpark
Am Rombergpark 49 b
44225 Dortmund-Brünninghausen
Telefon: 02 31 / 50 24-164
www.rombergpark.dortmund.de

Apothekergarten Bottrop
Am Knappschaftskrankenhaus
Osterfeldstraße 157
46242 Bottrop

Koster Kamp
Abteiplatz 13
47475 Kamp-Lintfort
Telefon: 0 28 42 / 92 75 40
www.kloster-kamp.de

Arzneipflanzenanlage im
Botanischen Garten der Universität
Osnabrück
Albrechtstraße 29
49076 Osnabrück
Telefon: 05 41 / 9 69-2739
www.bogos.uni-osnabrueck.de

Emslandmuseum Schloß
Clemenswerth
49751 Sögel
Telefon: 0 59 52 / 93 23 25
E-Mail: schlossclemenswerth.de

Karlsgarten in Melaten
Am Gut Melaten
52056 Aachen
E-Mail: info@biozac.de

Kräutergarten an der Burg Stadecken
Burggraben
55271 Stadecken-Elsheim
E-Mail:
Burggarten@stadecken-elsheim.de

Kloster Arenberg
Cherubine-Willimann-Weg 1
56077 Koblenz
Telefon: 02 61 / 64 01-2090
www.kloster-arenberg.de

Kräutergarten
In der Marksburg
56338 Braubach am Rhein
www.marksburg.de

Heilpflanzenabteilung
Botanischer Garten Frankfurt
Siesmayerstraße 72
60323 Frankfurt
Telefon: 069 / 79 82 47 63

Apothekergarten der Ehemaligen
Benediktinerabtei Seligenstadt
Klosterhof 2
63500 Seligenstadt
Telefon: 0 61 82 / 82 98 82

Museumszentrum Lorsch
Nibelungenstraße 32
64653 Lorsch
Telefon: 0 62 51 / 1 03 82 11
E-mail: muz@kloster-lorsch.de
www.kloster-lorsch.de

Apothekergarten Wiesbaden
Aukammallee
65191 Wiesbaden
Telefon: 0 61 22 / 64 47
www.apothekergarten-wiesbaden.de

Kräutergarten in Türkismühle
Hubertus-Apotheke
Saarbrücker Straße 47
66625 Nohfelden-Türkismühle
Telefon: 0 68 52 / 63 65
E-Mail:
info@hubertus-kraeutergarten.de

Heilkräutergarten Eberbach
Zisterzienserabtei Kloster Eberbach
In der Au
69412 Eberbach
Tourist-Information Eberbach
Telefon: 0 62 71 / 48 99

Sanitas-Kräutergarten
Benzacher Bachwiesen
71384 Weinstadt-Endersbach
im Remstal
www.sanitas.kraeutergarten.de

Klostergarten Insel Reichenau
Mittelzell
78479 Reichenau/Bodensee
E-Mail:
touristinfo-reichenau@t-online.de

Klostergarten Munzingen beim
Weingut Vorgrimmler
St. Entrudisstraße 63
79112 Freiburg-Munzingen
www.breisgau-sonnengarten.de

Apothekergarten München
Botanischer Garten München
Menzinger Straße 61
80638 München

Zentrum für Umwelt und Kultur
Kloster Benediktbeuern
Zeilerweg 2
83671 Benediktbeuern
Telefon: 0 88 57 / 8 87-01 oder -61
www.zuk-bb.de

Deutsches Medizinhistorisches
Museum Anatomiestraße 18–20
85049 Ingolstadt
Telefon: 08 41 / 3 05-18 60
E-Mail: deutschesmedizin
historischesmuseum@ingolstadt.de

Oberdieck-Garten in Weihenstephan
FH Weihenstephan
Am Hofgarten 4
85354 Freising

Apothekergarten im Botanischen
Garten
Doktor-Ziegenspeck-Weg 10
86161 Augsburg
Telefon: 08 21 / 3 24 60 46
www.augsburg.de/botanischergarten.
html

Kräuter-Garten im Kurpark
Bad Wörishofen
Alfred-Baumgarten-Straße
86187 Bad Wörishofen
E-Mail: info@bad-woerishofen.de

Blumenschule
Augsburger Straße 62
86956 Schongau
Telefon: 0 88 61 / 73 73
www.blumenschule.de

Artemisia
Allgäuer Kräutergarten
Hopfen 29
88167 Stiefenhofen im Allgäu
Telefon: 0 83 86 / 96 05 10
www.artemisia.de

Neuer Apothekergarten Ulm
Am Botanischen Garten der Univer-
sität Ulm
Hans-Krebs-Weg
89069 Ulm
www.apothekergarten-ulm.de

Arzneipflanzengarten des
Botanischen Gartens der Universität
Erlangen-Nürnberg
Loschgestraße 3
91054 Erlangen
Telefon: 0 91 31 / 8 52 26 69
www.botanischer-garten.uni-
erlangen.de

Botanischer Garten der
Universität Regensburg
Universitätsstraße 31
93053 Regensburg
Telefon: 09 41 / 9 43-3295

Arzneipflanzen-Abteilung des
Botanischen Gartens in Würzburg
Justus-von-Sachs-Platz 4
97082 Würzburg
Telefon: 09 31 / 8 88 62 41
www.bgw.uni-wuerzburg.de

Rennsteiggarten Oberhof
Am Pfanntalskopf 3
98559 Oberhof
Telefon: 03 68 42 / 2 22 45
www.rennsteiggartenoberhof.de

Kloster Veßra
Hennebergisches Museum
98660 Kloster Veßra
Telefon: 03 68 73 / 6 90 30
www.museumklostervessra.de

Apothekergarten Erfurt
am Thüringer Apothekerhaus
Thälmannstraße 6
99085 Erfurt

Österreich

Kloster Maria Schmolln
Thannstraß 1
5241 Maria Schmolln
Telefon: 0043 (0)77 43 / 23 09
www.klostergarten.at

Register

Die **halbfett** markierten Seitenzahlen verweisen auf Abbildungen.

T

U

V

W

X

Y

Z

Impressum

Bildnachweis

Mit 216 Farbfotos von:
Dr. Wolfgang Cäsar, Stuttgart: 135 re; **Otmar Diez**, Sulzthal: 4 u, 13, 17 li, 26 re, 34 u, 38 (alle drei), 39 (beide), 40, 55, 65, 75, 83 re, 118, 122 li, 171 o, 207, 210, 242; **Florapress**, Hamburg: 12 li, 25 u, 87; **Hans-Horst Fröhlich**, Bad Wörishofen: 15; **Gartenschatz GmbH**, Stuttgart:, 21 (beide), 22 uli, 22 uMi, 22 ure, 26 li, 28 li, 29, 30 u, 43, 48, 62, 84, 104, 116, 140, 144 o, 147 o, 152, 155, 159, 179 u; **Gartenschatz GmbH/Packroß**, Stuttgart: 7 (beide), 18 u, 19 (beide), 20, 23 (beide), 24, 25 o, 37 o, 74, 229 (beide); **Dr. Rudolf König**, Preetz: 28 re, 49, 58 u, 69, 77, 78 u, 86, 93, 115, 122 re, 163 li, 171 u, 236, 239; **Kosmos/Ralf Roppelt**, Stuttgart: 22 o, 37 u; **Hans E. Laux**, Biberach/Riß: 10 o, 16 o, 17 re, 31, 44, 47, 50, 51, 53 (beide), 57, 60, 61, 67, 81, 89 u, 97 o, 98, 100, 113, 121, 125 (beide), 129, 136, 139 o, 143, 144 u, 146 u, 149 (beide), 160, 165, 166, 173, 174, 176, 179 o, 180, 184, 187 (beide), 190, 191, 195, 196, 199, 201 (beide), 203, 205 li, 211, 213, 214, 217, 219, 221 re, 225, 227 li, 232, 235 (beide), 237, 238, 241; **Christoph Ott**, Koblenz: 6, 32, 33, 35, 36; **Reinhard-Tierfoto/Hans Reinhard**, Heiligkreuzsteinach-Eiterbach: 2/3, 8, 16 u, 34 o, 99; **Werner Richner**, Saarlouis: 10 u; **Manfred Ruckzio**, Taunusstein: 30 o; **Prof. Dr. Peter Schönfelder,** Pentling: 4 Mi, 12 re, 14, 26 o, 56, 58 o, 70, 73 u, 85, 92, 106, 119, 130 o, 133, 202, 205 re, 209, 221 li, 223, 230; **Laboratorium SOLUNA**, Donauwörth: 27; **Dr. Roland Spohn**, Engen: 18 o, 42, 45, 54, 64, 66, 71, 73 o, 76, 78 o, 83 li, 89 o, 90, 94, 97 u, 103, 105, 108, 109, 110, 111, 114, 127, 128, 130 u, 135 li, 150, 156, 163 re, 168 (beide), 175, 183, 188(beide), 192, 206, 227 re; **Friedrich Strauß**, Au-Seysdorf: 1; **Annette Timmermann**, Kalübbe: 139 u.

Mit 124 Farbillustrationen von:
Ruth Fritzsche, Offenburg: 240; **Marianne Golte-Bechtle**, Stuttgart: 9 (beide), 41 (beide), 43, 45, 46 (beide), 49, 52 re, 57, 60, 68, 72, 74, 79, 80, 82, 86, 96, 102, 107, 108, 111, 112, 117, 120, 123, 124, 126 (beide), 137, 138, 141, 142, 145, 147, 151, 153, 157, 162, 164, 170 Mi, 172, 177, 181, 186, 193, 194, 200, 203, 204, 207, 208, 212, 215, 216, 218, 222, 224, 226, 228, 231, 233, 234, sowie die Kolumnentitelvignetten; **Sigrid Haag**: 51, 63, 67, 88, 154 (beide), 182 (beide), 191, 197 (alle drei), 210, 220; **Reinhild Hofmann**, München: 55 (beide), 59, 64, 93, 99, 101, 131, 132 (beide), 148 (beide), 161, 167 (beide), 178, 185 (beide), 189 re, 236 (beide); **Gerhard Kohnle**, Bad Liebenzell: 77, 85, 91, 95 li, 105, 115, 119, 129, 134, 135, 158, 169, 175 (beide), 198, 239 (beide); **Tommaso da Modena** (Fresko, 1352, San Niccolò in Treviso): 11; **Dr. Roland Spohn**, Engen: 52 Mi, 95 re, 170 u, 189 li; sowie 1 Abbildung nach einem Original aus dem Archiv Schönfelder: 71.

Umschlaggestaltung von eStudio Calamar unter Verwendung von 2 Farbfotos von Reinhard-Tierfoto/Hans Reinhard, Heiligkreuzsteinach-Eiterbach (Kräuterkorb) und Gartenschatz GmbH, Stuttgart (Sr. M. Josefa).

Bibliografische Informationen der Deutschen Nationalbibliothek:
Die Deutsche Nationalbibliothek verzeichnet diese Publikation in der Deutschen Nationalbibliografie; detaillierte bibliografische Daten sind im Internet über http://dnb.ddb.de abrufbar.

1. Auflage

ISBN: 978-3-440-10949-6
Redaktion: Carolin Krank
Grundlayout und Produktion: Atelier Reichert, Stuttgart
Printed in Slovakia / Imprimé en Slovaquie

Der Gebrauch von Heilpflanzen setzt ihre sichere Kenntnis voraus. Nur auf die beschriebenen Arten trifft die angegebene Verwendung zu. Behandelt werden dürfen nur leichtere Gesundheitsstörungen, die keiner ärztlichen Behandlung bedürfen. Den Arztbesuch kann das vorliegende Buch auf keinen Fall ersetzen.

Alle Angaben in diesem Buch sind sorgfältig geprüft und geben den neuesten Wissensstand bei der Veröffentlichung wieder. Da sich das Wissen aber laufend weiterentwickelt, muss jeder Anwender prüfen, ob die Angaben nicht durch neuere Erkenntnisse überholt sind. Dazu muss er zum Beispiel Beipackzettel lesen und die Gebrauchsanweisungen befolgen. Jede Dosierung und Anwendung erfolgt auf eigene Gefahr. Autoren und Verlag müssen alle Schadensersatzansprüche von vornherein ablehnen.
Gebrauchsnamen, Handelsnamen, Warenbezeichnungen sind in diesem Buch ohne nähere Kennzeichnung in Bezug auf Marken, Gebrauchsmuster oder Patentschutz wiedergegeben. Daraus kann nicht abgeleitet werden, dass diese Namen und Verfahren als frei im Sinne der Gesetzgebung gelten und von jedermann benutzt werden dürfen.

Die Rechtschreibung der deutschen Pflanzennamen ist nicht eindeutig geregelt. Auch jede andere Art der Schreibung ist möglich, die Sie sowohl in Fach- als auch in populärwissenschaftlichen Büchern finden werden.